中国教育史
专题稿

吴定初 刘远碧 著

四川出版集团 巴蜀书社

图书在版编目（CIP）数据

中国教育史专题稿/吴定初、刘远碧著.—成都：巴蜀书社，2012.12
ISBN 978-7-80752-914-9

Ⅰ.①中… Ⅱ.①吴…②刘… Ⅲ.①教育-中国-专题稿 Ⅳ.①B2-53

中国版本图书馆CIP数据核字（2012）第070468号

中国教育史专题稿

吴定初　刘远碧　著

责任编辑	陈亚玲
封面设计	张　科
出　　版	四川出版集团巴蜀书社
	成都槐树街2号　邮编610031
	总编室电话：(028) 86259397
网　　址	www.bsbook.com
发　　行	巴蜀书社
	发行科电话：(028) 86259422　86259423
经　　销	新华书店
制　　版	四川胜翔数码印务设计有限公司
印　　刷	四川机投印务有限公司 (028) 87427333
版　　次	2012年12月第1版
印　　次	2012年12月第1次印刷
成品尺寸	203mm×140mm
印　　张	11.5
字　　数	350千
书　　号	ISBN 978-7-80752-914-9
定　　价	30.00元

本书若有印装质量问题，请与工厂调换

目录

前　言 …………………………………………… (001)

第一章　文教政策 ……………………………… (001)
第一节　先秦时期的文教政策　/001
第二节　秦汉时期的文教政策　/003
第三节　魏晋至隋唐时期的文教政策　/010
第四节　宋元明清时期的文教政策　/015
第五节　晚清时期的文教政策　/021
第六节　民国时期的文教政策　/028
小　结　/037

第二章　官学教育 ……………………………… (039)
第一节　先秦时期的官学教育　/039
第二节　秦汉时期的官学教育　/045
第三节　魏晋至隋唐时期的官学教育　/056
第四节　宋元明清时期的官学教育　/065
第五节　晚清时期的官学教育　/076

第六节 民国时期的官学教育 /097
小 结 /123

第三章 私学教育 ································ (125)
第一节 先秦时期的私学教育 /125
第二节 秦汉时期的私学教育 /127
第三节 魏晋至隋唐时期的私学教育 /133
第四节 宋元明清时期的私学教育 /138
第五节 晚清时期的私学教育 /142
第六节 民国时期的私学教育 /151
小 结 /156

第四章 书院教育 ································ (158)
第一节 书院的起源与宋代的书院教育 /158
第二节 元代的书院教育 /169
第三节 明代的书院教育 /171
第四节 清代的书院教育 /174
第五节 晚清的书院教育 /179
第六节 书院教育的主要经验 /183
小 结 /186

第五章 选才制度 ································ (188)
第一节 先秦时期的选才制度 /188
第二节 秦汉时期的选才制度 /192
第三节 魏晋至隋唐时期的选才制度 /198
第四节 宋元明清时期的选才制度 /209

第五节　晚清时期的选才制度 /219
第六节　民国时期的选才制度 /221
小　结 /225

第六章　教育思想 ……………………………（227）
第一节　先秦时期的教育思想 /227
第二节　秦汉时期的教育思想 /258
第三节　魏晋至隋唐时期的教育思想 /267
第四节　宋元明清时期的教育思想 /275
第五节　晚清时期的教育思想 /294
第六节　民国时期的教育思想 /306
小　结 /325

附　录 ………………………………………（327）

后　记 ………………………………………（357）

前　言
——教育的起源

一、广义教育的起源

广义教育是通过向自然人传授知识经验和技能，使之成为社会人的一种社会实践活动。它产生于人类的"童年"——由正在形成中的人向完全形成的人过渡的漫长期间，这一历史距今已有100万—300万年之久。为寻觅广义教育的起源，人们提出了若干可供思考的假说。

（一）生物起源说

生物起源说的代表人物（法）利托尔诺（C. L. Letourneau）等利用（英）达尔文（C. R. Darwin）的进化论解释人类的教育现象，认为教育来自生物的进化，生存竞争的本能是教育的基础。

（二）心理起源说

心理起源说的代表人物（美）孟禄（P. Monroe）从心理学的角度驳斥了"生物起源说"，认为教育是人类社会的特有现象，其基础是儿童对成人的模仿。

（三）劳动起源说

劳动起源说的代表人物主要是20世纪30年代的苏联学

者,他们根据(德)恩格斯(F. Engels)"劳动创造了人本身"的命题,批判了上述两种假说,认为原始人类在工具制造和群体劳动中,有意识地向年轻一代传授生产知识技能和群体生活经验,于是便产生了教育。

(四)需要起源说

需要起源说的代表人物(美)马斯洛(A. H. Maslow)把人的需要分为由低到高七个层次和基本需求与衍生需求两大类,认为衍生需求包括认知的需求、审美的需求和自我实现的需求,但它们只有在生理、安全、归属与爱、尊重等基本需求相继满足之后,才会充分表现出来。

此外,我国近年较有影响的观点有"古猿教育起源说"、"生存需求说"① 等。

探讨广义教育的起源,既是人们思考已久的课题,又是一个远未结束的课题。对此,我们是否应该紧扣广义教育的特质,既避免"劳动起源说"和"需要起源说"的笼统,又兼融其合理内核;或可认为"广义教育起源于原始人类传授生产经验的需要和传授生活经验的需要"。

二、狭义教育的萌芽

狭义教育从广义教育中分离出来,是指在特定场所,由特定人员依据特定要求,指导特定社会成员学习特定内容的活动。狭义教育产生于何时,仅现有资料尚难考定,但一般认为是在氏族社会末期或奴隶社会初期。

---

① 孔智华:《人类教育并非起源于劳动》,《华东师范大学学报》(教科版)1984年第4期;喻本伐、熊贤君:《中国教育发展史》,华中师范大学出版社1991年版,第13—14页。

（一）狭义教育的必要性与可能性

氏族社会末期或奴隶社会初期，随着社会生产日渐发展，人口日益增多，社会事务与人际关系趋向复杂，需要培养有一定文化知识和能力的专门人员去进行管理；人类的生产经验和生活知识逐渐丰富，只靠口耳相传和简单的行为模仿等原始方式已不能完成"传授"的任务，需要设置专门的机构和人员去整理与传授这些知识经验。

与此同时，随着社会剩余产品的出现和逐渐增多，有可能使少数人脱离物质资料的生产而去从事专门的教与学活动；文字的创造不仅为人类传授早期的知识经验提供了最重要的工具，而且为保持文字本身"约定俗成"的基本特征又势必通过专门的教育活动方能实现。

当然，我们也可以从社会动因、人的追求、空间条件、时间因素等角度寻觅狭义教育的源头。

（二）狭义教育的早期记载

依据现有文献，《尚书·舜典》："帝曰：契，百姓不亲，五品不逊，汝作司徒，敬敷五教，在宽"；"夔，命汝典乐，教胄子。直而温，宽而栗，刚而无虐，简而无傲。诗言志，歌永言，声依永，律和声。"似系狭义教育的最早记载。其后，"天佑下民，作之君，作之师"[①]，"设为庠序学校以教之……皆所以明人伦"[②]等资料，反映了奴隶社会狭义教育的概况。

在此类教育活动中，不仅有了庠、序、学、校等相对固定的施教场所，有了司徒、典乐、师等相对专职的施教

---

① 《尚书·泰誓上》。
② 《孟子·滕文公上》。

人员，而且分别以百姓和胄子等为特定教育对象，以五教、礼乐或人伦道德等为教育要求和教育内容。

可见，狭义教育"脱胎"于原始的广义教育，并逐渐分化出更加有意识、有组织的专门化的教育活动——学校教育，以至成为发展人类智慧和能力的主要途径，是巨大的历史性进步。然而，学校教育从无到有，也包含了由萌芽到成型，由不完备到比较完备的长期演进过程。

第一章 文教政策

文教政策是国家制定、颁行的关于文化教育事业的总方针或总政策，被历代统治者所重视，并随其统治政策的变化而改变。尽管在中国教育发展的历史长河中，文教政策历经多次变动、调整，但一经颁布施行就会对当时学校教育的发展和统治者的统治产生重要的影响。

第一节 先秦时期的文教政策

一、夏商西周的文教政策

夏（约前2070—约前1600）是我国历史上第一个奴隶制国家。夏代统治者重武，为适应"为政尚武"的需要，射箭不仅是当时狩猎而且是作战的重要技艺，故在延续"有虞氏养国老于上庠，养庶老于下庠"①的基础上，夏有"以射造士"②的文教策略。

商（约前1600—约前1046）是代夏而起、奴隶制进一

---

① 《礼记·王制》。
② 《文献通考·学校》。

步发展的时期。商朝统治者重祭祀,"率民以事神"①,而"乐"是媚神祭祖的重要工具,故商有"以乐造士"的文教策略。

西周(约前1046—前771)是我国奴隶社会高度发展的时期。西周统治者重"人事",为巩固宗法制度,规范人的言行,制定了"礼乐造士"和以"明人伦"为核心的文教政策。"尊礼而远鬼神"②,"道德仁义,非礼不成;教训正俗,非礼不备"③,"乐所以修内"、"礼所以修外"④,强调培养的人才应懂得君臣上下父子兄弟之道,言行合乎尊尊、亲亲、贤贤、男女有别的宗法社会要求。

二、春秋战国的文教政策

春秋战国(前770—前221)是我国由奴隶制向封建制过渡的时期。伴随着经济和政治的下移,文化教育上逐渐出现了官学衰落、学术下移,士阶层崛起、私学兴起,百家争鸣、思想大解放的新局面。

(一)重视学术,鼓励百家争鸣

春秋战国的社会变革以及私学教育的兴起,促使思想战线空前活跃,直接推动了各种学派的发展。人们从不同的阶级和社会集团的利益出发,围绕是否建立、巩固封建制这一问题,纷纷著书立说、各抒己见,产生了一批著名的学者和学派。各学派内部以及各学派之间相互批判、辩驳,相互影响、吸取,从而形成了诸子蜂起、百家争鸣的

---

① 《礼记·表记》。
② 同上。
③ 《礼记·曲礼上》。
④ 《礼记·文王世子》。

局面。

(二) 争相养士，宽待士人

养士始于春秋，盛行于战国。各诸侯或大夫除了在政治、经济、军事等方面加强自己的实力外，为了逐鹿中原，统一中国，需要借重士的力量，因此纷纷养士，如齐威王、齐宣王、燕昭王以及春申君、信陵君、孟尝君等，从而形成了一种社会风气。不仅如此，各诸侯国对"士"往往采取宽容的政策，允许学术自由。这就为"士"著书立说、发表个人意见创造了良好的条件，从而大大促进了春秋战国时期的思想解放。

第二节 秦汉时期的文教政策

一、秦代的文教政策

秦（前221—前206）是我国历史上第一个统一的、中央集权的封建制国家。尽管它的历史短暂，影响却甚为深远。清代学人恽敬就曾指出："秦者，古今之界也。"[①] 我国两千余年的封建教育，不少方面都打上了秦制的烙印。秦代统治者为了加强中央集权制度，采取了一系列有利于统一的文教政策。

(一) 行同伦和书同文

秦始皇为巩固中央集权，"普施明法，经纬天下"[②]，曾多次出巡并立石刻碑，此举除向人民显示威仪、标榜功绩

---

① 《大云山房文稿·三代因革论》。
② 《史记·秦始皇本纪》。

外，另一重要目的就是"匡饬异俗"和改化"黔首"。为统一法度政令与教化，秦依据西周"大篆"（即"籀文"）和战国齐鲁等地流行的"蝌蚪文"（即"古文"），进一步减省笔画而创制全国通用的"秦篆"（即"小篆"），以消除"文字异形"障碍。为"罢其不与秦文合者"①，李斯作《仓颉篇》，赵高作《爰历篇》，胡毋敬作《博学篇》，并颁为秦篆范本，作为童蒙课本。但由于小篆书写比较困难，后来狱吏程邈对小篆进行改进，简化成为隶书，隶书的字形和现在通行的楷书已经很接近了。

书同文、行同伦互为表里，其本虽在促使法令归一统，然而无可否认的是它对维护国家统一、文字进步和形成中华民族的共同心态，也有不

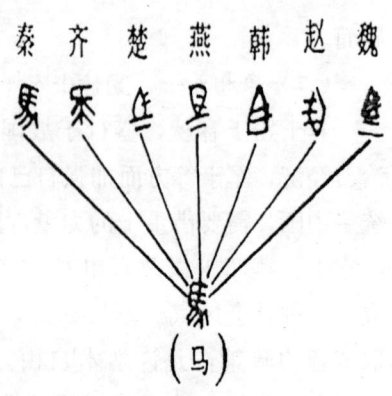

秦统一文字示意图

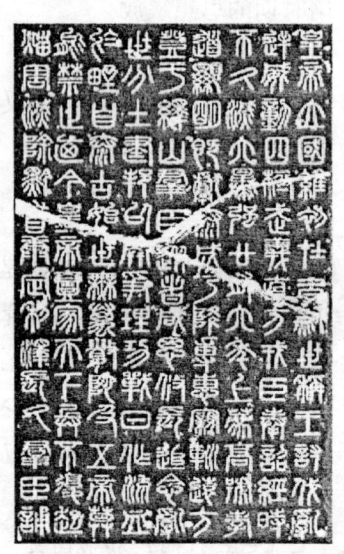

秦代小篆《峄山碑》

----

① 《说文解字·序》。

可低估的积极作用。

（二）设三老以掌教化

为推行"以法为教"，秦仿西周乡官之制，在每乡均设有掌管乡民法制教育、耕战教育和尊卑教育的乡官"三老"，由其直接负责一般民众的思想教化。据汉初史料，"大率十里一亭，亭有亭长。十亭一乡，乡有三老：有秩、啬夫、游徼"[1]，三老之任，"举民年五十以上，有修行，能帅众为善，置以为三老"[2]，可以窥见秦代设三老的概况。

设三老掌教化与"行同伦"政策相辅相成，既利于强化基层管理，又构成了从中央到地方的思想教化系统，利于实现"远迩同度"，巩固国家统一。

（三）颁挟书令、禁私学，焚书坑儒

秦统一伊始，儒法两家曾就是否废分封、行郡县制进行过激烈辩论。始皇帝三十四年（前213），儒家博士淳于越指出："事不师古而能长久者，非所闻也。"[3] 法家代表李斯则针锋相对，驳斥儒生"不师今而学古，以非当世，惑乱黔首"[4]，并系统地提出了"颁挟书令"、"禁私学"及"以吏为师"等措施，请求始皇下令"天下敢有藏《诗》、《书》、百家语者，悉诣守、尉杂烧之。有敢偶语《诗》、《书》者弃市"[5]。秦始皇依从相议，从而导演了我国历史上第一场焚书悲剧。始皇帝三十五年（前212），儒士侯生、卢生指责秦始皇为人刚愎暴戾，专任狱吏，乐以刑杀为威，

---

[1]《汉书·百官公卿表》。
[2]《汉书·高帝纪》。
[3]《史记·秦始皇本纪》。
[4] 同上。
[5] 同上。

使满朝文武不敢上言进谏。秦始皇由此大怒，遂令御史审问诸生。诸生难耐酷刑，互相告引，终致列罪名者四百六十余人。秦始皇令"皆坑之咸阳，使天下知之，以惩后"[①]。这一事件与前述"焚书"合称"焚书坑儒"。

秦始皇禁私学、焚书、坑儒等措施是统治集团内部派别斗争日趋加剧的产物，反映了封建政治专制一旦稳固就必然要求文化教育与之相适应。尽管当时规定《秦记》和博士官掌管的藏书及医药、卜筮、种树之书不属焚毁之列，所坑儒生也系违禁之人，但这一政策不仅在实质上有悖"书同文"、"行同伦"的初衷，是文教政策上的重大失误，对我国先秦文化也是一场浩劫，并且随着矛盾的严重激化又加速了秦王朝的灭亡。

二、汉代的文教政策

汉代（前206—220）统治者以维护中央集权制度为中心任务，又结合不同时期政权发展的需要，实施了相对灵活的治国策略。在文化教育方面，逐步确立了"罢黜百家，独尊儒术"的文教政策，并采取了若干相应的配套措施。

（一）文教政策的演变

汉初统治者总结了秦速亡的教训，摒弃严刑酷法，汉惠帝四年（前191），正式废除秦代"挟书律"，开放民间学术活动，奉行主张"无为而治"的黄老学说。

黄老之学为先秦道家的一支，是理论源于道家又融合儒、法、名等家的某些成分而形成的一种思想体系。它既讲道家的清静无为，又不像道家那样彻底，既讲法治、德

---

① 《史记·秦始皇本纪》。

治,又不如法家、儒家那样进取。这种思想体系不仅可用以否定秦代的酷政暴敛,而且能适应汉初"休养生息"的经济发展需求,因而受到统治者的高度重视。汉高祖晚年虽不再轻待儒生,但"不好儒"①;"孝文本好刑名之言;及至孝景不任儒,窦太后又好黄老术,故诸博士具官待问,未有进者"②。

黄老之学兼取德治与法治,认为"非刑不行"、"非德必倾"、"刑德相养"③,提倡德主法辅,"先德后刑以养生"④。这种"德主法辅"的主张,既适应了汉初的时代要求,也是当时由秦代"以法为教"向"独尊儒术"转变时期的文教政策。而实现"以法为教"向"独尊儒术"的转变,却经历了陆贾开其端,贾谊继其绪,董仲舒会其归的演进过程。

陆贾是首先向汉高祖明确提出注重"教化"的儒士。他在受命撰成的《新语》一书中指出:"尧舜之民,可比屋而封;桀纣之民,可比屋而诛者,教化使然也"⑤,并倡请"设辟雍庠序之教,以正上下之仪,明父子之礼、君臣之义"⑥。文帝时,贾谊发展了陆贾注重教化的思想,指出"心未滥而先谕教,则化易成也",并认为"教化"的关键是各级官吏,统治者"选左右、早教谕最急。夫教得而左

---

① 《史记·郦食其传》。
② 《汉书·儒林传》。
③ 《十大经·姓争》。
④ 《十大经·观》。
⑤ 《新语·无为》。
⑥ 《新语·道基》。

右正,则太子正矣,太子正而天下定矣"①,把教化与国家的安定和政权的稳固紧密联系起来。

迨至武帝,汉初"与民休息"的策略使汉代政治已趋稳定,经济日益繁荣。"国家亡事……京师之钱累百巨万,贯朽而不可校。太仓之粟陈陈相因,充溢露积于外,腐败不可食。众庶街巷有马,仟伯之间成群。"② 经济发展、国力强盛,使武帝不复满足"贵清静而民自定"的"无为治道",转而寻求积极进取的"有为"政治。与此同时,汉初未得重用的儒家,潜心探索为政之道,试图为统治者制定长治久安之策提供理论依据,并由此求获独尊。特别是名儒董仲舒根据《春秋》大一统的思想,直接提出了"儒学独尊"的主张及一整套相应的措施。

(二)"罢黜百家,独尊儒术"的确立

以治《公羊春秋》负盛名的董仲舒,糅合战国以来的阴阳五行说和封建迷信神学,把汉王朝中央集权制度归为受命于天的永恒不变之道,宣扬"天不变,道亦不变"③,并认为政治专制需要以思想文教专制为辅翼,于是建议武帝"罢黜百家,独尊儒术",在思想文教领域实行儒学独尊的文教政策。

元光元年(前134)武帝召集各地贤良方正文学之士到长安,亲自策问。董仲舒在《举贤良对策(三)》中指出:"《春秋》大一统者,天地之常经,古今之通谊也。今师异道,人异论,百家殊方,指意不同,是以上亡以持一统;

---

① 《汉书·贾谊传》。
② 《汉书·食货志》。
③ 《汉书·董仲舒传》。

法制数变，下不知所守。臣愚以为诸不在六艺之科、孔子之术者，皆绝其道，勿使并进。邪辟之说灭息，然后统纪可一而法度可明，民知所从矣。"①

汉武帝采纳了董仲舒的建议，并根据公孙弘等人的奏请，相继采取了下述三项主要措施，以保证"罢黜百家，独尊儒术"文教政策的顺利施行。

置五经博士　汉武帝建元五年（前136），罢免各家传记博士而专设五经博士。此后，博士的职位就只有被官方认可的儒家五经大师才能担任，其他学派虽然没有像秦代那样被明令取缔，但已不能取得官方学术的地位了。这是"独尊儒术"政策最突出的表现和最基本的保证。儒家的《诗》、《书》、《礼》、《易》、《春秋》始被尊崇为经，成为当世及以后各封建王朝的官方学术。

开创太学　汉武帝元朔五年（前124），在京师长安创立太学，置博士弟子，以造就精熟儒经、尊王明伦的治术人才，进而确立和保证儒学的地位。博士也从此由朝廷备顾问之官，转化为以教授为主要职能的学官。

改革选士制度　除继续"举贤良方正"外，又先后开"孝廉"、"秀才"诸科并使之逐步制度化，选士以儒家经学为标准，强化了儒学的独尊地位。

"罢黜百家，独尊儒术"的文教政策，不仅在一定程度上保证了新兴封建社会的长治久安，而且在教育发展、养士选士等方面都有其积极影响。但它扼制了学术自由，导致了教育内容的单一，进而束缚了人的发展；它作为后世封建社会文教政策的基础，既维护了封建制度，又在相当

---

① 《汉书·董仲舒传》。

程度上阻碍了社会的进步。

第三节 魏晋至隋唐时期的文教政策

一、魏晋南北朝的文教政策

魏晋南北朝（220—589）近四百年间，除西晋短期统一外，国家基本处于分裂动乱状态，经济时起时落，各种社会矛盾更加错综复杂，民族矛盾也异常尖锐。门阀士族垄断政治、把持仕进，学校教育兴废无常，教育的延续主要依靠私学和家学，但这一时期在文教政策方面也出现了一些具有历史意义的新情况和新特点。

（一）儒学削弱，佛道玄流行

魏晋以来，连年征战，政权更迭频繁。汉代重师法、家法的儒学已完全不能适应变化的局面，不少士子转"师商、韩而上法术，竟以儒家为迂阔，不周世用"①，"通人恶烦，羞学章句"②。以注重义理、注经力求简明为新特点的"魏晋经学"虽然仍居学术主流，但儒术独尊的地位已不复存在。

佛教自汉代传入我国，在两晋大获发展，且风行于南朝。统治者看到"神不灭说"对维护统治、麻痹人民的作用，大力论证佛教义理与儒家礼义的一致性。南朝侍中何尚之对宋文帝说，提倡佛教能"化民成俗"、"使风俗淳谨"，"百家之乡，十人持五戒，则十人淳谨矣；千室之邑，百人修十善，则百人和厚矣。传此风训以遍宇内，编户千

---

① 《三国志·杜畿传》。
② 《文心雕龙·论说》。

万,则仁人百万矣"①。梁武帝崇佛达到极点,不但宣布以佛教为国教,还三次亲自舍身入佛寺服役。佛教寺院迅速增多,佛教艺术空前繁荣,佛学也逐渐成为官学的重要内容。

我国土生土长的道教此时也盛极一时。道家以修身、炼丹而达到长生不死、成仙得道的理论,深受统治者推崇,它的"清静无为"说教成为统治者愚弄人民的武器。北朝统治者多尊奉道教,以此点缀太平;北魏太武帝就宣布以道教为国教。

"玄学"一词出自《老子》"玄之又玄,众妙之门"。玄学家合《老子》、《庄子》、《周易》为一体,名曰"三玄",将儒道糅融并嬗变为"清淡、虚无、放浪",传播消极遁世学说和神秘主义,代表了一种政治上逃避现实、人生观颓废堕落的社会文化和教育思潮。何晏与王弼、阮籍与嵇康、向秀与郭象,分别是魏晋玄学"正统派"、"异端派"和"新玄学派"的代表人物。

儒、佛、道、玄四学并存,既互相吸收、补充丰富"自我",又相互论争、传播自身的价值观念。这种态势不但拓宽了当时的教育内容,促进了私学教育和家庭教育的发展,而且在一定程度上反映了学术思想的解放,展现了战国之后又一次"百家争鸣"的局面。后来玄学趋向与佛学合流而逐渐衰微,我国传统文化中"儒家治世、道家养生、佛家治心"的三大学派分工开始形成。这种多元、变化的意识形态特征对隋唐文教政策的完善,产生了深刻的影响。

---

① 《弘明集》卷十一。

(二)国内外文化教育大交流

魏晋南北朝社会长期动乱，人口流徙特别严重。不少外流人才把中原地区先进的科技文化带到各地，加速了我国各民族的融合和文化教育水平的普遍提高。

在江南，东晋丞相王导上书元帝："建明学校，阐扬六艺，以训后生"，以改变"先进渐忘揖让之容，后生唯闻金革之响"、"先王之道弥远，华伪之风遂滋"的旧状①。在东北、西南，若干少数民族愿意接受当时汉族高度发展的文化教育，文化教育大交流成为了整个民族大融合的重要组成部分。地处僻壤辽东的前燕政权，其创立者鲜卑族慕容廆"刑政修明，虚怀引纳，流亡士庶多襁负归之"，特别是"平原刘赞儒学该通，引为东庠祭酒，其世子皝率国胄束脩受业焉。廆览政之暇，亲临听之，于是路有颂声，礼让兴矣"②。燕王慕容皝"尚经学"，立东庠并"勤于讲授，学徒甚盛，至千余人。亲造《太上章》以代《急就》，又著《典诫》十五篇，以教胄子"③。又如前秦天王、氐族苻坚精通儒学，不但能"考学生经义"，还能"问难五经，博士多不能对"；他还不顾本族贵族反对，坚决起用汉人王猛，"王猛整齐风俗，政理称举，学校渐兴"，使长安百姓歌曰："英彦云集，诲我萌黎"④。

国际文化教育交流也是这一时期重要的新特点。如我国的《诗》、《书》和《论语》等儒家经典及《千字文》开始传往朝鲜、日本，朝鲜、日本也开始向中国派遣留学生。

---

① 《宋书·礼志》。
② 《晋书·慕容廆记》。
③ 同上。
④ 《晋书·苻坚记》。

这些都为隋唐文化教育的繁盛和进一步开展中外文化教育交流奠定了基础。

二、隋唐的文教政策

隋唐（589—907）结束了数百年的战乱割据状态，重新建立起统一的封建专制政权。统治者总结和吸取秦汉以来的正反经验，进一步认识到儒家纲常伦理是封建统治长治久安的重要指导思想，从而确立了复兴儒学、辅以佛道的文教政策。

（一）隋代的文教政策

文帝统一中国后，不仅靠刑律使吏治清明，而且多次下诏劝学，强调"建国重道，莫先于学，尊主庇民，莫先于礼"①，并接受牛弘建议广征儒家经典，又命牛弘与雅儒之士许善心、明克让等修定礼乐，开重振儒术之先河。

炀帝即位后十分重视儒经的整理，分经籍为甲乙丙丁四目，分统于经、史、子、集四类，开创了书籍分类的正统方法；并重申"君民建国，教学为先，移风易俗，必自兹始"，又令"国子等学，亦宜申明旧制"②，使儒学再度得以加强。

隋代国祚甚短，但文、炀二帝为维系南北统一，均提倡佛道两教，不但禁止毁坏佛像和天尊像，还普诏天下任听出家，不少道士还以方术得幸。

（二）唐代的文教政策

唐代开国伊始，统治者更加重视儒学。高祖颇好儒。

---

① 《隋书·柳昂传》。
② 《隋书·炀帝纪》。

太宗更是"锐意经术",直言"朕今所好者,惟在尧舜之道,周孔之教,以为如鸟有翼,如鱼依水,失之必死,不可暂无耳"①。以后诸帝,亦重儒术并将其视为治国之本。

唐代重儒,主要表现在:

尊崇孔子　武德二年(619)高祖令国子学立周公、孔子庙各一所,四时致祭;贞观二年(628)太宗令专立孔子庙,以孔子为先圣、颜回为先师;开元二十七年(739)玄宗追封孔子为文宣王,并赠孔门弟子数十人为公、侯、伯。自贞观初起全国学校无不设立孔子牌位,官学祭孔从此代代相袭。

礼遇儒士　太宗数次征召名儒为学官,既讲论经文又共议政事,并大力提拔精通儒术的官员,让其居于高位以奖励儒生学者;玄宗时曾在咸阳为秦坑儒生立祠宇,以示重儒,又多次下诏要求各地举荐通经人才。

幸观释奠　武德七年(624)高祖赴国子学观释奠礼,令道士、僧人与博士相互驳难,使"学者慕响,儒教聿兴";太宗、玄宗也屡赴国子学观释奠礼,开元二十八年(740)应祭酒列瑗所请,释奠礼日群宫官道俗皆应赴国子学监礼,并定为常制。

整理儒经　为适应政治与学术的统一,贞观十二年(638)太宗命国子祭酒孔颖达等撰定《五经正义》颁行天下。开成二年(837),又刻石经以明天下;"开成石经"含《周易》、《尚书》、《毛诗》、《周礼》、《仪礼》、《礼记》、《春秋左传》、《春秋公羊传》、《春秋穀梁传》、《论语》、《孝经》、《尔雅》计十二经,共六十五万余字。《五经正义》和

---

① 《贞观政要》卷六。

"开成石经"成为当时学校教育和科举考试的内容与标准,对后世养士、选士也产生了重要影响。

在尊孔崇儒的同时,兼重佛道。唐代诸帝多数信佛,玄奘取经、大造寺庙和佛像、迎佛骨等重大佛事,使崇佛之风达到高潮。唐帝还以道教教主老子为祖先,大力提倡道教。高祖曾为老子立庙;太宗曾下"道士女冠在僧尼之上诏"[①];高宗追封老子为太上玄元皇帝;玄宗亲自注《道德经》;此外,唐代还设立专门的学校(崇玄学)和科举考试科目(道举)。整个唐代,儒、佛、道三教虽间有此消彼长的矛盾,但总的来说,在政治上还是儒术居于主导地位,而佛教和道教只是作为信仰和精神寄托。

隋唐复兴儒学、辅以佛道的文教政策,促成了儒、佛、道合流的趋势,为宋明理学的诞生植下了胚芽。

第四节 宋元明清时期的文教政策

一、宋代的文教政策

宋(960—1279)立国伊始,太祖以"杯酒释兵权",削夺禁军宿将和藩镇的兵权,并确立"偃武而修文"的基本国策,规定"宰相须用读书人"[②];后太宗又明确指出:"王者虽以武功克定,终须用文德致治。"[③] 宋代重文抑武,文官政治逐渐定型,文官地位提高,"布衣卿相"日多,直至终宋之世,文臣无刀杀之祸。这一基本政策的具体措施

---

① 《唐大诏令集》卷一一三。
② 《续资治通鉴》卷四。
③ 《续资治通鉴》卷十一。

主要有:

尊孔崇儒 太祖重用儒臣。太宗规定"进士须通经义,遵周孔之礼"①。真宗不但撰著《文宣王赞》、《崇儒术论》,并加谥孔子为"至圣文宣王",《十三经正义》也被定为官学教材。

倡行理学 宋代崇儒使隋唐出现的"三教归一"思潮逐步发展成为新的儒家义理之学——理学。理学作为一种思想体系,它以儒家的封建伦理纲常这一所谓"永恒不变之道"为主体,融通道家的自主意识和佛家的清心寡欲精神而兼谈性命,是继汉代神化儒学之后对先秦儒学的第二次改造。理学受到统治者首肯而起于北宋、盛于南宋,对宋元明清的文化教育产生了广泛的影响。

完善科举 包括以殿试为定制,力图破除唐代以来主考官和举子建立"恩师"、"门生"的特殊关系,以进一步集中选士大权,加强科举考试与学历的联系以强化科举的社会作用,扩大封建政权的社会基础等。

二、元代的文教政策

元代(1279—1368)统治者在入主中原初期,面对汉族相对悠久的历史传统和发达的文化教育,意识到巩固统治不能完全依靠武力,必须"因俗而治",既加速本民族的封建化进程,又在实行"柔化"基本策略的同时"遵用汉法"。这一政策的具体措施主要有:

尊孔崇理 包括广建"宣圣庙"以示尊孔,立"周子祠"以表崇理,重视笼络汉族儒生乃至加封孔子为"大成至

---

① 《续资治通鉴》卷十一。

圣文宣王"及定朱注四书为官学教材和科举考试内容。

控制文教 包括严禁结社、集会、私藏或宣传禁书，凡妄撰词曲恶言犯上和匿名书文针砭时政者都要处以极刑，对书院以至一般私学教育也加强了控制。

民族限制 统治者将其国民分为蒙古人、色目人、汉人和南人四等，采取依靠蒙古人、利用色目人和对汉族分而治之的民族政策，并将这种民族偏见体现于学校教育和科举选士等文教领域。

三、明代的文教政策

明代（1368—1644）甫定，太祖即于洪武元年（1368）下诏"朕愿与诸儒讲明治道"[①]；次年（1369）又谕中书省"朕为治之要，教化为先，教化之道，学校为本"[②]。后成祖又于《圣学心法序》中指出："致治之要，以育才为先；化民成俗，以学道为至；学不至道，则不足以成才。……故养士得才，以建学立师而为急务也。"[③] 从而确立了明代文治与教化为先的文教政策。这一政策的具体措施主要有：

大力发展教育 表现在明代中前期从中央到地方逐级广泛设学，又非常重视社会教育，"令天下郡县并建学校，延师儒，招生徒，讲道论德，以复先王之旧"[④]，对未睹教化的山乡村民则令设社学以教其子弟；并且竭力推崇理学，"令学者非五经、孔孟之书不读，非濂、洛、关、闽之学不

---

① 《明史·太祖纪》。
② 《明史纪事本末》卷十四。
③ 《明实录·明太宗实录》。
④ 《明史纪事本末》卷十四。

讲"①。

注重笼络儒士 明初统治者注重招纳儒士且给予高官厚禄。如太祖登基后立即令"征天下贤才至京,授以守令",并派人"分行天下,访求贤才,各赐白金而遣之",致使"由布衣而登大僚者不可胜数"②。又重视提高官学诸生的待遇。如国子监学生的膳食、衣被、冠履均由国家供给,对已婚学生还要供养其妻子等。

强化科举功能 洪武二年(1369)开科举诏宣布:"使中外文臣皆由科举而选,非科举者毋得与官,敢有游学竞奔之徒,坐以重罪,以称朕责实求贤之意"③;英宗以后又规定,非进士不入翰林,非翰林不入内阁,礼部尚书、侍郎等官均须由翰林出身。这些措施强化了科举的政治功能,有利于巩固中央集权;但随着科举成为入仕的唯一途径,学校教育也在为科举服务的死胡同里越陷越深、终至沦为附庸。

加强文教专制 包括大兴文字狱,建立厂卫等特务机构,严格控制士人言行,划定言论界限等等。如为文凡与"贼"、"光"、"僧"等字同形、同音、同义者必捉拿问罪,赵翼在《廿二史札记·明初文字之祸》中列有因文字著述被滥杀的案件不下数十起;又如在国子监设"绳愆厅"负责管制监生,并"颁禁例于天下学校,镌刻卧碑,不遵者以违制论";再如令儒士修《孟子节文》,删除了不利于君主专制的"民为贵,社稷次之,君为轻"、"君有大过则谏,

---

① 陈鼎:《东林列传》。
② 《明史·选举志》。
③ 《明经世文编》卷四。

如复之而不听，则易位"等共八十五条。

四、清代的文教政策

清代（1644—1840，未含晚清）是少数民族入主中原的又一历史时期。建国之初，统治者就确立了与元代相近的治国方略和文教政策，并借鉴明代的历史经验且结合现实需要，在治国"艺术"上又高出元代一筹。即以"柔化"与威慑相结合为基本策略，在文教领域笼络利用汉儒又兼施专制高压。这一政策的具体措施主要有：

尊孔重理 顺治元年（1644）兵刀未靖，世祖就急封孔子65代孙为"衍圣公"，次年（1645）又改封孔子为"大成至圣文宣先师"；康熙二十二年（1683）圣祖御书"万世师表"匾额赐悬孔庙大成殿；高宗九赴曲阜朝拜孔庙。在学术思想上重倡程朱理学，包括圣祖下旨列朱熹为"十二哲"之一，配祀于孔庙，组织"理学名臣"编纂《朱子大全》、重刊《性理精义》等，使明中叶开始弱化的程朱理学再度成为封建意识形态的主流。

注重文教 清前期诸帝皆重视教化，如圣祖在《御制学校论》开篇即言："治天下者莫亟于正人心厚风俗，其道在尚教化以先之。学校者，教化所从出……教化者为治之本，学校者教化之原。"① 重视纳儒，如世祖诏令举荐"山林隐逸"，圣祖谕旨延揽人才以表"求贤右文之意"，以及专为不愿参加科举考试的故明文士特开"博学鸿词科"等；重视整理文化典籍，如编辑《康熙字典》、《古今图书集成》等，尤其是乾隆时修编《四库全书》，历时十载，分经、

---

① 《钦定国子监志》卷首。

史、子、集四部，收书 3503 种，计 79337 卷，保存了大量历史文献，是当时容量最大的一部丛书。

兴文字狱 顺治十四年（1657）清廷以科场舞弊为由首开杀戒，不仅考官、举人被杀，甚至株连九族；此后康熙、雍正、乾隆三朝更是大兴文字狱。如康熙初年，庄廷鑨增改刊印大学士朱国桢著的《明史稿》（《明书》），经人举报有念明情绪而致序书、补校、刻印、买卖书者七十余人被杀；雍正时查嗣庭以"维民所止"出乡试题，被认为"维"、"止"系去雍正之头，不仅查嗣庭本人死于狱中而且殃及满门；乾隆时学政胡中藻仅因"一把心肠论浊清"诗句，而被处以极刑。据不完全统计，三朝共有文字狱案百余起，造成我国文教史上秦代以来的又一大浩劫。

严控言行 包括严禁结社订盟，如顺治十七年（1660）谕旨"士习不端，结社订盟……著严行禁止。以后再有此等恶习，各该学臣，即行革黜参奏，如学臣徇隐，事发一体治罪"①；严格学规戒律，如顺治时规定"生员不许纠党多人，立盟结社，把持官府，武断乡曲；所作文字，不许妄行刊刻，违者听提调官治罪"②；禁毁违制书籍，如仅乾隆一朝就焚书二十四次、约一万四千部，使学者"避席畏闻文字狱，著书都为稻粱谋"③。思想的禁锢，迫使士子学以时文为宗，述则代圣立言，宁因循治经，若有治史者亦仿汉学家治经之法、务与政治隔离，严重束缚了学术文化的发展，其危害所及又远远超越了文教领域。

---

① 《清朝文献通考·学校》。
② 同上。
③ 龚自珍：《咏史诗》。

第五节　晚清时期的文教政策

晚清（1840—1911）的文教政策可分鸦片战争、洋务运动、维新运动和清末新政四个时期加以认识，也可按守旧派、洋务派、维新派等分界进行剖析，但都难以否认："中体西用"既是当时中国传统文化回应西方近代科技文化无情冲击，继而向近代化转化的主题，又是当时文教政策的核心或主流。

一、中体西用产生的背景

（一）文教背景与思想基础

"中学为体，西学为用"简称中体西用。中学（旧学、内学）是中国传统文化的概称，主要指儒家经史之学和纲常名教理论；西学（新学、外学）是西方近代文化的概称，含西文、西艺和西政等重要内容。体与用是中国古代哲学中的一对含义丰富的范畴，前者指根本或原则，后者指形式或应用。一般地说，中体西用是指以中国传统的儒家文化为根本，在此原则下学习西方的近代科技文化，并为中国所用。

中体西用思想的产生有其广泛、深刻的社会背景，突出表现在各国教会组织或传教士纷纷在我国内地设学方面。（关于教会学校在我国的兴办将在本书"晚清时期的私学教育"中阐述，此处不再赘述。）

西方列强在华创办教会学校，"并不单在传教……他们要进而给入教的学生以智慧和道德的训练，使学生能成为社会上和教会里有势力的人物，成为一般人民的先生和领袖"①。正是基于这种目的，教会学校除开设《圣经》、英语课外，也设有四书、五经并教授数理化等自然科学，也因此培养了一些为列强侵略效劳的洋奴或帮凶，如马礼逊助手梁发的儿子梁进德在中美签订《望厦条约》时为虎作伥、充当汉奸，但也造就了不少像容闳这样有益于国家和社会改革的人才。西方列强的文教渗透，既严重侵犯了中国的教育主权，又打破了中国封建教育的一潭死水，也引起了诸如冯桂芬等不少有识之士的关注与研究。

鸦片战争导致对中国领土主权、文教主权等的破坏，既加重了中国的社会危机，使其封建专制统治江河日下，也导致地主阶级内部分化出了一批思想比较开明、主张变革现状和抵御外侮的改革派先驱。龚自珍、林则徐、魏源等人是这批改革派的主要代表，他们是最早主张向西方学习的知识分子，是近代中国睁眼看世界的第一批人物。

就文化教育改革论，龚自珍、魏源的主张最有见地和影响。诚如梁启超所言："晚清思想之解放，自珍确与有功焉；光绪间所谓新学家者，大率人人皆经过崇拜龚氏之一时期"②，"数新思想之萌蘖，其因缘固不得不远溯龚魏"③。龚自珍、魏源等人对封建教育的无情批判和向西方学习的主张，开晚清一代学术新风，又为中体西用思想的产生奠定了相应基础。

（二）龚自珍改良教育的主张

提倡经世致用之学　龚自珍痛切地抨击旧教育空疏无

---

① 《基督教在华传教士大会记录，1890年》，第457—459页。
② 梁启超：《清代学术概论》。
③ 梁启超：《论中国学术思想变迁之大势》。

用，培养出来的人都是"生不荷耰锄，长不习吏事"的不学无术之徒，致使"国有养士之资，士无报国之日"，国家"终必有受其患者"①。为改革旧教育，他明确提出"一代之治，即一代之学……是道也，是学也，是治也，则一而已矣"②。龚自珍认为一代的政治就是一代的学术，学术与政治本身是统一的；教育不但不能脱离社会实际，而且应该研究现实问题，传授、学习经世致用的新知识，包括学习"西洋奇器"以利中国。

呼吁改革科举制度　龚自珍认为，人才是国家兴衰的根本，但传统的八股取士已经面临穷途末路、非改不可的境地。他尖锐地指出："今世科场之文，万喙相因，词可猎而取，貌可拟而肖，坊间刻本，如山如海。四书文禄士，五百年矣；士禄于四书文，数万辈矣。"③淋漓尽致地揭露了八股取士的腐朽。他还指出，科举所取之人大多是对治国安邦大事一窍不通者，他们一旦混入官场，只知追求享受、作威作福，一旦国难当头，又只会逃之夭夭，因而传统的教育制度和科举制度不仅没有培养和选拔人才，反倒是在"摧锄天下人才"，因而非改不可。他的《己亥杂诗》："九州生气恃风雷，万马齐喑究可哀。我劝天公重抖擞，不拘一格降人材"④，充分表达了他改革教育和改革科举，造就能拯衰起危、开创新局面人才的强烈愿望。

（三）魏源改良教育的主张

培养选拔实用人才　面对鸦片战争失败、太平天国起

---

① 龚自珍：《龚自珍全集》，第5页。
② 同上，第4页。
③ 同上，第344页。
④ 同上，第521页。

义，清王朝摇摇欲坠的内忧外患局面，魏源认为要抵御外侮、改革弊政，必须正人心、进人才，"人才进则军政修，人心肃则国威遒"①。为此，首先应革除"人心之寐"和"人才之虚"两大弊端，革除"寐患"应"去伪、去饰、去畏难、去养痈、去营窟"，革除"虚患"应"以实事程实功，以实功程实事"②。即提倡务求实际、务求实学的革新精神。

改革科举制度 魏源指出，国家欲兴利除弊，"在综合名实始。欲综合名实，在士大夫舍楷书帖括而讨朝章、讨国故始"③。并认为，武科专试"弓马技勇"在使用火枪、火炮的时代已远远落后，因此不但建议武科考试增设水师一科，而且强调"知水师不能舍船械而空谈韬略，武备不能舍船炮而专重弓马"④。

师夷长技以制夷 魏源是我国近代最早的明确且较系统地提出学习西方的启蒙思想家。他在林则徐开学习西方风气之先、主持编译的《四洲志》基础上撰成《海国图志》，进而系统阐发了"师夷长技以制夷"的思想。他自述写作此书是"为以夷攻夷而作，为以夷款夷而作，为师夷长技以制夷而作"⑤；指出"欲制外夷者，必先悉夷情始；欲悉夷情者，必先立译馆，翻夷开始"⑥，并强调"善师四夷者，能制四夷；不善师外夷者，外夷制之"⑦。他还认为

---

① 魏源：《魏源集》第167页。
② 同上，第208页。
③ 魏源：《圣武记》第242页。
④ 魏源：《海国图志》卷三。
⑤ 魏源：《海国图志·原叙》。
⑥ 魏源：《海国图志·议战》。
⑦ 魏源：《海国图志》卷一。

坚船利炮是西方战胜中国的主要因素,故反对守旧派把西方"长技"诬蔑为"奇技淫巧",强调这些"长技"竭耳目心思之力而成,有"夺造化"之功,主张"有用之物,即奇技而非淫巧"①。

军事与民用两手抓 魏源认为师夷长技的内容主要包括军事与民用两方面。在军事方面,"一战舰,二火器,三养兵练兵之法"②。为学习这些长技,他建议在广东虎门开办造船厂、火器局,聘请法、美技师传授制造新式武器、驾船和演炮等科学技术。在民用方面,认为"凡有益于民者"都应学习,包括"量天尺、千里镜、龙尾车、风锯、水锯、火轮机、火轮车、自来火、自转碓、千斤秤"③等,并倡导开办民营工业。此外,他还初步觉察到西方民主政治的优越性,赞赏美国的联邦共和制和议会制,认为其"以部落代君长,其章程可垂奕世而无弊","公举一大酋总摄之,匪惟不世及,且不四载即受代,一变古今官家之局","议事听讼,选官举贤,皆自下始"④等西方制度都有可取之处。

魏源作为自觉的爱国主义者,他主张学习西方并非盲目效法更不是归顺西方,而是学其"长技"以增强自己的防御能力和更有效地抵御外侮。他曾明确指出:"中国智慧无所不有",只要国人奋发图强,"尽转外国之长技为中国之长技",中国将"风气日开,智慧日出,方见东海之民,犹西海之民"⑤,与西方先进国家并驾齐驱。

---

① 魏源:《海国图志》卷二。
② 魏源:《海国图志·议战》。
③ 魏源:《海国图志》卷二。
④ 魏源:《海国图志》卷五十九。
⑤ 魏源:《海国图志》卷二。

二、中体西用的提出与系统化

（一）中体西用的提出

中体西用作为一个内涵丰富的特定概念，严格地说是晚清后期才得以确定的。但其中的某些思想成分不仅在龚、魏等改革派先驱的主张中已开其端绪，而且迅速为旋即兴起的洋务派所承接和发展，并对后续的维新派产生了重要影响且被赋予了更趋进步的新内涵。

中体西用的初始提出者可推冯桂芬。他作为林则徐的学生，继承和发展了林则徐、魏源等人的社会改革思想。他在1861年完成的《校邠庐抗议》中，分析了中西方在经济、政治、军事、科技和文教上的差距，提出了学习和赶超西方的"自强之道"；其中《采西学议》一文提出"如以中国之伦常名教为原本，辅以诸国富强之术，不更善之善者哉"①的观点，初步勾勒了中体西用的理论框架。这一观点既成为洋务派确立中体西用理论的重要桥梁，又被维新派奉为理论先导。

中体西用虽非洋务派首创和独有，但他们作为晚清政府中势力最强大的政治集团，面对中国"五千年未有之大变局"，已经明确认识到不学习西方科学技术之"末"，就难保中国伦理纲常之"本"，因而他们据院部重臣、封疆大吏之势竭力推行中体西用的基本政策。如李鸿章既强调"中国文武制度，事事远出西人之上"②，又惊叹列强"轮船电报之速，瞬息千里；军器机事之精，工力百倍；炮弹所

---

① 《校邠庐抗议》下卷。
② 《筹办夷务始末》（同治朝）卷二十五。

到,无坚不摧;水陆关隘,不足限制;又为数千年来未有之强敌"①,故主张在"变器不变道"思想的指导下坚决效法西方,大力兴办洋务。

直到1896年初,沈寿康在其主笔的《万国公报》上发表《救时策》一文,指出"中西学问,本自互有得失。为华人计,宜以中学为体,西学为用",始首先明确了中体西用的提法。与此同时,吴之榛在《上张香帅请设中西学堂书》中指出,拟办学堂之所以名"中西学堂",就是为"创'中学为体,西学为用',冀开海内风气",也明确了中体西用的表述。

(二) 中体西用的系统化

洋务派中前期的首领奕訢、曾国藩、李鸿章、左宗棠等人虽然对教育改革提出了不少看法,但这些思想尚未形成一个完整的体系,尤其是对中西学的深层次关系还缺少冷静的研究和系统的理论整理。然而,他们的有关主张确定了中体西用思想的地位,并且是这一思想走向系统化的过渡。

就在沈寿康明确中体西用提法的当年稍后,管理书局大臣孙家鼐在关于开办京师大学堂六条意见的第一条中提出:"中国五千年来,圣神相继,政教昌明,决不能如日本之舍己芸人,尽弃其学而学西法。今中国京师创立大学堂,自应以中学为主,西学为辅;中学为体,西学为用;中学有未备者,以西学补之,中学有失传者,以西学还之。以中学包罗西学,不能以西学凌驾中学,此是立学宗旨。日后分科设教,及推广各省,一切均应抱定此意,千变万化,

---

① 《李文忠公全书》卷二十四。

语不离宗。"① 上述"立学宗旨",似表征着中体西用思想已趋向系统化。

当然,对中体西用思想进行系统理论阐述的代表人物,当推洋务派中后期崛起的首领张之洞。光绪二十四年(1898)张之洞撰成《劝学篇》,该书全面系统地论述了中体西用思想,使之形成为一个完整的理论体系。对此,本书将在"张之洞的教育思想"一节加以析介。

中体西用作为一种折中新旧的文化模式,其双重价值标准自然地决定了它的双向效应。论其保守性,它重君权轻民权,尊传统抑新说,既减慢了中国社会主动适应世界大势的进程,又延缓了中国教育相应走向近代化的步伐。然而它客观地顾及了当时国民普遍守旧、难以承受剧变的心理,在剧变事实上已经发生的状态下策略地坚持以传统的儒家文化为本,又增大了变革传统成功的可能性。故就其进步性而言,它主张学习西方毕竟在封建专制的铁门上打开了一扇可窥新制度的窗户,使不少中国知识分子看到了外面的世界,进而接受并引进新的思想观念,也才有了晚清新教育制度的诞生。

第六节 民国时期的文教政策

民国时期(1921-1949)是中国近代多元教育向现代资产阶级新教育过渡的时期,其文教政策主要通过教育宗旨体现出来。而这一时期的教育宗旨曾随政局的数度变化而

---

① 朱有瓛:《中国近代学制史料》第一辑下册,华东师大出版社 1986 年版,第 624 页。

几经更易，直至20世纪20年代末才相对定型；在此期间，新民主主义教育也得以局部尝试。

一、民国初年的教育宗旨

1912年1月初南京临时政府教育部成立，蔡元培就任教育总长，并立即着手对清末的封建教育进行了一系列重要的改革。同年2月和4月，蔡元培先后发表《对于新教育之意见》和《对于教育方针之意见》两文，系统地阐述了关于制定教育宗旨的新主张。文章批判了清末的五项教育宗旨，明确指出：忠君与共和政体不合，尊孔与信仰自由相违；并首次提出了军国民教育、实利主义教育、公民道德教育、世界观教育和美感教育"五育"并举的教育宗旨。

1912年7月，全国临时教育会议以蔡元培的上述思想为基本依据，讨论通过了民国的新教育宗旨："注重道德教育，以实利教育、军国民教育辅之，更以美感教育完成其道德。"[①] 同年9月，北迁后的教育部正式公布了这一宗旨。

上述宗旨是对清末教育宗旨的革命性变革，其中最突出之点是废除了"忠君"、"尊孔"这一封建教育的核心，赋予德育"自由、平等、亲爱"[②] 的资产阶级政治观念，且首次把美育列入教育宗旨。这些都是具有开创意义的，标志着资产阶级教育观开始正式登上我国教育思想的舞台。它规定以德育为首，实利教育、军国民教育和美感教育为辅的顺序，初步体现了资产阶级教育关于人的德、智、体、

---

① 舒新城：《中国近代教育史资料》上册，人民教育出版社1961年版，第226页。

② 蔡元培：《对于教育方针之意见》。

美和谐发展的思想。它的实施不仅推动了民国初年普通教育的改革与发展,而且为我国以后制定教育宗旨、教育方针提供了理论框架。

二、北洋政府的教育宗旨

民国初年的教育宗旨颁行不久,袁世凯为复辟帝制,在文教领域掀起了复古逆流。1913年10月,他在《天坛宪法草案》中规定:"国民教育以孔子之道为修身大本"①,把复古教育列入宪法使其具有最大的法律效力,以强迫国民遵从。

1915年1月袁世凯以大总统令公布《颁定教育要旨》,明确教育宗旨在于"使中华民族为大仁、大智、大勇之国民,则必于忠孝节义植其基,于智识技能求其阙";并效法清末政府将其概括为爱国、尚武、崇实、法孔孟、重自治、戒贪争、戒躁进七项②,取代了民初颁行的"四育并举"的教育宗旨。同年2月袁世凯又在《特定教育纲要》中公开指责:"教育部前颁教育宗旨,注重道德、实利、军国民、美感各教育,惟未标明实用主义";并模仿清末"中学为体,西学为用"的教育纲领,提出"以道德实利尚武教育为体,以实用主义为用",把"七项教育宗旨"简化为"注重道德、实利、尚武,并运之以实用"③。

袁世凯复古的教育宗旨,抽掉了民初教育宗旨中的民主平等精髓,产生了极其恶劣的影响。它直接导致民初一

---

① 吴宗慈:《中华民国宪法史》前编,第三章。
② 舒新城:《中国近代教育史资料》上册,人民教育出版社1961年版,第248—257页。
③ 同上,第258—259页。

度取消的"读经课"得以恢复,"各学校均应崇奉古圣贤以为师法,宜尊孔以端其基,尚孟以致其用"①;女子教育也倒退到清末的封建专制境地,"勿骛高远之谈,标示育成良妻贤母主义,以挽其委琐龌龊或放任不羁之陋习"②。

1916 年 6 月,做了 83 天皇帝梦的袁世凯在举国一致的"倒袁"声中忧惧而逝。继掌权柄的北洋军阀相互倾轧,文化教育陷于瘫痪状态。尽管资产阶级教育家、当时的教育总长范源濂等人曾要求切实执行 1912 年颁行的教育宗旨并撤销袁世凯颁行的《特定教育纲要》,但终因政局混乱而使复古教育未能得以彻底清除。

三、国民政府的教育宗旨

(一)从党化教育方针到三民主义教育宗旨

第一次国共合作时,广东国民政府教育行政委员会为适应国民革命的需要,以孙中山的联俄、联共、扶助农工三大政策和新三民主义为指导,提出了"党化教育"的口号。1926 年 7 月,教育行政委员会在广州召开了中央教育行政大会,内容之一是议决"学校及私塾员生须全体加入国民党"③,以推行党化教育。当时提出党化教育,对抵制北洋政府的复古教育,尤其是配合北伐、加快革命进程,是有进步意义的。

1927 年 4 月南京国民政府成立。同年 5 月蒋介石在南

---

① 舒新城:《中国近代教育史资料》上册,人民教育出版社 1961 年版,第 260 页。
② 同上,第 243 页。
③ 丁致聘:《中国近七十年来教育记事》,商务印书馆 1935 年版,第 132 页。

京"五四运动纪念大会"上号召实行党化教育,并授意各省成立"党化教育委员会",拟定"党化教育大纲",规定"使学生受本党之指挥而指挥民众",以三民主义感化"误入歧途之青年"。同年8月,国民政府教育行政委员会颁行《学校施行党化教育办法草案》,指出:"所谓党化教育就是在国民党指导之下,把教育变成革命化和民众化,换句话说,我们的教育方针要建筑在国民党的根本政策之上。"①从此,党化教育方针开始在国民党统治区内的各级各类学校中强制实行。

当时浙江、江苏两省执行党化教育方针最为积极。浙江在《实施党化教育大纲》中把党化教育的要求具体化,包括:以训练国民党党员的方法训练学生;以国民党的纪律为学校的规约;以管理国民党的办法管理教育;以"三民主义"思想确定学生的人生观;等等。显而易见,党化教育方针从本质上规定了教育只能服从和服务于国民党的一党专政,实质是把全体国民的教育演变为一党的教育。党化教育方针引起了若干进步人士的抨击;国民党内部也有人认为"党化"二字含义空泛,以至解释不一。因此国民政府决定不再提党化教育方针,而代之以三民主义教育宗旨。

从1928年5月第一次全国教育会议讨论三民主义教育宗旨开始,几经周折,直到1929年3月国民党第三次全国代表大会修订、通过并于次月国民政府明令颁行,法令化的三民主义教育宗旨才得以正式出台。宗旨全文为:"中华民国之教育,根据三民主义,以充实人民生活,扶植社会

---

① 《教育杂志》第19卷第8号。

生存，发展国民生计，延续民族生命为目的；务期民族独立，民权普遍，民生发展，以促进世界大同。"①

（二）三民主义教育宗旨的实施原则

为贯彻三民主义教育宗旨，国民政府在公布这一宗旨时附有"实施方针"共八条；1931年9月国民党中央执行委员会又通过了"实施原则"共八章十六节，对各级各类学校的课程、训育及设备作了更缜密、更具体的目标规定，以保证三民主义教育宗旨的全面落实。其中：

初等教育（含幼稚园）：使儿童整个的身心融育于三民主义教育中；使儿童个性、群性，在三民主义教导下，平均发展；使儿童于三民主义教导下，具有适合于实际生产之初步的知能。

中等教育：确定青年的三民主义信仰并切实陶冶其忠孝仁爱信义和平的国民道德；注意青年的个性及其身心发育状态而予以适当的指导和训练；对青年应予以职业指导，并养成其从事职业所必具的知能。

高等教育：使学生切实理解三民主义的真谛，并具有实用科学的知能，使其能实现三民主义的使命；学校应发挥学术机关的机能，使之成为文化的中心；课程应视国家建设的需要为依归，以收为国储材之效；训育应以三民主义为中心，养成德智体群美兼备的人格；设备应力求充实，并与课程、训育相关联。

师范教育：应根据三民主义精神并参照社会生活的需要，施以最新式的科学教育及健全的身心训练，以培养实施三民主义的师资；学校应与社会沟通，并造成"教"、

---

① 《第一次中国教育年鉴》甲编第8页。

"学"、"做"三者合一的环境,使学生对教育事业有改进能力和终身服务的精神;乡村师范教育应注意改善农村生活并适应其需要,以养成切实从事乡村教育或社会教育的人才。

社会教育:提高民众知识,使之具备现代都市及农村生活的常识;增进民众职业知能,以改善家庭经济并增加社会生产力;训练民众熟习四权、实行自治,并陶冶其忠孝仁爱信义和平的国民道德,以养成三民主义下的公民;注重国民体育及公共娱乐,以养成其健全的身心;培养社会教育干部人才,以发展社会教育事业。

贯彻三民主义教育宗旨及其实施方针与原则,最终目的是培养为国民党服务的"人才"。尽管当时确有不少人从善良的愿望出发,认为这一宗旨及其方针、原则体现了"全民的教育"、"有远大理想"、"能代表中国整个社会的需要",但由于帝国主义的侵略、政治的腐败和国家的分裂与贫弱,善良的愿望也仅只是一相情愿。

四、新民主主义的文教政策

中国共产党从1927年开始,先后在以瑞金和延安为中心的根据地实施新民主主义教育,从理论与实践两个方面作了比较广泛的初步探索。这种区域性的局部尝试及其经验,成为了中华人民共和国初期教育改革的前奏和理论指导。

(一)以瑞金为中心的根据地的文教政策

以瑞金为中心的根据地建立后,根据地政府立即在文教方面确立了教育为工农民众服务、为建设和巩固新生政权服务的方针。1931年11月,中华苏维埃第一次全国代表大会通过了《中华苏维埃共和国宪法大纲》，其中第十二条规定："中华苏维埃政权以保证工农劳苦民众有受教育的权利为目的，在进行革命战争许可的范围内，应开始施行完全免费的普及教育，首先应在青年劳动群众中施行。应该保障青年劳动群众的一切权利，积极的引导他们参加政治和文化的革命生活，以发展新的社会力量。"① 这一法令性文件肯定了工农民众的受教育权利，明确了教育的任务是逐步施行完全免费的普及教育，指出了完成这一任务应首先体现于对青年劳动群众的教育。

1933年4月，中华苏维埃共和国临时中央政府教育人民委员部在第一号训令《目前的教育任务》中，有针对性地指出："苏区当前文化教育的任务，是要用教育与学习的方法，启发群众的阶级觉悟，提高群众的文化水平与政治水平，打破旧社会思想习惯的传统以深入思想斗争，使（群众）能更有力的动员起来，加入战争，深入阶级斗争，以及苏维埃各方面的建设。"② 这一训令从当时阶级斗争和政权建设的实际需要出发，突出强调了教育的政治功能和为阶级斗争服务的特点。

1934年1月，毛泽东在中华苏维埃第二次全国代表大会的工作报告中，正式提出了苏维埃文教建设的总方针："在于以共产主义精神来教育广大的劳苦民众，在于使文化教育为革命战争与阶级斗争服务，在于使教育与劳动联系起来，在于使广大中国民众都成为享受文明幸福的人"；并进一步明确了文教建设的总任务"是厉行全部的义务教育，

---

① 《苏区教育资料选编》，江西人民出版社1981年版，第1页。
② 同上，第6页。

是发展广泛的社会教育,是努力扫除文盲,是创造大批领导斗争的高级干部"①。上述总方针和总任务,既坚持了教育的对象是劳苦民众,又倡导教育的普及与平等;既突出了教育为革命战争和阶级斗争服务,又肯定教育应造就享受文明幸福的人;既规定了教育的内容要以"共产主义精神"为中心,又指明教育的途径在于与生产劳动相结合。这些基本精神不但在延安时期的根据地教育中继续得到了贯彻和体现,并且为中华人民共和国初期制定教育方针奠定了理论基础、提供了初步的模式。

（二）以延安为中心的根据地的文教政策

以延安为中心的根据地建立后,各项文教方针政策都是以夺取抗战胜利和夺取全国政权这一"总方针"为出发点制定的;其理论基础或指导思想,又集中体现于毛泽东1940年1月发表的《新民主主义论》之中。他指出:"一定的文化（当作观念形态的文化）是一定社会的政治和经济的反映,又给予伟大影响和作用于一定社会的政治和经济;而经济是基础,政治则是经济的集中的表现",并强调这是对文化和政治及文化和经济的关系的"基本观点"②。依据这一观点,毛泽东进而指出:新民主主义的文化是"无产阶级领导的人民大众的反帝反封建的文化",是"民族的、科学的、大众的文化"③。

所谓新民主主义文化"是民族的",是指它具有中华民族的特性,是反对帝国主义压迫,维护中华民族的尊严和

---

① 《老解放区教育资料》（一）,教育科学出版社1981年版,第20页。
② 《毛泽东同志论教育工作》,人民教育出版社1958年版,第1页。
③ 同上,第19页。

独立，并与其他民族的进步文化相结合，进而"共同形成世界的新文化"；所谓新民主主义文化"是科学的"，是指它反对一切封建迷信思想，主张实事求是、客观真理和理论与实践的统一，又主张尊重自己的历史文化并"剔除其封建性的糟粕，吸收其民主性的精华"；所谓新民主主义文化"是大众的"，是指它"应为全民族中百分之九十以上的工农劳苦民众服务，并逐渐成为他们的文化"，因而它又"是民主的"文化[①]。

正是基于这一指导思想，根据地制定了以下具体的文教政策：一是文教工作中坚持统一战线，即动员一切力量，组成浩浩荡荡的文教大军，投入抗日民族统一战线、争取抗战的最后胜利和结成广泛的反蒋统一战线、夺取全国政权；二是干部教育第一，国民教育第二，即大力发展干部教育，培养、提高干部使之成为群众的先锋，并把普通高小以上的教育纳入干部教育的范畴；三是注重生产劳动教育，即发扬苏区教育与劳动联系的传统，使教育同根据地的生产建设联系起来，自己动手、丰衣足食，战胜根据地的物质生活困难；四是国民教育实行民办公助，即发动村民自己办教育，政府给予适当的指导和可能的物质帮助，逐渐达到自中心小学以下均归民办，其学制和教育内容都应尊重群众意见等。

小　结

中国奴隶制社会开始于夏，经历了商和西周，逐步形

[①] 《毛泽东同志论教育工作》，人民教育出版社1958年版，第27—29页。

成了奴隶制的文教政策。其中,夏代重武,制定了"以射造士"的文教政策;商代重祭祀,制定了"以乐造士"的文教政策;西周重"人事",制定了"礼乐造士"和"明人伦"的文教政策。

春秋战国是我国由奴隶制向封建制过渡的时期。伴随着经济和政治的下移,在文化教育上主要采取争相养士、重视学术、鼓励百家争鸣的文教政策。

秦汉是我国封建社会文教政策的探索、确立时期。其文教政策经历了从"焚书坑儒"到"无为而治"再到"独尊儒术"的艰难曲折过程。

魏晋至隋唐是我国由分裂过渡到统一的时期。其中,魏晋南北朝文教政策的现状是儒学削弱,佛道玄流行;而隋唐又重新确立了重振儒术,兼用佛、道的文教政策。

宋元明清统治者为巩固中央集权,其文教政策均以尊孔崇儒、注重教化为基本特色;同时又因不同时期政治和学术文化的发展与需要,尤其是少数民族两度入主中原而带有明显的时代烙印和突出的民族特征。

晚清是中国封建社会从繁荣到衰落的重要历史时期,"中体西用"是这一时期文教政策的核心或主流。

民国的教育宗旨屡经变更,经历了从民初的"四育并举"到北洋政府的"七项教育宗旨",从第一次国共合作的"党化教育"到南京国民政府的三民主义教育的转变。而这一时期中国共产党领导的革命根据地实行新民主主义的教育方针政策,使新民主主义教育臻于成熟。

总的来看,各个历史时期的文教政策都是与当时中国政权的性质和统治阶级的政治需要相符合的,并随着当时统治者统治政策的变化而改变。

第二章　官学教育

中国古代最早的官学几乎是与国家同时产生的。到了西周,出现了"学在官府"的特有形式,基本完成了从原始教育向学校教育的过渡。而汉代官学尤其是太学的设立和发展,为中国封建社会的官学提供了基本框架。魏晋南北朝时期政局纷乱,官学时兴时废。及至唐代,中央官学繁盛,制度完备。宋代的三次兴学,使官学得以逐步完善。进入封建社会后期,官学的建制堪称完备,却逐渐沦为科举的附庸。清末,科举制被废除,取而代之的是新式学堂。

第一节　先秦时期的官学教育

一、夏商西周的官学教育

(一)夏商教育的追述

相传在距今约五千年的氏族社会末期,黄帝的史官仓颉创造了汉字。但普遍认为,殷商时期才有了较成熟的汉字,"惟殷先人,有册有典"①。由于学校的产生晚于文字的

---

① 《尚书·多士》。

形成，以及夏商教育见于后世文献记载，还缺少当时的直接证据，因而夏商教育还宜归于"追述"。

1. 夏代的教育

从我国古代社会经济和文化教育总的发展情况来看，夏朝应该已经正式建立学校。古籍记载："夏后氏之学在上庠"①；"夏后氏养国老于东序，养庶老于西序"②；"庠者，养也；校者，教也；序者，射也。夏曰校……"③可知夏朝至少已有庠、序、校三种教育机构的传说，并各有其主要任务。不过，迄今为止还没有从出土文物中得到证实。

当时的教师为国老、庶老，前者教授贵族子弟，后者教授庶民子弟，教学内容以习射、比武为主。

2. 商代的教育

古籍记载："殷人养国老于右学，养庶老于左学"④；"作乐于瞽宗"，"瞽宗，殷学也"⑤。根据教育发展的相对连续性，可推知商朝的教育机构比夏朝新增了以养老明人伦为主的"学"和以习乐为主的"瞽宗"。

当时的教师除国老、庶老外，出现了以"作乐"为职掌的乐师和所谓先知先觉、传达"天意"的巫；教学内容重乐和与之相联的礼以及射、御，学习刻契甲骨文也是其中的一项，学生书写时"为之师范者，从旁捉刀助之"⑥。

---

① 郑玄注《仪礼》。
② 《礼记·王制》。
③ 《孟子·滕文公上》。
④ 《礼记·王制》。
⑤ 《礼记·明堂位》。
⑥ 郭沫若：《殷契粹编·考释·序》。

（二）西周的教育

1. 学校系统

西周学校集夏商之大成，初步形成了较完整的学校系统（参见"西周官学系统图"）。

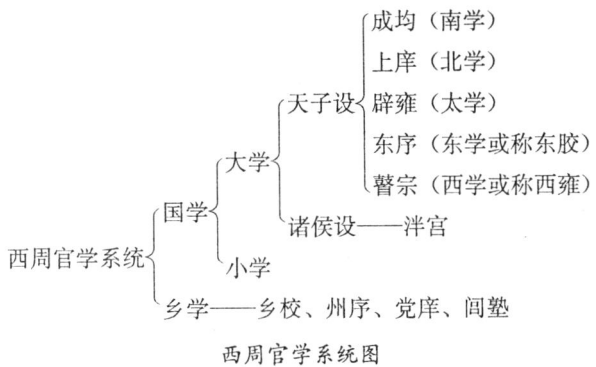

西周官学系统图

古籍记载："天子命之教，然后为学，小学在公宫南之左，大学在郊，天子曰辟雍，诸侯曰泮宫。"① 天子所设大学规模较大并分五学，五学以"辟雍"为尊且环之以水，故"辟雍"也代称大学；诸侯所设大学规模较小且半环以水，以示屈于天子，又名"泮宫"。这种名称上的区别据说是为了体现奴隶主贵族的等级制。乡学是按地方行政区域组织而定，当时"五家为比"，"五比为闾"，"四闾为族"，"五族为党"，"五党为州"，"五州为乡"②；乡学规模较小，仅设小学一级。这些记载表明西周在王城和诸侯国都设有学校，而且已明确地分为小学和大学两级，教师由国家职官担任，所以称为官学。

---

① 《礼记·王制》。
② 《周礼·大司徒》。

2. 教师、学生及教育内容

西周惟官有书，惟官有器，惟官有学。当时官师合一，教师地位很高。"大学之礼，虽诏于天子无北面，所以尊师也。"① 教官名目较多，分工趋细。国学由大司乐（大乐正）主其事，"掌成均之法，以治建国之学政，而合国之子弟焉"②；下有师氏掌教德行、保氏掌教艺仪，以及大胥、小胥等也各有职掌。乡学由司徒主其事，下有乡大夫、乡师、父师等各掌其职。

国学学生多为贵族子弟，"王太子、王子、群后之太子、卿大夫元士之适子、国之俊选，皆造焉"③。至于女子，纵令是贵族也不能入学，"女子十年不出"，只能在家"学女事"④。入学年龄及修业年限史载不尽一致，但一般认为王太子八岁入小学，十五岁入大学；公卿的长子、大夫元士的嫡子十三岁入小学，二十岁入大学；其他余子十五岁入小学，入大学则更晚；修业年限小学为七年，大学为九年。乡学招收庶民子弟，入学年龄及修业年限不确。

国学的教育内容主要有礼乐、德行、艺仪等方面，而以礼、乐、射、御、书、数"六艺"为基本内容。其中大学以礼乐诗书为重点，"春秋教以礼乐，冬夏教以诗书"⑤；小学以书数为重点；射御除传授有关知识和培养有关技能外，还着重与礼乐配合施教。乡学的教育内容主要为"乡三物"，即"六德"（知、仁、圣、义、忠、和）、"六行"

---

① 《礼记·学记》。
② 《周礼·大司乐》。
③ 《礼记·王制》。
④ 《礼记·内则》。
⑤ 《礼记·王制》。

（孝、友、睦、姻、任、恤）和"六艺"。

3. 考查和奖惩

国学中，小学的考查内容为德行、言语和治事之才，合格者可入大学。大学分"小成"、"大成"两阶段，实施"中年考校"："一年视离经辨志，三年视敬业乐群，五年视博习亲师，七年视论学取友，谓之小成；九年知类通达，强立而不反，谓之大成。"① 对不受教者，由大乐正报告于王，王命三公、九卿、大夫、元士皆入学施予感化；不改者，王则亲自视学以示警告；再不改者废去食乐三日；然后"屏之远方……终身不齿"②。

乡学中，有德行道艺者由乡大夫提名上报司徒，称"选士"并免其一乡的劳役；司徒择"选士"之俊秀者入大学深造，称"俊士"并免其一国的劳役。俊士九年学成后，受大乐正考查，优秀者"升诸司马，曰进士；司马辨论官材，论进士之贤者，以告于王而定其论；论定，然后官之"③。对不从教者，由乡大夫报告司徒，司徒令乡中耆老会集于乡学以礼节感化；不改者则令其转移居处再以礼节感化；仍不改者，"屏之远方，终身不齿"④。

二、春秋战国的官学教育

春秋以降，王权衰微，官学由虚设而泯没。孔子慨叹"天子失官，学在四夷"⑤，反映了当时官学已日渐衰落。

---

① 《礼记·学记》。
② 《礼记·王制》。
③ 同上。
④ 同上。
⑤ 《左传·昭公十七年》。

(一) 官学衰落的原因

春秋战国时期官学衰落的原因可略归为三：一是"政教一体"的瓦解。周王室大权旁落，"政在天子"变为"政在诸侯"，"礼乐征伐自诸侯出"的所谓"天下无道"[①] 局面，导致原政教一体的产物——辟雍、泮宫及乡校逐步消失。二是乱世则学校不修。诸侯"以礼为文，以戎为主"，打着礼的旗号实则加强武力以求称霸。统治者无暇、无力顾及教育，导致"公聚朽蠹而三老冻馁"[②]，而竟声称"可以无学，无学不害"[③]。三是学风败坏，贵胄子弟无心向学。"青青子衿，悠悠我心。纵我不往，子宁不嗣音？青青子佩，悠悠我思。纵我不往，子宁不来？挑兮达兮，在城阙兮。一日不见，如三月兮！"这篇诗"刺学校废"[④]，揭露了官学的冷落和失势贵族的颓废。

(二) 稷下学宫简介

稷下学宫大约于公元前370—前360年间，由齐国统治者在都城临淄稷门创办的高等学府。它是一所由官方操办而由私家主持的特殊学校，也是战国中后期百家争鸣、私人讲学并兼及咨议的重要场所。它时盛时衰，止于齐国归秦。

稷下学宫多著名学者。名士淳于髡是第一批稷下先生，其后宋钘、尹文、环渊，田骈、慎到，邹衍、邹忌，儿说、田巴，孟轲、荀卿、鲁仲连等，分别属于道、法、阴阳、名、儒诸家。齐王赐稷下先生"上大夫"、"博士"之称，

---

① 《论语·季氏》。
② 《左传·昭公三年》。
③ 《左传·昭公十八年》。
④ 《诗·郑风·子衿》及《毛诗·子衿序》。

受"高门大屋尊宠",让其"不治而议论"。相传淳于髡享"稷下之冠"美誉,立为"上卿";荀子"三为祭酒",享"最为老师"之尊。稷下学士甚众,宣王时已"数百千人"①,缗王前期达到高峰,有"至数万人"之说②。

稷下学宫实行兼容并包、来去自由的办学原则,提倡百家争鸣、择善而从。通过多种形式、不同层次的"辩论"和内容广泛的"期会",并允许学生自由听讲,打破门户之见,不仅发现、培养了若干学术名人,形成、发展了新的学术流派,而且产生了不少学术著作,推动了学术繁荣,使当时的文化教育中心随之由鲁国转移到齐国。凡此,也为后人留下了诸多思考。

第二节 秦汉时期的官学教育

一、秦代的官学教育

(一)博士制度

"博士"之职在中国教育史上占有重要地位,但源于何时已难考实。不少学者认为它始于"六国时"或"六国末",秦则因之,诸子、术数、方技等均立博士。

秦置博士,主要职责为:议政事,备咨询,掌故籍。秦始皇出巡多有博士相随,三十四年(前213)置酒咸阳宫"博士七十人前为寿"③,均说明当时博士地位很高,备受重

---

① 《史记·田敬仲完世家》。
② 范文澜:《中国通史简编》(修订本,第一编),人民出版社1964年版,第276页。
③ 《史记·秦始皇本纪》。

视。秦实行"以法为教"、"以吏为师"之后,博士的政治地位有所下降,"博士虽七十人,特备员弗用"①,但他们在文化教育方面却更显其重要性。因为秦焚《诗》、《书》,而博士掌管藏书不焚,保存了部分文化;"以吏为师",而"吏"不一定都能为师,就不得不以博士充任"吏师",博士专习《诗》、《书》,传授自然不可能排除《诗》、《书》,并引发部分人对《诗》、《书》的格外重视②。这应说是博士对当时文化教育发展的特殊贡献。

(二)吏师制度

以吏为师,源于西周"官师合一"制度。战国以降,商鞅提倡法令、官吏、教师三位一体。韩非明确提出:"明主之国,无书简之文,以法为教;无先王之语,以吏为师③。"秦统一六国之后,为在思想上、学术上杜绝异端,必须首先加强对教育的控制。而已有私学教育"相与非法教,人闻令下,则各以其学议之,入则心非,出则巷议"④,因此李斯在请求"禁私学教育"的同时,提出了"若欲有学法令,以吏为师"⑤的主张,并被秦始皇采纳且付诸实施。秦王朝在各级官府附设"学室",由吏执教,以培养刑狱之吏。

施行吏师制度的主要目的是与秦崇尚法制相一致的。吏师以法律教育为主,却难以完全排除有人教学《诗》、《书》。因为有的吏师原本为博士,如康有为言:"秦博士如叔孙通,有儒生弟子百余人,诸生不习《诗》、《书》,何为

---

① 《史记·秦始皇本纪》。
② 顾树森:《中国历代教育制度》,江苏人民出版社1981年版,第58页。
③ 《韩非子·五蠹》。
④ 《史记·秦始皇本纪》。
⑤ 同上。

复作博士弟子?"① 其次,从汉初经学大师多为秦博士,以及刘邦引兵围鲁时"鲁中诸儒尚讲诵习礼,弦歌之音不绝"② 等材料也可推测,秦"以法为教"、"以吏为师",但教学《诗》、《书》者亦不乏人。

二、汉代的官学教育

(一)学校系统与管理体制雏形

1. 学校系统

汉代学校系统在先秦尤其是在西周已有学校系统的基础上得到了进一步发展(参见"汉代官学系统图")。

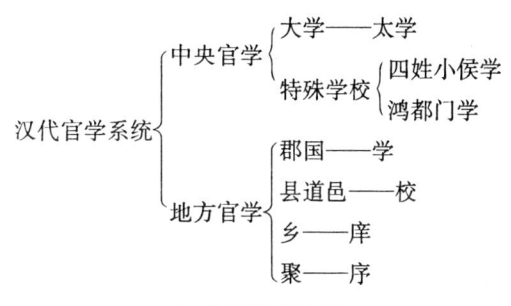

汉代官学系统图

官学中的高等教育机构包括普通大学性质的太学、宫廷贵胄性质的四姓小侯学和专门性质的鸿都门学,以及普通专科性质的郡国"学";基础教育机构包括县道邑侯国的"校"及乡"庠"、聚"序"。

2. 管理体制雏形

我国封建社会的官学管理体制也肇始于汉代,但尚未

---

① 《新学伪经考》卷一。
② 《汉书·儒林传》。

设置专门的教育管理机构。汉代在三公（丞相、太尉、御史大夫）之下设九卿分管各部事务；全国教育由九卿之首的"太常"兼理。五经博士是太常属下的专职教官；西汉博士之首为"仆射"，东汉改称"祭酒"，此职大致相当于现在高等教育的最高行政官员。地方教育由各级行政长官兼署；"学"和"校"通常各设经师一人具体管理教学，"庠"与"序"则各置《孝经》师一人①。学、校、庠、序之间没有连属关系，与中央太学也不相属，但学与校的毕业生可入太学深造（参见"汉代教育管理体制图"）。

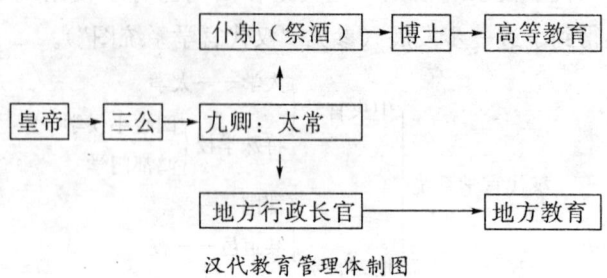

汉代教育管理体制图

（二）太学概述

1. 设置与发展

元朔五年（前124），汉武帝下诏置博士弟子"以厉贤才"②，正式开我国古代创办太学之端绪，也标志着我国封建官立大学制度的萌芽。

西汉太学建于长安西北郊，最初置博士弟子50人；后逐渐增加，昭帝时有100人，宣帝时为200人，元帝时至1000人，成帝末达3000人，西汉末有王莽"为学者筑舍万

---

① 《汉书·平帝纪》。
② 《汉书·武帝纪》。

区"之说①。

东汉于建武五年（29）在洛阳重修太学，"起太学博士舍、内外讲堂，诸生横巷，为海内所集"②。一时名儒会聚京师，四方学者咸来听讲，边疆如匈奴亦遣子弟前来就学。至顺帝时，太学共有240房、1850室，博士弟子不下四千人；质帝时竟达三万人之多，京师形成了太学区，太学发展规模达到鼎盛，但此时教学质量严重下降，诸生"章句渐疏，而多以浮华相尚"③。

2. 博士与弟子

太学博士掌教弟子。博士教授专主一家，故太学每一家经学常置博士一人，但亦时有增减。武帝时五经共七家，置博士七人；元帝时共置博士15人，《诗》分鲁、齐、韩三家，《书》分欧阳、大夏侯、小夏侯三家，《礼》分大戴、小戴二家，《易》分施氏、孟氏、梁丘氏、京氏四家，《春秋》分严氏、颜氏、穀梁氏三家；东汉光武帝时改置博士14人。

太学择师素来慎重。博士首席由太常"差选聪明威重"的博士担任。其他博士的选取，两汉各有途径。西汉博士"以名流为之，无选试之法"④，但规定必须"明于古今，温故知新，通达国体"⑤；东汉则"试而后用，盖既欲其为人

---

① 《汉书·王莽传》。
② 《后汉书·翟酺传》。
③ 《后汉书·儒林列传上》。
④ 《文献通考·学校》。
⑤ 《汉书·成帝纪》。

之师范"①,并需人"保举"②,标准包括德行、才学、健康等方面。

太学的学生称"博士弟子"或简称"弟子",东汉时直呼"太学生"或统称"诸生"。太学生招取的主要途径有二:一是由太常"择民年十八以上仪状端正者,补博士弟子"③;二是由郡县选送"好文学,敬长上,肃政教,顺乡里,出入不悖"的年轻官吏,经"谨察可者……得受业如弟子"④。如有超群才童,虽未足十八岁亦可入选,故东汉时另有童子郎之称。

3. 教学管理

太学以五经为教学内容,诸生以明经为旨归。就具体内容论,则推崇今文经学,基本排斥古文经学,具有浓厚的政治倾向性。今文经学或利用阴阳五行学说,把天灾变异与世道人事相附会,使儒学神化;或假托古制,以陈己意,鼓吹君权神授,迎合统治者。

统治者为在思想上、学术上统一推行今文经学,曾召开过两次重要的经学会议。第一次是宣帝主持在石渠阁召集诸儒论五经异同。第二次是东汉章帝建初四年(79)白虎观会议责成儒士班固编撰《白虎通义》;该书汇集今文经学各家的观点,确定了有关经学的标准答案,使封建的三纲六纪法典

---

① 《文献通考·学校》。
② 《通典·选举》载"保举状"如:生事爱敬,丧没如礼。通《易》、《尚书》、《诗》、《礼》、《春秋》、《孝经》、《论语》,兼综载籍,穷微阐奥。师事某官(指学术有源),见授门徒五十人以上,隐居乐道,不求闻达。身无金痍痼疾,三十六属不与妖恶交通、王侯赏赐。行应四科(指淳厚、质朴、谦逊、节俭),经任博士。下署某官某甲保举。
③ 《汉书·儒林传》。
④ 同上。

化。在此基础上，为使经学标准更臻固定统一，熹平四年（175）开始刊刻石经，历时9年，共46块石碑，立于太学门外，史称"熹平石经"。这部石经作为当时由政府确定的标准经书，不仅使太学的教学内容更加有利于学术与政治统一和便于管理，

熹平石经《周易》残石

而且对一般士子研习经书也起到了正定文字的作用。

太学的教学组织形式主要有：一是大班讲授（都授）。东汉太学讲堂长10丈，宽3丈，可容纳数百名太学生同时听讲。二是高徒（都讲生）代讲，即由高足弟子向低级弟子传授。这与经学大师董仲舒使"弟子传以久次相授业"[1]的方法相似。三是弟子自学，包括独立钻研、自由讨论，以及博览"众流百家之言"[2]；张衡、崔瑗自学天文、数学，成为东汉著名的科学家。此外，太学还偶尔举行学术辩论，光武帝也曾亲临太学"会诸博士论难于前"[3]。

4. 考试与出路

太学发轫之初，董仲舒就提出：欲得"英俊"，太学应"数考问以尽其材"[4]；汉循此建立了一整套与学生出路相结合的考试制度，形成了重视考试的传统。因而可以说，太

---

[1]《汉书·董仲舒传》。
[2]《后汉书·王充传》。
[3]《后汉书·桓荣传》。
[4]《汉书·董仲舒传》。

学既是汉代的最高学府,又是国家考选官吏的重要机关。

太学生没有固定的修业年限,只要通过考试就可以毕业。西汉规定,太学"一岁皆辄课,能通一艺以上,补文学掌故缺;其高第可以为郎中,太常籍奏。即有秀才异等,辄以名闻。其不事学若下材,及不能通一艺,辄罢之,而请诸能称者"①。东汉因禄位无虚,待补者甚众,故铨选标准拔高,规定更加具体:一是改"岁试"为两年一考;二是以通二经为起点,以多寡别次第;三是落第可补考,补考达到规定标准,可授相应职衔。

考试的具体方法有:一是射策。其内容侧重于对经义的解释。"射策者,谓为难问疑义书之于策,量其大小署为甲乙之科,列而置之,不使彰显。有欲射者,随其所取得而释之,以知优劣。"② 二是开卷。即将原先的"列而置之,不使彰显"的射策考试,改为公开出题。三是对策。这是根据皇帝或学官提出的重大政治理论问题,撰文以对。多用于朝廷荐举,而后才被授官。四是口试。主要检验经书背诵情况及口头表达能力。如"唐生、褚生应博士弟子选,诣博士……试诵说,有法"③。上述四种方法,汉代以射策为主,开卷、对策、口试为辅。

(三)特殊学校

1. 四姓小侯学

东汉明帝时,外戚樊、郭、阴、马四姓受皇室殊宠,势力强大。为使其子弟树立正统观念,明君臣上下之别,

---

① 《汉书·儒林传》。
② 《汉书·萧望之传注》。
③ 《汉书·儒林传》。

不致滋事分权，明帝于永平九年（66）为四姓子弟专立学舍，置五经师，称四姓小侯学。"四姓小侯皆令入学，所以矫俗厉薄，反之忠孝。"①

四姓小侯学是贵族享有教育特权的产物，其教师地位和设备均优于太学。后入学范围扩大，六品以上官员的子弟可得受业，"匈奴亦遣子入学"②。质帝时，四姓小侯学"其高第者上名牒，当以次赏进"③。

2. 鸿都门学

东汉末期，宦官集团的政治势力日渐增强，但他们的社会地位低下，得不到广大士人支持。为了同代表正统的官僚集团及其"太学"相抗衡，宦官集团借灵帝嗜好文艺，于光和元年（178）在洛阳鸿都门创办了专修文学艺术的鸿都门学，以扩充其实力。

鸿都门学专门招收"能为尺牍、辞赋及工书鸟篆者"，据说曾招"至千人焉"④。教学内容也以尺牍、辞赋、字画为主。学生出路优厚，"或出为刺史、太守，入为尚书、侍中，乃有封侯赐爵者"⑤。鸿都门学的创办，一直遭到官僚、儒生的激烈反对。郎中蔡邕认为"书画辞赋，才之小者，匡国理政，未有其能"⑥；尚书令阳球更直言"罢鸿都之选，以消天下之谤"⑦。

---

① 《后汉书·邓皇后纪》。
② 《后汉书·儒林传》。
③ 《后汉书·质帝纪》。
④ 《后汉书·灵帝纪》。
⑤ 《后汉书·蔡邕传》。
⑥ 同上。
⑦ 《后汉书·阳球传》。

鸿都门学开办时间短,但意义大。它是我国古代第一所文艺专科学校;在汉代"独尊儒术"以后,它首次把教学内容正式扩大到了非儒家经典,并为后世多种专科学校的建立开辟了道路。

(四)地方官学

地方官学主要指郡国学校,以行政区域划分,一般包括州学、郡学、县学等。在朝廷办学政策的鼓励下,汉代出现了一大批积极兴办地方官学的官员,地方官学在他们的推动下得到了很大的发展。

1. 文翁化蜀

据现有资料,汉代地方官学始于文翁化蜀①。景帝末年,蜀郡守文翁"见蜀地辟陋有蛮夷风,文翁欲诱进之,乃选郡县小吏开敏有材者张叔等十余人亲自饬厉,遣诣京师,受业博士,或学律令。减省少府用度,买刀布蜀物,赍计吏以遗博士。数岁,蜀生皆成就还归"②,张叔等十八人"还以教授学徒"③。文翁"又修起学

文翁石室授经讲学

---

① 文翁名党,字仲翁,今安徽舒城县人;少好学,通《春秋》;景帝末为蜀郡守,终于蜀;巴蜀好文雅,文翁之化也。
② 《汉书·文翁传》。
③ 《华阳国志》。

官于成都市中"①,"立文学精舍讲堂作石室……在城南"②。

文翁石室招郊县子弟为学官弟子,在"讲堂"左右开"温故"、"时习"二堂为学生学习之所,教学内容有《易》、《诗》、《书》、《礼》、《春秋》、《论语》及律令等。学官弟子免除徭役,并提拔其中的优秀者补郡县吏,次者为孝悌力田。文翁还"常选学官童子,使在便坐受事",出巡时又带品学兼优者与之同行,使之宣传教令,出入衙署内室,"县邑吏民见而荣之,数年,争欲为学官弟子,富人至出钱以求之"。蜀郡由此"大化","学于京师者比齐鲁焉"③,儒家思想很快在蜀地传播开来。

2. 天下效仿

文翁化蜀受到武帝嘉奖,"乃令天下郡国皆立学校官"④,汉代地方官学由此发展起来。元始三年(3)经王莽提倡,始明确颁布地方官学系统:"郡国曰学,县、道、邑、侯国曰校。……乡曰庠,聚曰序"⑤,并延续至东汉末。西汉后期,郡国学增多,如颖川太守韩延寿"所至必聘其贤士,以礼待用"并"修治学官"⑥。

东汉地方官学更趋普遍。如北新城长刘梁扩大讲舍,"延聚生徒数百人,朝夕自往劝诫,身执经卷,试策殿最,儒化大行"⑦;边陲僻壤如西北武威、东北辽东、西南桂阳、

---

① 《汉书·文翁传》。
② 《华阳国志》。
③ 《汉书·文翁传》。
④ 同上。
⑤ 《汉书·平帝纪》。
⑥ 《汉书·韩延寿传》。
⑦ 《后汉书·刘梁传》。

南方九真（今越南河内以南）等地也都曾设立学校。班固在《两都赋》中有"四海之内，学校如林，庠序盈门"之说，描绘了当时地方官学的兴盛。

地方官学教官，西汉时有郡文学等，东汉时有文学祭酒等；元帝时"郡国置五经百石卒史"①，说明郡国经师的俸禄约为百石，属中等官吏待遇；郡文学或文学祭酒与庠序《孝经》师的待遇，当分别在郡国经师上下。

第三节　魏晋至隋唐时期的官学教育

一、魏晋南北朝的官学教育

（一）儒学教育

三国时期，虽儒学削弱，但仍设置官学以授儒学。建安二十二年（217）曹操立泮宫于邺城，这是曹魏所设的第一所非正式的太学。黄初五年（224）曹丕正式立太学于洛阳，置博士、定五经课试法，学生初为数百，几年后增至数千。蜀、吴也分别在成都和建业设太学，置博士。但当时博士"率皆粗疏，无以教弟子"②，诸生则为避役而来，无心向学，故太学往往"虽有其名而无其人，虽设其教而无其功"③。

从地方官学看，建安八年（203）曹操令郡国各修文学，县满500户置校官，选乡之俊秀者而教之。蜀国承文翁余绪，设州学；尹默、谯周先后为"劝学从事"，有的州改设"典学从事"、"典学校尉"，总管一州学校。吴国也在一

---

① 《汉书·儒林传》。
② 《三国志·王肃传注》。
③ 《三国志·刘馥传》。

些州郡设有地方官学。

西晋短期统一，注重文教。泰始初年设太学，置博士19人。泰始八年（272）太学生曾达七千有余，其来源广泛，名称有弟子、门人、寄学、陪住、散生等。咸宁二年（276）晋于太学之外另立国子学，这是我国古代为满足贵族受教育的特权专为贵胄子弟设置国子学之始。元康元年（291）统治者又明确规定：五品官以上的子弟入国子学，六品官以下的子弟入太学。国子学设祭酒、博士各一人，助教十五人；国子博士以"履行清淳，通明典义"为标准，并且必须是高层权贵者才有资格被召试。国子学与太学分立，"殊其士庶，异其贵贱"[①]，是当时重视门第阀阅的突出反映。东晋教育大势衰退，中央官学几近荒废。纵然史籍有设太学的记载，但多徒有虚名，两学生员共计不过两百余人。王导、戴邈、袁环、谢石等大臣先后请求修立国学，均或兴而复废或流于空文。

两晋地方官学主要由各地方长官自办，全国无统一规划。如张轨镇凉州，征九郡胄子五百人立学，置崇文祭酒；杜预镇襄阳，兴建学校；范宁镇豫章，在郡立乡校教授，远近至者千余。最著名者推征西将军庾亮，他在武昌选学官、立讲舍，凡参佐大将子弟悉令入学，并搜罗"四府博学识义通涉文学经纶者，建儒林祭酒，使班同三署，厚其供给"[②]，同时还鼓励临川、临贺二郡修复学校。

南朝齐、梁重视儒学教育。齐武帝时，王俭任宰相兼国子祭酒，他通儒术、好《春秋》，国子学以儒学为教育内容，

---

① 《南齐书·礼志》。
② 《宋书·礼志》。

他每隔十天前往视学,监试诸生。梁武帝天监四年(505)设五经馆,置五经博士各一人,各主一馆,教授儒家经学。

北朝诸国,因北魏政局相对稳定,官学亦较发达。道武帝建都平城后,仿汉法创立太学,置五经博士,阅数年,太学生增至三千;始光三年(426)别立太学于城东,令天下州郡选派才学之士进京求学,一时"人多砥尚,儒术转兴"[1];太和十九年(495)又于国子学、太学之外增创四门学,次年置四门博士授业。史称北魏"斯文郁然,比隆周汉"[2],文教的发展加快了北方的封建化和民族融合的进程。

至于南朝的地方官学,尽管梁武帝时期曾分遣博士到州郡立学,但总体不如北朝。北朝普遍设置有州郡学,并建立相应的管理制度(如表2—1),规定了选拔教师、学生的标准。如北魏曾规定"博士取博关经典,履行忠清,堪为人师者,年限四十以上。助教亦与博士同,年限三十以上。若道业夙成,才任教授,不拘年齿。学生取郡中清望,人行修谨,堪循名教者,先尽高门,次及中等"[3]。

表2—1　北魏州郡学师生编制表[4]　　单位:人

郡　等	博士名额	助教名额	学生名额
大	2	4	100
次	2	2	80
中	1	2	60
小	1	1	40

---

[1]《北史·儒林传序》。
[2] 同上。
[3] 据《北史·儒林传序》有关资料制。
[4]《北史·高允传》。

(二)文、史、律等分科授业

文学教育 三国时魏文帝撰《典论》,视文章为"经国之大业,不朽之盛事"①,高度肯定了文学的功能与作用。明帝青龙四年(236)魏创立崇文观,征召善文之士任职其中,它近似太学又相当于以修文学为主的研究机构;明帝还将《典论》碑刻于太学门外,体现文学教育与儒学教育并重。北朝北魏孝文帝"好为文章,诗赋铭颂,任兴而作"②。南朝宋文帝"雅好文艺",设"四馆",其中文学馆专门研究词章;宋明帝又"立总明观"分"五部学",文学为其中一部。魏晋南北朝文学教育的兴起,促进了当时文学的繁荣。

史学教育 史学在汉代为经学附庸,如《七略》将其附于六艺略的春秋类之末。魏晋南北朝复杂多变的政治局势,迫使统治者注重历史经验,史学也获得了显著发展。东晋李充整理典籍,分经、史、子、集四部,史仅次于经。史学地位的提高,为史学教育奠定了基础。宋设"四馆",其中史学馆专门研究史学;立"总明观",史学亦为其中一部。至梁武帝时,四境之内,家有文史。

律学教育 魏明帝太和元年(227),卫觊奏请置律博士,教授刑律,招收律学弟子员。后秦主姚兴"立律学于长安,召郡县散吏以授之。其通明者还之郡县,论决刑狱"③。梁武帝也在设五经馆的同时,置律学博士。当时律学教育的对象是在职官吏,学成之后回郡县任职。

---

① 《典论·论文》。
② 《魏书·高祖纪》。
③ 《晋书·姚兴记》。

此外,当时的分科授业还有书学,如晋武帝立书博士,以钟、胡为法,置弟子教习;有玄学,如宋设"四馆"中有玄学馆专门研究老、庄之学;有道学、阴阳学,如宋立"总明观"中有道、阴阳两部;有佛学,如南陈马枢尤善佛经被"引为学士",令"讲《维摩》、《老子》、《周易》"[①];有医学,如宋和北魏都曾开设医学以教弟子,等等。这种分科授业制度,对隋唐专科学校的设置和专科教育的发展有着直接的影响。

二、隋唐的官学教育

(一) 隋代官学初兴

统治者为了振兴官学,文帝初年特设国子寺(炀帝时改称国子监)管理官学教育。国子寺置祭酒一人专主其事,且不再隶属太常。此为我国教育行政专门化的开始,以后历代王朝直至晚清均沿此制(参见"隋代官学系统图")。

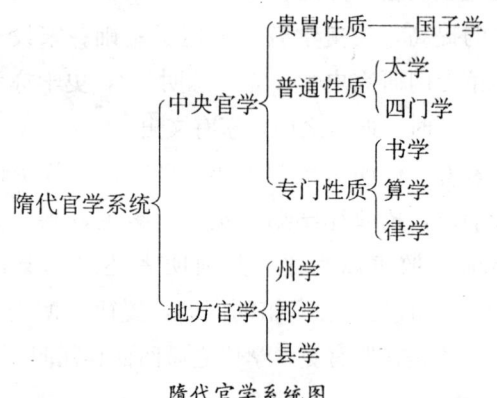

隋代官学系统图

隋初重视教育,开皇三年(583)文帝就"诏天下劝学

---

① 《南史·马枢传》。

行礼"①。中央官学除律学隶属大理寺外,其余五学直属国子寺,其中算学系新创。并规定:国子学、太学、四门学各设博士五人、助教五人,书学、算学各设博士二人、助教二人;史载此"五学"师生逾千,各地"讲诵之声,道路不绝"②。文帝晚年,因诸生"徒有名录,空度岁时",学校"多而未精,今宜简省"③,官学出现衰败。

炀帝即位"复开庠序,国子郡县之学,盛于开皇之初"④。但由于统治者荒淫无度,吏治腐败,社会动荡,终至"空有建学之名,而无弘道之实"⑤。可见,隋代官学初兴亦有废弛之时。

(二)唐代官学系统完备

唐代中前期多数皇帝注重教育、尤重发展官学,形成了空前完备的官学系统(参见"唐代官学系统图")。

此外,唐代还有一些校名不确定但有教学活动的机构。如司天台设天文、历数博士,太仆寺设兽医博士,太卜署设卜正博士,门下省设校书郎,诸博士职官除其专业职掌外均兼教授专业生员。

---

① 《隋书·高祖纪》。
② 《隋书·儒林传序》。
③ 《隋书·高祖纪》。
④ 《隋书·儒林传序》。
⑤ 同上。

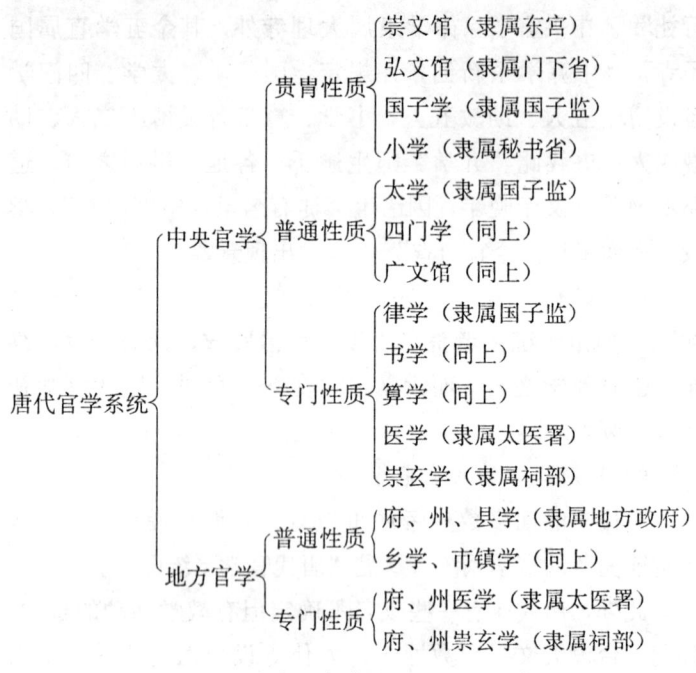

唐代官学系统图

(三) 唐代官学特点

官学种类多样　不仅有中央官学，亦有地方官学；既有直系官学，也有旁系官学；不但有儒学官学，又有职业性官学。直系中央官学包括国子学（国子监）、太学、四门学、广文馆、律学、书学、算学；其中广文馆是天宝年间为应试或落第举人开办的讲习、补习之所，不久即废止，故实际为"六学"。旁系中央官学包括崇文馆、弘文馆、医学、崇玄学以及初等教育程度的小学。直系地方官学有府学、州学、县学及市学、镇学；旁系地方官学有府医学、州医学及府崇玄学、州崇玄学。上述官学中，书学、律学、算学、医学等具有明显的职业教育特色。

儒学教育为主，同时重视专业科技教育　儒学教育如崇文馆、弘文馆、国子学、太学、四门学等主要中央官学，教学内容均以儒经为主，分《周礼》、《仪礼》、《礼记》、《毛诗》、《春秋左氏传》五专业，兼习《周易》、《尚书》、《春秋公羊传》、《春秋穀梁传》、《孝经》、《论语》等；地方官学的府、州、县学仍是学习上述儒经，但程度要低一些。专业科技教育如算学分两种专业：一是教学《九章算术》、《海岛算经》、《孙子算经》、《五曹算经》、《张丘建算经》、《夏侯阳算经》、《周髀算经》、《五经算术》；二是教学《缀术》、《缉古算经》，兼习《记遗》、《三等数》。又如医学分为四门：医学、针学、按摩学、咒禁学；其中医学又分五科：体疗科、疮肿科、少小科、耳目口齿科、角法科（外科）。

封建等级性增强　仅就中央官学论，崇文馆、弘文馆是最高贵的官学，入学资格限皇帝缌麻以上亲、皇太后、皇后大功以上亲，及宰相、教官一品、京官从三品的儿子；国子学的入学资格主要限三品官以上子孙；太学的入学资格主要限五品官以上子孙；四门学的入学资格主要限七品官以上子孙及庶民之俊士；其他官学的入学资格相对宽松，庶民子弟通其学且有志研究者均可入学；其中"小学"专教宗室子孙与功臣子弟，可谓崇文馆、弘文馆的预备学校。同时，直系官学系统又已初步形成递升关系：乡学、市镇学→县、州、府学→四门学→太学→国子学；当然，由于四门学、太学和国子学的教学程度大致相同，其间的递升只是名义或等级的提高。

管理趋向制度化　表现在以下几方面：①教育行政方面，国子监是全国最高教育行政机构，长官名祭酒，副职名司业；地方未专设教育行政机构，各地教育行政由相应的地方行政官员（如长史或功曹）兼理。②师生编制管理方面，各级各类官学的师生数额有了初步规定（如表2-2）。③教学及常规管理方面，一是有了缴纳束脩的规定，如国子学、太学学生每人送绢三匹，四门学学生每人送绢两匹，律学、书学、算学及府、州、县学学生每人则送绢一匹；二是有了考试与升格的规定，包括旬试、岁试及毕业试三种，毕业试及格可出校应省试或升格继续求学；三是有了退学的规定，包括告假逾期，三次不及格延长在校时间至九年仍不及格，操行过劣不堪教诲者，均令退学。

表2-2 唐代直系官学师生数额表　　单位：人

学校名	教师额		学生额	学校名	教师额		学生额
	博士	助教			博士	助教	
国子学	2	2	300	大都督府学	1	2	60
太　学	3	3	500	中都督府学	1	2	60
四门学	3	3	1300	下都督府学	1	1	50
广文馆	4	2	70	上州学	1	2	60
律　学	1	1	50	中州学	1	1	50
书　学	2		30	下州学	1	1	40
算　学	2		30	上县学	1	1	40
				中县学	1	1	35
				下县学	1	1	25

留学教育得以发展　唐代前期官学兴旺，尤以贞观至开元年间为盛。文明开放的唐朝成为当时东亚的文化中心，邻近各国纷纷派遣学生到唐中央官学留学。史载"高丽、百济、新罗、高昌、吐蕃相继遣子弟入学"①。开成五年（840）竟有105名新罗留学生结业归国。日本留学生中最著

---

① 《新唐书·选举志》。

名的是吉备真备和阿倍仲麻吕（后改名晁衡），前者在唐留学17年，对三史、五经、阴阳历算、天文数术皆能通晓，返日后曾在大学寮任教；后者在国子学完成学业又考中进士并仕于唐，他与李白、王维交往甚密，来往于中日之间，对两国的文教交流作出了重要贡献。

在留学生教育与管理方面，唐政府规定：外籍学生与中国学生一视同仁，均需行束脩之礼并享受官费、公膳待遇，如愿参加科举考试亦可，及第为"宾贡进士"且不因国籍影响授官；可与中国学生、亲朋广泛、公开交往，可购买和带回中国典籍等物，可娶唐女为妻并准携带回国，留学时间及何时归国任其自定。

第四节　宋元明清时期的官学教育

一、宋代的官学教育

（一）官学系统

宋初建国后，中央最初只有一所国子监，监舍仍为后周显德二年（955）建在天福普利禅院的国子监旧址（即今河南大学所在地），宋太祖虽曾下令增修，并三幸太学，但到开宝八年（975）学生仅有70人，且"有系籍而不至者"[①]。地方教育也很不景气，宋初六十多年中，只有极少数州县有公立学校，其中大部分还是前代遗留下来的。不过，宋初（主要是自真宗朝至仁宗朝前期），有一些热心教育的地方官员，自发兴办学校。据方志记载，太平兴国八年（983）柳开

---

① 《文献通考》卷四十二。

在润州建学。大中祥符八年（1015），范仲淹在广德军建学。后又陆续在睦州、苏州、饶州等地建学。宝元元年（1038），滕宗谅在湖州建学。只是这类学校因无政策制度的保障，往往是兴盛一时而已，但这些努力成为以后兴学的先声。

尽管如此，与唐代相比，宋代的专门教育却得到了进一步发展。庆历三年（1043）始置武学和崇宁三年（1104）始置画学，都是宋代首创的专门学校。官学系统间的递升关系承前朝而逐渐明确：州、县小学→路、州（府、军、监）、县学→四门学→太学→国子学。蕃学开始受到重视并有其特殊的意义（参见"宋代官学系统图"）。

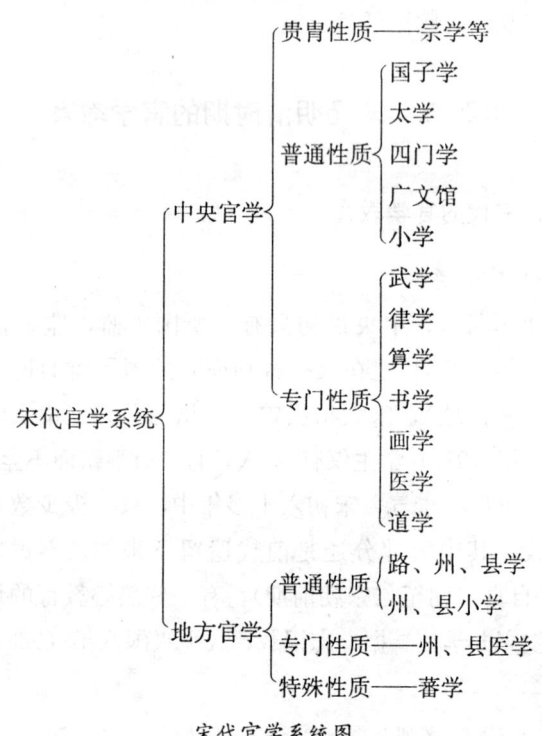

宋代官学系统图

（二）庆历兴学

北宋中叶，统治阶级内部的一些有识之士逐渐认识到选拔人才必先兴学育才，庆历兴学则首先拉开了三次兴学的序幕。

庆历兴学是仁宗庆历三年（1043）范仲淹任"参知政事"后，推行"庆历新政"的重要内容之一。其主要措施有：

令普遍设立州、县学　庆历四年（1044）仁宗采纳范仲淹的建议，"诏诸路州军监各令立学，学者二百人以上，许更置县学"①；并规定士子须在学三百日始准参加科举考试，曾经应试者亦须在学一百日。

定"苏湖教法"为太学改革模式　苏湖教法是宋代著名学者胡瑗在苏州、湖州执教时以"明体达用"思想为指导，实施分斋（经义、治事）教学的教学组织法；其目的是既培养通达经学的官吏，又培养精干实用的技术、管理人才。范仲淹建议将苏湖教法"升之太学，可为师法"②，为仁宗采纳。

改革科举考试方式　除规定考试资格的学历要求外，还罢帖经、墨义，改以策论为主，即科举考试先策、次论、次诗赋。

这次兴学不到一年即随庆历新政夭折，以至苏轼曾感叹"庆历间尝立学矣……至于今惟空名仅存"③。但它不仅揭开了宋代教育改革的序幕，苏湖教法的思路、模式也引

---

①　《宋史·职官志》。
②　《范文正公集·奏议卷下》。
③　《宋史·选举志》。

发了后人的不断探索。

（三）熙宁兴学

熙宁兴学是神宗熙宁年间王安石两度为相期间实施"变法"的重要内容之一。其主要措施有：

改革太学，创立三舍法　熙宁四年（1071）始实行太学改革。"其生员分三等，以初入学生员为外舍，不限员；自外舍升内舍，内舍升上舍。上舍以一百员，内舍以二百员为限。其生员各治一经，从所讲之官讲授。主判官、直讲逐月考试，试到优等举业，并申纳中书。"① 这样，养士与选士直接挂钩，既提高了太学的教学质量又促进了太学的发展，熙宁四年至元丰二年（1071—1079）太学生从1000人增加到2400人。

发展地方官学，实施学田制　包括京东、京西、河东、河北、陕西五路兴建路学，并设置学官、充实师资以加强管理、提高质量；各州拨给每所学校40顷学田，以作师生俸廪等经费。

改革科举考试的方式和内容　包括停止明经科，增加进士科名额；罢诗赋、帖经和墨义；针对儒家经典"其学术不一，一人一义，十人十义，朝廷欲有所为，异论纷然，莫肯承听"② 的状况，为统一思想和寻求变法根据，将《诗》、《书》、《周礼》重新阐释编订为《三经新义》，作为标准教科书和考试依据。

随着王安石变法的失败，这次兴学也相应告废。但"三舍法"、"学田制"的实施却对后世高等教育和地方教育

---

① 《宋会要辑稿·职官二八之七》。
② 《文献通考·选举》。

的发展产生了积极的影响。

(四) 崇宁兴学

崇宁兴学是徽宗为"崇述熙宁"新政于崇宁元年(1102)由右仆射蔡京具体执行的兴学运动。其主要措施有：

整顿和发展中央官学 继续完善三舍法，令"州学生每三年贡太学……考分三等，入上等补上舍，入中等补下等上舍，入下等补内舍，余居外舍"[①]，并扩大太学规模，另建辟雍作为外舍生处所；增设画学，复办书学、算学、道学，使中央官学门类更加齐备。

创设提学司和广办县学 即设提举学事司于路并置提学使主其事，负责管理路所属州县的教育；广泛开办县学，并规定大、中、小县学生人数分别为50人、40人、30人，县学学生经考选升诸州学。

停止科举，代以学选 崇宁三年（1104）及其后二十余年罢科举考试而取士悉由学校升贡。

这次兴学主要是恢复和加强熙宁兴学时的改革措施，但因其规模和力度较大，故比前两次兴学更有实效。

综观北宋的三次兴学，其重点都在加强、完善中央官学和发展地方官学，以及理顺学校养士和科举选士的关系。虽然这些改革都因统治阶级内部的派别斗争而夭折，也因科举制度强有力的社会功能而使学校教育不免沦为科举附庸，但毕竟又逐步完善了宋代的官学制度，地方官学也随着人们更加重视教育而趋向发展。

---

① 《续资治通鉴》卷八十八。

二、元代的官学教育

(一) 官学系统

元代统治者在教育上"遵用汉法",尤其重视发展地方官学以推广教化,学校设置也富有民族特色(参见"元代官学系统图")。

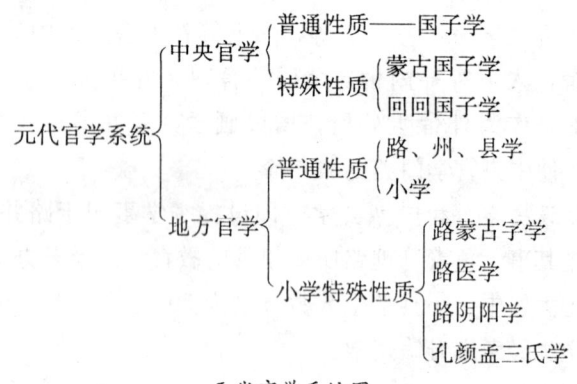

元代官学系统图

(二) 官学特点

元代在官学教育制度上,借鉴和吸收了汉族和其他少数民族的办学经验,创造出一些适合本民族特点的教育形式。表现在:

国子学三足鼎立 元承宋制除设置普通国子学外,还先后于至元八年(1271)和二十六年(1289)分别创设蒙古国子学和回回国子学。普通国子学学生不分种族,官员子弟为正额,少量庶民俊秀子弟可充陪堂。蒙古国子学的设立旨在加速本民族人才的培养和本民族文化的发展,学生以蒙古子弟为主,亦以出身为界分正额与陪堂;教学内容为蒙文译写《通鉴节要》,也兼授算学。回回国子学是我国最早的外语学校,是适应当时与西域诸国频繁交往需要的产物；学生仅限公卿大夫及富民子弟，专门培养官府译员，教学内容以波斯文为主。

升斋等第法、积分法与贡生制　升斋等第法是国子学将学生按程度分别编入下（游艺、依仁）、中（据德、志道）、上（时习、日新）三等六斋施教，每季考其所习经书，课业优等及行为规矩者依次递升的方法。汉人升至上两斋、蒙古人色目人升至中两斋后，则实行积分法，即每月一试，"辞理俱优者为上等，准一分；理优辞平者为中等，准半分。每岁终，通计其年积分，至八分以上者升充高等生员，以四十名为额"[①]，可见积分法是累计生员学年学业成绩的方法。贡生制是推行养士与选士合流的措施，国子学生员在校学习2—3年即可参加贡试，中选者可酌量授官；这也是国子学生员入仕的重要途径。

地方官学中，路蒙古字学之置体现了民族教育特色，路医学和阴阳学则发展了科技教育。其中路医学由"一通晓经书，良医主之，集后进医生，讲习《素问》、《难经》、仲景、叔和脉诀之类；然亦须通四书，不习四书者，禁治不得行医"[②]。路阴阳学之设系元代创新，其学科有天文学与术数，习《占算》、《三命》、《五星》、《周易》、《六壬》、《数学》等书；精通天文、术数的生徒，经考核许入司天台录用。

三、明代的官学教育

(一) 官学系统

明代中前期，统治者重视教化，官学盛极一时。所谓

---

① 《元史·选举志》。
② 《新元史·选举志》。

"无地而不设之学,无人而不纳之教,庠声序音,重规叠矩,无间于下邑荒徼,山陬海涯。此明代学校之盛,唐、宋以来所不及也"①。唐、宋出现的学校递升关系,此时已发展成为社学等蒙学→府、州、县学→国子监三级相衔接的学制系统(参见"明代官学系统图")。

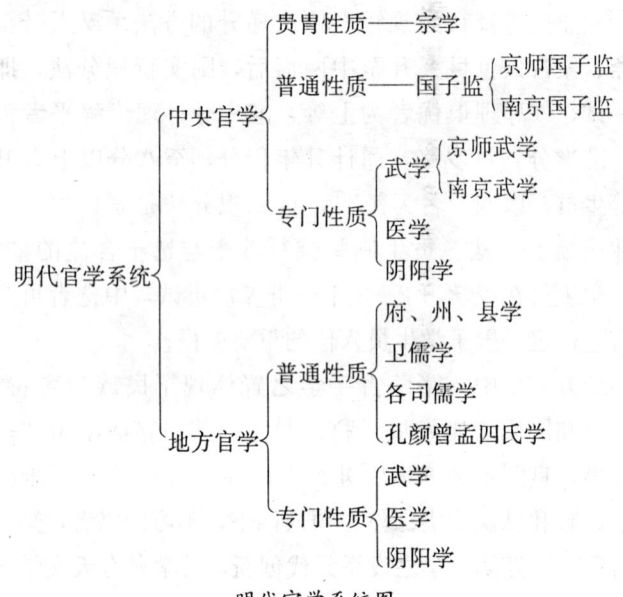

明代官学系统图

(二)官学特点

1. 中央官学特点

两京并设国子监 元末,天下未定,明太祖即于金陵(后称南京)设置国子学;洪武十五年(1382)国子学迁址扩建并改称国子监,史称南京国子监。永乐元年(1403)成祖在原北京国子学基础上设置国子监,史称京师国子监。

---

① 《明史·选举志》。

监生来源多样化　包括：举监——会试落第举人受翰林院择优入监肄业者；贡监——地方官学选贡入监肄业者；荫监——三品官以上子弟或勋戚子弟入监肄业者；例监——捐资官府其子弟入监肄业者；夷生——外邦留学生。

管理分工趋细　国子监设祭酒、司业、博士、助教主持教学；设监丞、学正、学录、典籍、掌馔等协助教学或分管行政、总务等事务；每堂设堂长一人，管理全堂事务；教职员与监生实行会食制，并规定"凡教官怠于师训，生员有戾规矩，并课业不精，廪膳不洁"，均由绳愆厅长官监丞"纠举惩治"①。

坐堂、积分与历事制　国子监的教学组织分三等六堂：初等为正义、崇志、广业三堂，中等为修道、诚心二堂，高等为率性堂。坐堂即坐监读书，一般要坐满大约七百天才可升入率性堂；率性堂的考课采用积分制，一年内积满8分为及格、准予毕业，不及格者仍坐堂肄业。监生毕业之际，洪武五年（1372）规定还得"历练政事"，"轮差于内外诸司，俾其习于政事，半年回学。昼则趋事于各司，夕则归宿于斋舍"②；历事生的考核分为三等，"上等选用，中下等仍历一年再考，上等者依上等用，中等者不拘品级，随才任用，下等者回监读书"③。但随着科举日重，学校流于形式，至正统三年（1438）历事制这种有意义的改革遂被废除。

设置两京武学　洪武年间曾于卫儒学中附设武学科目，

---

① 《明会典·国子监》。
② 《春明梦余录》。
③ 《明史·选举志》。

正统年间统治者正式设置中央直属两京武学。学生为都司卫所应袭子弟年满10岁以上者,由提学官选送入学;都指挥等官年长失学者,亦令五日听讲一次。学科分两类:《小学》、《论语》、《孟子》、《大学》为一类,"五经"、"七书"、"百将传"为一类;学生待遇及考试,与儒学生员同。

2. 地方官学特点

学校数量增多 明初统治者令府州县皆立学校。明代全国计有140府、193州、1138县,如各设学校一所,当共有1471所;计493卫,如以三卫合设一所,共有一百六十余所;如再加计各司儒学(都司儒学、行都司儒学、宣慰司儒学、按抚司儒学和诸土司儒学等),地方官学总数近两千所①。

学生种类多样 府、州、县学生员分为三类:廪膳生——正式生,享廪米;增广生——扩招生,有学籍无廪米;附学生——附于诸生之末,学籍、廪米均无。卫儒学生员多为军人子弟,称军生;各司儒学生员亦称军生。

考核与待遇挂钩 岁考分六等:考列一、二等者分别为候补廪膳生和候补增广生,皆予奖赏并按缺递补,考列三等者照常,四等者挞责,五等者廪膳生或增广生递降一等,六等者除名。凡岁考列一、二等者再经复试可为科举生员,准参加乡试;这一规定使学校沦为了科举的预备机构。

---

① 顾树森:《中国历代教育制度》,江苏人民出版社1981年版,第182页。

四、清代的官学教育

（一）官学系统

清代官学延续明制，其系统又更为详备。但随着科举流弊日深，在嘉庆、道光之后，作为科举附庸的官学已有名无实（参见"清代官学系统图"）。

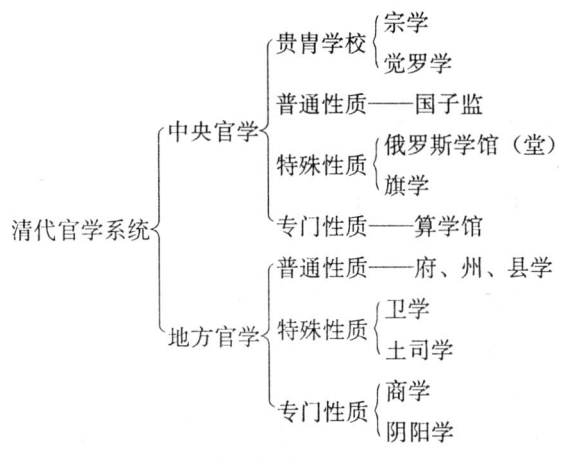

清代官学系统图

（二）官学特点

1. 中央官学特点

教育及其管理的民族特色突出　表现在以下三方面：一是几乎所有中央官学都招收满、蒙子弟且比例较大，如算学馆学额 30 人，其中满族占 12 人，蒙古族占 6 人；二是宗学之外特设觉罗学，以更广泛地吸收觉罗氏子孙入学；三是满族统治者直接参加教育管理，如从清初开始，国子监设置祭酒、司业、监丞、博士等主要学官均为双额，满汉各一人。

监生来源更加多样　基本可分两类：一是由国子监直

接收录的监生；二是由地方学校选送的贡生。监生大体包括四种：恩监生、荫监生、优监生和例监生；贡生大体包括六种：岁贡生（含正贡、陪贡）、恩贡生、拔贡生、优贡生、副贡生和例贡生。

设置俄罗斯学馆（堂） 雍正六年（1728），俄罗斯遣其陪臣子弟鲁喀、佛多德、宜畹、米海拉等到京，恳请肄业；清廷即在京师国子监下设俄罗斯学馆，选派汉、满教师为俄国留学生教授汉、满语文及经史典籍。乾隆六年（1741），又在理藩院下设俄罗斯学堂，聘驻京俄人教授汉、满贵族子弟学俄文，国子监又于满、汉助教中选派二人专掌教事。此为清政府为培养俄语人才而专设的外语学校。

2. 地方官学特点

设置商学和土司学 商学创建于顺治十一年（1654），分别隶属于长芦、两淮、山东、陕西盐运司，山西、河东则在运城另设运司学。土司学（又名土苗学）创建于顺治十五年（1658），凡边疆土司子弟有向化愿学者，令立学一所，由地方官选一人为教师教读；有可深造者，土司得具名本县，转申提学收试，以示奖励。

第五节 晚清时期的官学教育

一、新式学堂的创办

（一）洋务运动中创建的新式学堂

从19世纪60年代开始，洋务派在不触动封建专制统治的前提下，以学习、引进西方科技为主要目的，掀起了洋务运动。与此同时，他们认识到要使中国自强，教习西学、培养人才则是自强之本和当务之急,从而把洋务教育作为洋务运动的有机组成部分。洋务运动中创建的新式学堂以京师同文馆为开端,诸多学堂可分为方言、武备和技术学堂三类。

京师同文馆的创办　清政府在与列强交涉和洋务派在筹办洋务的过程中,深感因"语言不通,文字难辨,一切隔膜"[①]而受人欺蒙,培养"通事"和"译员"遂成为首要任务。咸丰十一年(1861)清政府批准奕䜣奏请,决定开办京师同文馆。同治元年(1862)同文馆正式成立并首设英文馆,由英国包尔腾(J. S. Burdon)任教习;其后相继设立法文馆、俄文馆、算学馆、德文馆、东文馆。学生也由最初的十人陆续增加到百余人。修业年限最初为"每届三年",后有所延长。光绪二年(1876)实施"八年课程计划",前五年课程近似中学程度,后三年课程相当于大专程度;前三年侧重学习外语,后五年在学习外语的同时侧重学习科技知识和实用学科。

京师同文馆

京师同文馆从创办到光绪二十八年(1902)并入京师大学堂,四十年间尽管不断遭到守旧派强烈反对,甚至被咒骂为"不祥之物",但由于奕䜣等

---

① 《筹办夷务始末》(咸丰朝)卷七十一。

洋务派首领力争，终于逐渐发展成为一所以培养外语人才为主兼及科技人才的专科学校。从办学目的看，它以培养"通事"、"译员"等洋务人才为主旨，并确实培养了一批有名的外语人才和外交官；从课程设置看，它以教学"西文"、"西艺"为主，而没有列入"四书五经"、"词章帖括"之类的传统科目；从教学组织形式看，它实施分年课程和班级授课制度，凡此皆与传统封建官学有明显的区别。正因如此，它可说是我国近代改革封建传统教育的首次尝试和教育近代化的开端。它的创办既使林则徐、魏源等人学习"西方"的思想正式付诸教育实践，又成为洋务运动中下述三类新式学堂的先例，并对维新教育的发展和清末的教育改革产生了深刻的影响。

方言学堂　主要培养翻译和外交人员。要者有：一是上海广方言馆，由李鸿章奏请于1863年开办。二是广州同文馆，由瑞麟等奏请于1864年开办。三是台湾西学馆，由刘铭传奏请于1888年开办。四是武昌湖北自强学堂，由张之洞奏请于1893年开办。

武备学堂　主要培养能使用洋枪洋炮的军事指挥人员。要者有：一是福建船政学堂，由左宗棠奏请于1866年附设于福建船政局福州马尾船厂。这是我国近代最早的海军制造学堂。二是上海江南制造局操炮学堂，由李鸿章等奏请于1874年设立。这是我国近代最早的军事工程学堂。三是天津北洋水师学堂，由李鸿章奏请于1881年设立。这是我国近代最早的海军学堂。四是天津武备学堂，由李鸿章奏请于1885年设立。这是我国近代最早的陆军学堂。五是广东水陆师学堂，由张之洞奏请于1887年设立。

技术学堂　主要培养会使用和维修洋机器的近代通讯、

工程技术及医务人员。要者有：一是福州电气（电报）学堂，由丁日昌奏请于1876年设立。这是我国近代最早的电报学堂。二是天津电报学堂，由李鸿章奏请于1880年设立。三是天津北洋医学堂，由李鸿章奏请于1894年设立。这是我国近代最早自办的西医学堂。四是山海关铁路学堂，由津榆铁路公司于1895年创办。这是我国近代最早的铁路学堂。

（二）维新运动中创建的新式学堂

从19世纪70年代开始，在中国民族资产阶级中出现了一批早期的资产阶级改良主义者。随着民族资本主义初步发展和民族危机日渐加深，早期改良主义思想逐渐扩展为资产阶级维新思潮，进而形成政治运动——维新运动。甲午战争之后，维新运动渐入高潮，并在1898年6月开始的"百日维新"中达到顶点。其中，京师大学堂作为"百日维新"的硕果，成为我国近代新型综合性大学的开端。

京师大学堂的创办

筹办京师大学堂首倡于1896年6月李端棻的《请推广学校折》。他主张仿照欧美学制设立三级学堂，其中京师大学堂选"举贡监年三十以下者入学……以三年为期"，授以中学和西学，并认为如此则"十年以

京师大学堂校牌

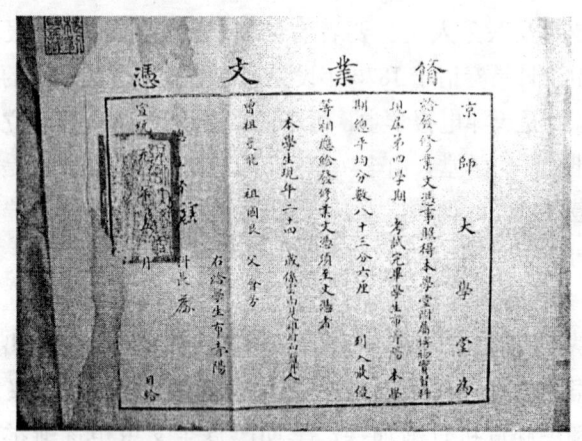
京师大学堂毕业证书

后,贤俊盈廷,不可胜用矣"①;然而此议因守旧派以经费困难为由主张"缓办"而被搁置。1898年初康有为、王鹏运又先后重申此议,但直至"百日维新"中在光绪的严令下,总理衙门才委托梁启超代拟出《京师大学堂章程》。此章程共分八章五十四节,其中办学方针有两条:"一曰中西并重,观其会通,无得偏废;二曰以西文为学堂之一门,不以西文为学堂之全体,以西文为西学发凡,不以西文为西学究竟。"② 这一方针已在实质上大大突破了中体西用的局限。光绪批准了此章程,并派孙家鼐为管学大臣,负责筹办和管理大学堂事务并节制各省学堂。

戊戌政变发生后,维新派的改革措施几乎全被废除,唯京师大学堂因"萌芽早,废不得"而得以继续筹办。

---

① 朱有瓛:《中国近代学制史料》第一辑下册,华东师范大学出版社1986年版,第485页。
② 朱有瓛:《中国近代学制史料》第一辑下册,华东师范大学出版社1986年版,第488页。

1898年11月京师大学堂正式开学,但此时的办学方针已复归中体西用;仅设仕学院,学生不足百人,比原定五百人的规模大为缩小;学生全是五至八品的官员和举人,分《诗》、《书》、《易》、《礼》四堂(专门学)授业,十门基础课(溥通学)中"中学"竟占了三分之二。八股取士恢复后,每逢科举,学生纷纷告假赴考,把大学堂当作准备举业的场所。1900年大学堂受到八国联军战火的严重破坏而停办,至1902年才始得恢复;张百熙被任命为管学大臣,"于是海内欣然望兴学矣"①。

初创时的京师大学堂尽管带有很强的封建性,在一定程度上更像一所官办书院,但它的诞生却具有重要的意义。它不仅表明维新教育改革在一定范围内取得了进展,而且标志着我国的近代高等教育进入了创建和确立阶段。

(三)清末新式学堂的新发展

戊戌政变之后,清政府为维护其濒临崩溃的封建统治,于1901年宣布实行"新政",新式学堂出现了"回光返照"式的新发展。这种发展既是教育改革不可逆转的大趋势,也与新政时期新学制的颁行、科举制的废除和近代教育行政机构的建立等重大改革互为因果。

清末新式学堂的主要发展途径,一是改书院为新式学堂,二是变学塾为新式小学,三是创办新式学堂。

从学前教育看,1903年秋端方在武昌筹办湖北幼稚园,此"为我国设立幼稚园之始"②,其后武昌模范小学蒙养院、

---

① 萧超然等:《北京大学校史》,上海教育出版社1981年版,第11页。
② 陈学恂:《中国近代教育大事记》,上海教育出版社1981年版,第133页。

湖南蒙养院等相继开办。据清末学部统计,光绪三十三年(1907)我国已有幼稚生4893名。

从初等教育看,南洋公学外院似可视为我国公立新式小学之始,其后无锡三等公学、北京奉直小学、苏州崇辨蒙学、天津蒙养东塾等先后开办。据清末学部统计,宣统元年(1909)我国已有小学堂51678所、小学生一百五十余万名。

从中等教育看,天津中西学堂的二等学堂似可说是我国最早的新式中学堂;新学制颁行后,各地中等教育加快发展。天津敬业中学堂、通州师范学堂等是当时著名的中等教育机构。据清末学部统计,宣统元年我国已有中学堂460所、中学生四万余名。

从高等教育看,继京师大学堂开办后,各省遵旨改省城书院为大学堂或新设大学堂近二十所;新学制颁行后,经过对省属大学堂的整顿,直至辛亥革命前,全国有京师大学堂、山西大学堂、北洋大学堂三所。

二、留学教育

(一)洋务派首倡留学教育

洋务派在开办新式学堂的同时,日渐认识到要熟悉西方、师夷长技,还需派人去国外耳闻目睹、学习考察,才能"洞彻其本源,自明其曲折",因而把留学教育作为洋务教育的重要方面,开我国近代公费留学教育之先声。

早在19世纪60年代,在美国耶鲁大学学成返国的容闳就多次向洋务派首领呈报其"教育计划",宣传西方学术,提倡留学教育。同治十年(1871)曾国藩、李鸿章在容闳"教育计划"的基础上,奏《选派幼童赴美肄业办理章程折》并附《办理章程》十二款①。"章程"规划：每年挑选30名"志趣远大，品质朴实，不牵于家累，不役于纷华"的幼童，派遣赴美学习军政、船政、步算、制造诸学，四年共120名；15年后逐年回国，冀成"有用之才"。挑选幼童出洋肄业，其历史意义诚如曾国藩等言，"属中华创始之举，抑亦古来未有之事"②。

同治十一年至光绪元年（1872—1875），上述规划付诸实施，120名幼童分四批相继赴美。这些幼童到美后，很快适应了新的生活并接受了美国人的观念和思想，包括改装、剪辫、参加祈祷和礼拜等。对此，留美监督陈兰彬与副监督容闳之间"时有龃龉"。1876年思想更为守旧的吴子登继任留美监督，第一件事就是召集留学生训话并因学生未向他行跪拜礼而心怀不满，此后不但对留学生苛求挑剔且不断向清廷控告容闳，并断言"此等学生……他日纵能学成回国，非特无益于国家，亦且有害于社会"③。清廷听信谗言，于1881年6月下令撤回留学生，致使其学业中断，留美教育横遭夭折。对此，早期改良主义者郑观应指出："全数遣回，甚为可惜。……浅尝辄止，贻讥中外。"④

洋务派开通留美教育之后，旋即奏请派遣学生留欧。同治十二年（1873），左宗棠曾上书总理各国事务衙门，请

---

① 舒新城：《中国近代教育史资料》上册，人民教育出版社1961年版，第163—167页。
② 中国史学会：《洋务运动》（二），上海人民出版社1961年版，第157页。
③ 《西学东渐记》。
④ 《盛世危言·考试》。

清末第一批幼童赴美留学

"再议遣人赴泰西游历各处,借资学习,互相考证,精益求精"①。后值日军侵台及"无巨款可筹"等故而搁置。光绪二年(1876),沈葆桢、李鸿章上奏《闽厂学生出洋学习折》并附《肄业章程》十款,1877年初首批派遣船政学堂学生35人分赴英、法等国学习驾驶、制造。其后又于1881年、1886年、1897年派遣三批留学生共50人赴英、法等国。

洋务派首倡留学教育虽是为了培养洋务人才,维护封建统治;但历史的发展并不以清王朝和洋务派的主观意志为转移。大多数留学生通过学习西方文明,掌握近代先进的科学技术并将其运用于中国,结果却发展了中国的资本主义。基于此,洋务派首倡留学教育促进了我国近代社会的发展:

---

① 朱有瓛:《中国近代学制史料》第一辑上册,华东师范大学出版社1983年版,第389页。

它使我国有了一批近代科技人才　如首批留美的詹天佑在耶鲁大学土木工程系学成归国后,自行设计修建了京张铁路,成为举世闻名的铁路工程师;首批留美学习矿业的陈荣贵、邝荣光等,归国后成为我国第一代矿业工程师;首批留法学习制造的魏瀚、郑清濂等人在外国技术人员离开"闽厂"后,自行设计制造了2500匹马力的兵船,使得英国海军军官也惊叹"非经目睹,尚难信闽厂有此精工巨制"①。

它使我国有了一批近代企业管理人才　如在铁路管理方面,首批留美的黄仲良回国后曾任沪宁铁路总经理、粤汉铁路副局长、津浦铁路总经理,第三批留美归国的沈嘉树、林沛泉曾任津浦铁路的财务部主任、运输部主任;在电报通讯方面,第三批留美归国的宋宝奎、袁长坤及第四批留美归国的陶廷赓都曾掌有关管理职责;在矿业管理方面,首批留欧归国的林庆升"觅得福州穆源铁矿",并曾总司台湾煤矿工程。

它使我国有了一批海军军事人才　如甲午海战前北洋舰队12艘主力舰的管带,有一半以上是留欧学生,其中"镇远号"和"定远号"的管带分别是首批留英的刘步蟾、林泰曾;1909年清政府合并南北舰队成立巡洋舰队和长江舰队并筹办海军处,首批留英的萨镇冰为筹办海军副大臣,第三批留英的沈寿堃为长江舰队统领;辛亥革命后,留英的刘冠雄、萨镇冰、李鼎新等先后出任海军总长;此外,首批留英的蒋超英、魏瀚分别任江南水师学堂、广东水师

---

① 中国史学会:《洋务运动》(五),上海人民出版社1961年版,第431页。

学堂总办,同批留英的黄建勋和第二批留法的黄庭、王回澜等回福建船政学堂任教习。

它使我国有了一批较出色的外交人才　如首批留美的梁敦彦曾任外务大臣;第二批留美的吴仲贤在任墨西哥代办时保卫华工利益,曾索回百余名华工死亡的财产赔偿金,同批留美的唐国安任清华学堂校长后,又为清末民初大批青年赴美留学作出贡献;第三批留美的唐绍仪曾出使朝鲜、任外务部侍郎以至内阁总理;第四批留美的梁丕旭1901年陪醇亲王载沣出使德国时据理捍卫国家尊严,并在力争美国退还庚子赔款的交涉中发挥作用。这些外交人才既初步改变了中国在外交上受愚弄的尴尬状况,又进一步促进了中外文教交流。

它扩大了资产阶级思想在我国的传播　如首批留英的严复在留学期间就重视学习、研究西方思想文化,逐渐认识到英法强、中国弱的根本原因并非技艺上的差异,并深信西方资产阶级的政治和文化可以救中国。归国后他在办学的同时,系统地翻译介绍西方政治、哲学名著,包括赫胥黎的《天演论》、亚当·斯密的《原富》、斯宾塞的《群学肄言》、约翰·穆勒的《群己权界论》、孟德斯鸠的《法意》等,对传播西方民主思想、对近代中国的思想启蒙都作出了重大贡献。

(二)清末的留日高潮

甲午战败,中国朝野震惊。丧权辱国的剧痛引起我国广大有识之士纷纷探求日本迅速强大的原因,出现了研究日本的热潮。从康有为、梁启超等维新派领袖,到张之洞、刘坤一等洋务派中后期首领,以至不少比较开明的清廷官吏,几乎都一致认为效法日本更易于学到新学、更能适合中国需要。清政府遂将留学教育的重心，由先美再欧转向了日本。

光绪二十二年（1896），清政府驻日公使裕庚把13名中国学生带到东京高等师范学校留学，揭开了近代中国人公费留日的序幕。日本为在中国进一步扩张其势力，1898年4月驻华公使矢野文雄正式以日本国名义邀请中国派遣学生留日，旋即杨深秀委托康有为代拟《请派游学日本折》，提出"中华欲游学易成，必自日本始。政俗文字同则学之易，舟车饮食贱则费无多"[1]，请求清廷接受邀请。于是清政府决定从京师同文馆及两湖两广浙闽等省新式学堂中挑选年幼颖悟者陆续派往，日本方面也特为中国留学生开设日华学堂等预备学校，专为中国留学生补习日语和普通中学课程。

维新运动失败后，留日教育并未中衰反渐臻高潮。这一方面是由于清政府把留日定为新政的重要措施加以组织督导，并对留学生奖以功名出身和把留学经历作为选拔官员任职登进的资格。更重要的原因是此时人们已开始普遍认识到，救亡图存必须学习外国先进的社会制度和科学技术，出国留学是挽救民族危亡的重要途径。"吾国今日如垂危之病，以学为药，而子弟之出洋求学者，乃如求药之人"[2]；留学生们也深刻认识到肩负的重任，"他日立中国强固之根基，建中国伟大之事业，以光辉于二十世纪之历史者，必我留学生也"[3]。此外康有为、梁启超避难日本，他

---

[1] 故宫博物院：《清光绪朝中日交涉史料（卷五十一）》，第34—35页。
[2] 《辛亥革命前十年间时论选集》，三联书店1978年版，第386页。
[3] 《清国留学生会馆第五次报告》。

们的学生和追随者也相继赴日，把留学日本看做是他们学习资本主义的不可更易的意志体现。

表2-3 清末留日学生人数统计表[1]

年份	1896	1898	1901	1902	1903	1904	1905	1906	1907	1909	1912
人数（人）	13	61	274	608	1300	2400	8000	12000	10000	3000	1400

清末出现的留日高潮，诚如（美）费正清（J. K. Fairbank）所言："在20世纪的最初10年中，中国学生前往日本留学的活动很可能是到此为止的世界上最大规模的学生出洋运动。"[2] 当然，随着民国前夕因"庚款兴学"留美教育的复兴，留日学生数在1906年达到顶点之后[3]开始呈现下降趋势。对新一轮的留美高潮，本书将在"民国时期的官学教育"中述析。

三、近代学制的建立

（一）从壬寅学制到癸卯学制

晚清新式学堂的不断涌现，已在实践上构成了近代学制的雏形；有识之士对西方尤其是对日本学制的译介、研究及其建立近代学制的倡议，为我国近代学制的正式建立奠定了理论基础。

光绪二十八年（1902）清政府颁布了由管学大臣张百

---

[1] 据李喜所《近代中国的留学生》，人民出版社1987年版，第126-127页统计资料制。

[2] 费正清：《剑桥中国晚清史》（下卷），中国社会科学出版社1985年版，第393页。

[3] 1906年留日学生数史载不一；本书从一说权表趋势。

熙拟定的一系列"学堂章程",即《钦定学堂章程》;由于当年为壬寅年,故又称壬寅学制(参见"壬寅学制系统图")。

年龄	学年				
25–23	20–18			大学院	
				大学堂	
22–20	17–15	仕学馆	大学预科	高等学堂	高等实业学堂
19–16	14–11	师范学堂	中学堂	实业科	中等实业学堂
15–13	10–8	高等小学堂			简易实业学堂
12–10	7–5	寻常小学堂			
9–6	4–1	蒙学堂			

壬寅学制系统图

这个学制纵的方面分三段七级:第一阶段为初等教育,含蒙学堂、寻常小学堂、高等小学堂三级;规定小学堂的宗旨为"授以道德知识及一切有益身体之事"①。第二阶段为中等教育,只中学堂一级;规定中学堂的设置"为高等

---

① 舒新城:《中国近代教育史资料》中册,人民教育出版社1961年版,第404页。

专门之始基"①。第三阶段为高等教育，含高等学堂或大学预科、大学堂（分政、文、商、农、格致、工艺、医七科）、大学院三级；规定大学的宗旨为"激发忠爱，开通智慧，振兴实学"②。横的方面，与高等小学堂平行的有简易实业学堂；与中学堂平行的有中等实业学堂、师范学堂；与高等学堂平行的有仕学馆、高等实业学堂、师范馆。壬寅学制是我国近代第一个比较系统的法定学制，虽经公布却未实施。重要原因是其拟定者张百熙"一意更新"，在一些开明的官吏和知识分子中颇得人心，清政府疑虑其不够可靠，于1903年春加派荣庆为管学大臣"时以旧学调济之"③。1903年6月，清廷命张之洞会同张百熙、荣庆共同修订"学堂章程"。

修订后的"学堂章程"于1904年由清政府颁布，即《奏定学堂章程》；因颁布当年为癸卯年，故又称癸卯学制（参见"癸卯学制系统图"）。这是我国近代第一个比较完整、经颁布且在全国施行的学制。它一直沿用至民国成立，并在若干方面对以后的学制产生了重要影响。

---

① 舒新城：《中国近代教育史资料》中册，人民教育出版社1961年版，第497页。
② 同上，第549页。
③ 《清史稿·荣庆传》。

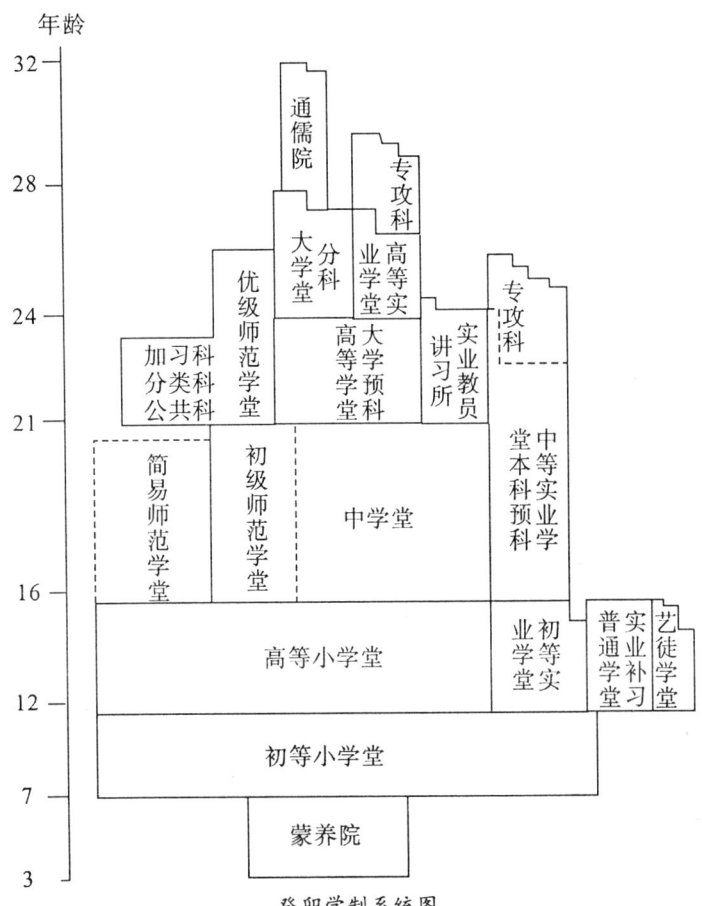

癸卯学制系统图

(二)癸卯学制的主要内容

癸卯学制包含从初等教育到高等教育的完整体系。纵的方面分三段七级:第一阶段为初等教育,含蒙养院、初等小学堂、高等小学堂三级;第二阶段为中等教育,只中学堂一级;第三阶段为高等教育,含高等学堂或大学预科、分科大学、通儒院三级。横的方面,与高等小学堂平行的有初等实业学堂、实业补习普通学堂和艺徒学堂；与中学堂平行的有初级师范学堂和中等实业学堂；与高等学堂平行的有优级师范学堂、实业教员讲习所和高等实业学堂。各级教育的有关具体规定如下：

初等教育：蒙养院四年，招收3—7岁的幼儿，宗旨是"发育其身体，渐启其心知，使之远于浇薄之恶风，习于善良之轨范"[①]。初等小学堂五年，儿童7岁入学，宗旨是"启其人生应有之知识，立其明伦理爱国家之根基，并调护儿童身体，令其发育"[②]。高等小学堂四年，宗旨是"培养国民之善性，扩充国民之知识，强壮国民之气体"[③]。初等实业学堂分农业、商业和商船三种，招收初小毕业生。

中等教育：中学堂五年，宗旨为"施较深之普通教育，俾毕业后不仕者从事于各项实业、进取者升入各高等专门学堂均有根柢"[④]。中等实业学堂分农业、工业、商业和商船四种，其中预科二年、本科三年，分别招收初、高小毕业生。初级师范学堂五年（简易科一年），招收高小毕业生，培养初、高小教员。

高等教育：高等学堂或大学预科三年，考试及格者可升入大学堂。大学堂三至四年，宗旨为"谨遵谕旨，端正趋向，造就通才"[⑤]；分经学、政法、文学、医、格致、农、工、商八科，京师大学堂必须八科全备，各省大学堂至少

---

① 舒新城：《中国近代教育史资料》中册，人民教育出版社1961年版，第388页。
② 同上，第416页。
③ 同上，第432页。
④ 同上，第506页。
⑤ 同上，第578页。

须设三科。通儒院五年,属研究院性质,宗旨为"能发明新理以著成书,能制造新器以利民用"①。高等实业学堂分农、工、商和商船四种,招收中学堂毕业生。实业教员讲习所分农、工、商三种,招收中学堂或初级师范学堂毕业生。优级师范学堂招收初级师范学堂、中学堂毕业生和各省精选的举贡生员,培养初级师范学堂及中学堂教员或管理人员。

(三)对癸卯学制的评价

癸卯学制是我国近代最早付诸实施的学制。从历史的角度看,它比古代的封建教育制度无疑是一种丰富和进步,并为民国时期学制的建立和完善奠立了基石。但论其学制本身,它实际上是在中体西用思想指导下对日本学制的仿制,既披有资本主义的外衣,又深含封建主义的内核,带有明显的半封建半殖民地性质。

其半封建性质突出表现在:一是立学总宗旨规定"无论何等学堂,均以忠孝为本,以中国经史之学为基"②,把封建纲常中的"忠孝"和旧学的主体"经史之学"作为办学的根基。二是教学内容特别重视经学课程,且在各级各类学堂中均占很大比例,如高小和中学读经的时间分别占总学时的1/3和1/4。三是保留了科举制的地位,规定根据学生的考试成绩和参照平时品行,对高等小学堂、中学堂、高等学堂、分科大学堂毕业生,分别奖励廪生、贡生、举人、进士等称号。四是整个学制未涉及女子教育,故事实

---

① 舒新城:《中国近代教育史资料》中册,人民教育出版社1961年版,第578页。

② 同上,第197页。

上将广大妇女排斥在学校教育之外。

其半殖民地性质突出表现在：一是重视实业教育虽有推动民族工商业发展的一面，但由于当时我国的民族工商业刚刚起步，因而贸然大规模推进实业教育，客观上是为西方国家在华所办各类企业和我国买办官僚所办各类企业服务，适应了列强的经济侵略由商品输出转向资本输出的需要。二是重视外语教育有利于加强中外文化交流，但规定"中学堂以上各学堂，必全勤习洋文，而大学堂经学、理学、中国文学、史学各科，尤必深通洋文而后其用乃为最大"①，不仅脱离中国的实际，而且几乎将国内的所有教育都置于以外国为楷模的位置，也体现了半殖民地社会特有的买办性。

四、教育行政机构的健全

为保证癸卯学制的实施和加强教育管理，清政府对原有教育行政机构加以改造使之趋向健全。

中央教育行政机关　光绪三十一年（1905）清政府设立学部作为统辖全国教育的最高行政机关，并将原国子监并入。学部最高行政长官为尚书，其次为左右侍郎；学部内分五司十二科，各司其职（参见"清末中央教育行政机关组织系统图"）。

地方教育行政机关　光绪三十二年（1906）清政府撤销各省提督学政和学务处或学校司等，同时在各省设置提学使司为省级教育行政机关，长官为提学使；下设学务公

---

① 舒新城：《中国近代教育史资料》上册，人民教育出版社1961年版，第206页。

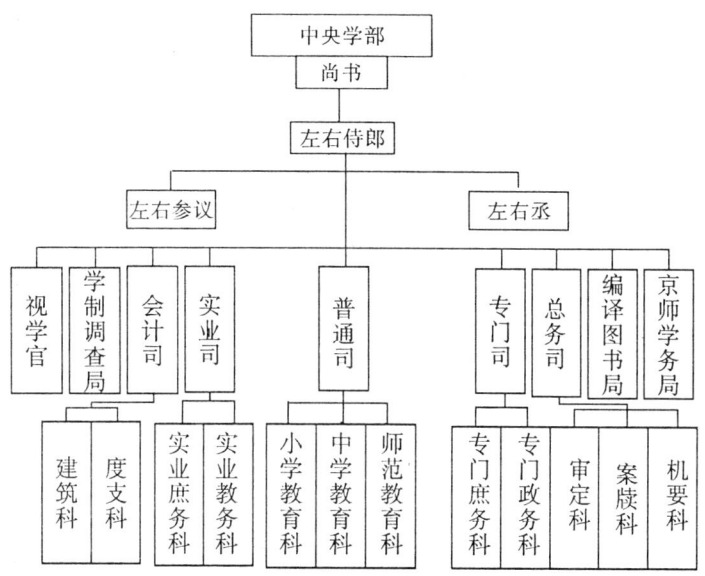

清末中央教育行政机关组织系统图

所，内分六课，各司其职。同年开始在府、厅、州、县设置劝学所作为省以下各地的教育行政机关，长官为劝学长或总董；下设若干学区，每区设劝学员具体管理学务（参见"清末地方教育行政机关组织系统图"）。

至此，清末形成了从中央到地方统一的教育行政系统。这是我国近代教育管理规范化的明显标志。

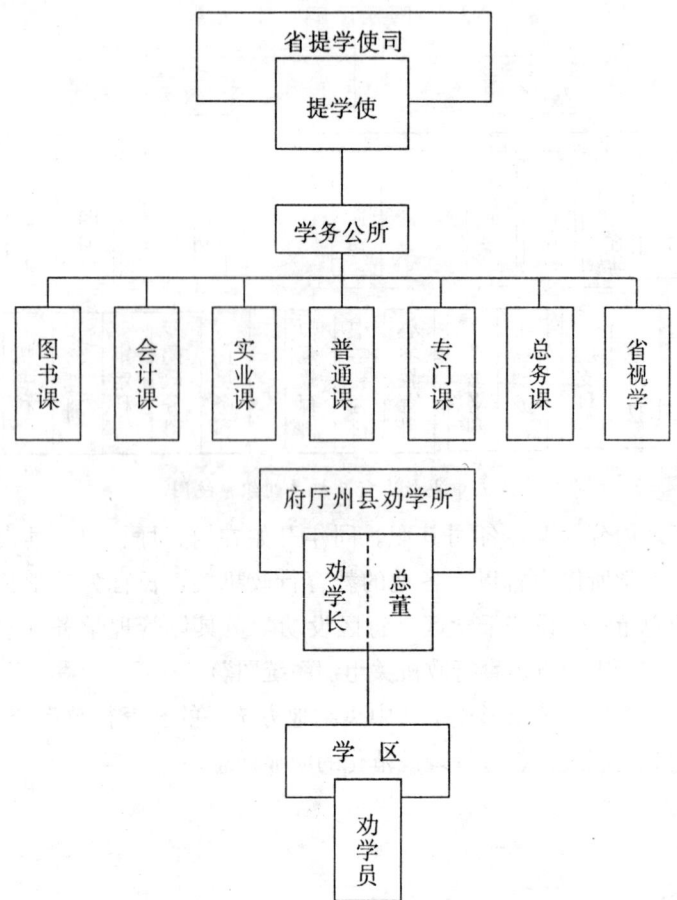

清末地方教育行政机关组织系统图

第六节 民国时期的官学教育

一、学制与教育行政制度

（一）学制的沿革

1. 壬子·癸丑学制

1912年7月，在教育总长蔡元培的筹划主持下，全国临时教育会议讨论了学制改革问题，并于当年（壬子年）9月颁布了《学校系统改革令》，又称壬子学制。此后教育部又陆续颁布了《小学校令》、《中学校令》、《师范教育令》、《专门学校令》、《大学令》、《实业学校令》以及一系列配套的规则、规程，并于1913年（癸丑年）8月将这些法令、法规和壬子学制综合成为一个更加完备的新学制系统。这就是"壬子·癸丑学制"（参见"壬子·癸丑学制系统图"）。

这个学制把教育分为横向三类和纵向三段四级。纵向包括：初等教育阶段分为两级，初小为义务教育、男女同校，高小男女分校；小学以留意儿童身心之发育，培养国民道德之基础，并授以生活必需之知识技能为宗旨。中等教育阶段一级，男女分校；中学以完足普通教育、造成健全国民为宗旨。高等教育阶段一级，包括大学预科、本科，本科分文、理、法、商、医、农、工七科，并另设大学院；大学以教授高深学术，养成硕学闳才，应国家需要为宗旨。横向除上述普通教育系统外，还包括实业教育和师范教育两个相对独立的系统，亦大致含初等、中等和高等教育三个阶段。这个学制也可以用"7·4制"或"7·4·7制"来表示。

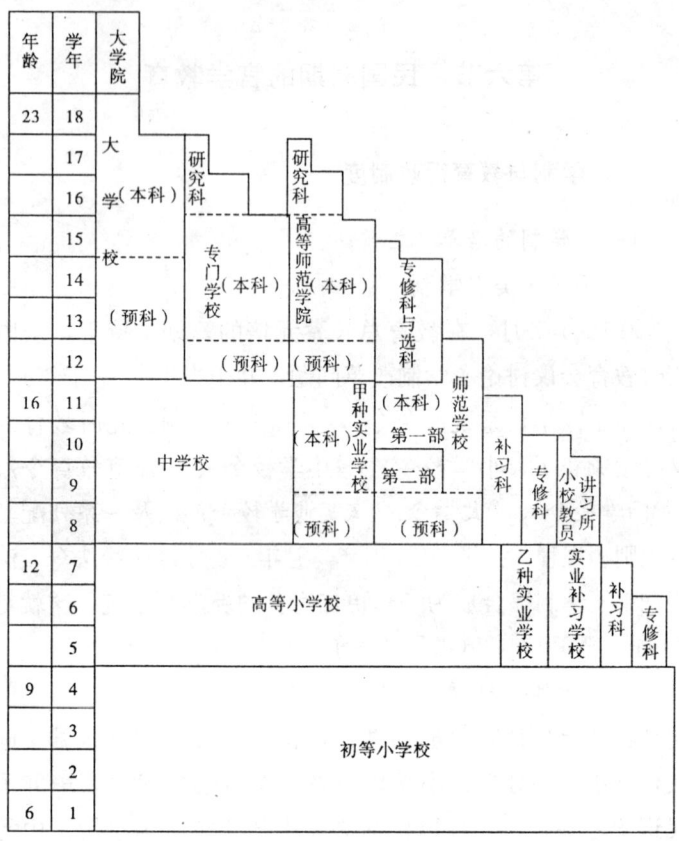

壬子·癸丑学制系统图

壬子·癸丑学制是我国近代资产阶级第一次系统改革封建教育的产物，与清末的癸卯学制相比，它具有诸多进步性：一是初、中等教育的修业年限缩短了2-3年，这既反映了资产阶级革命派对未来资本主义生产需要有一定文化的劳动者的重视，也有利于基础教育的推广，在客观上增加了普通民众享受教育的权利和机会。二是女子教育在学制中占有了一定地位，规定除大学不设女校、不招女生外,初小实行男女同校,其他学校均可设立女校,这初步体现了资产阶级的男女教育平等的思想。三是取消了清末的贵胄学堂,中小学废除了读经课,大学取消了经学科,废除了毕业生奖励科举出身的制度,以及禁止在教育中施行体罚等等,都具有鲜明的反封建特色。

由于中国资产阶级的软弱性,这一学制在教育改革上也有若干不彻底的方面:一是有关法令、法规大多效仿日本和德国,有脱离当时中国实际的倾向;二是初等教育的年限仍偏长,与当时普通民众的经济承受能力还有差距;三是女子受教育的程度低于男子,其内容偏重贞淑教育,因而男女的受教育权还未完全平等。

2. 壬戌学制

五四运动前后,随着各种教育思潮的出现和留美归国学生日渐增多并有不少人在教育界任职,仿美国模式改革学制以适应不断发展的生活和生产需要,已成为一种趋势。全国教育联合会从 1919 年第五届年会开始,连续三届年会讨论学制的修改并形成新的《学制系统草案》。与此同时,美国教育家杜威(J. Dewey)和孟禄(Paul Monroe)先后来华讲学,也广泛宣传他们改革教育制度的主张。1922 年(壬戌年)9 月,教育部召开全国学制会议,对全国教育联合会提出的"草案"加以审订、修改,并于同年 11 月以大总统名义颁布施行。这一学制名《学校系统改革令》,一般称壬戌学制或"新学制"(参见"壬戌学制系统图")。

制定壬戌学制,以适应社会进化之需要、发扬平民教育精神、谋个性之发展、注意国民经济力、注意生活教育、使教育易于普及、多留各地方伸缩余地等七项标准为指导思想;并提出以学生身心发展为根据,具体采用美国的六

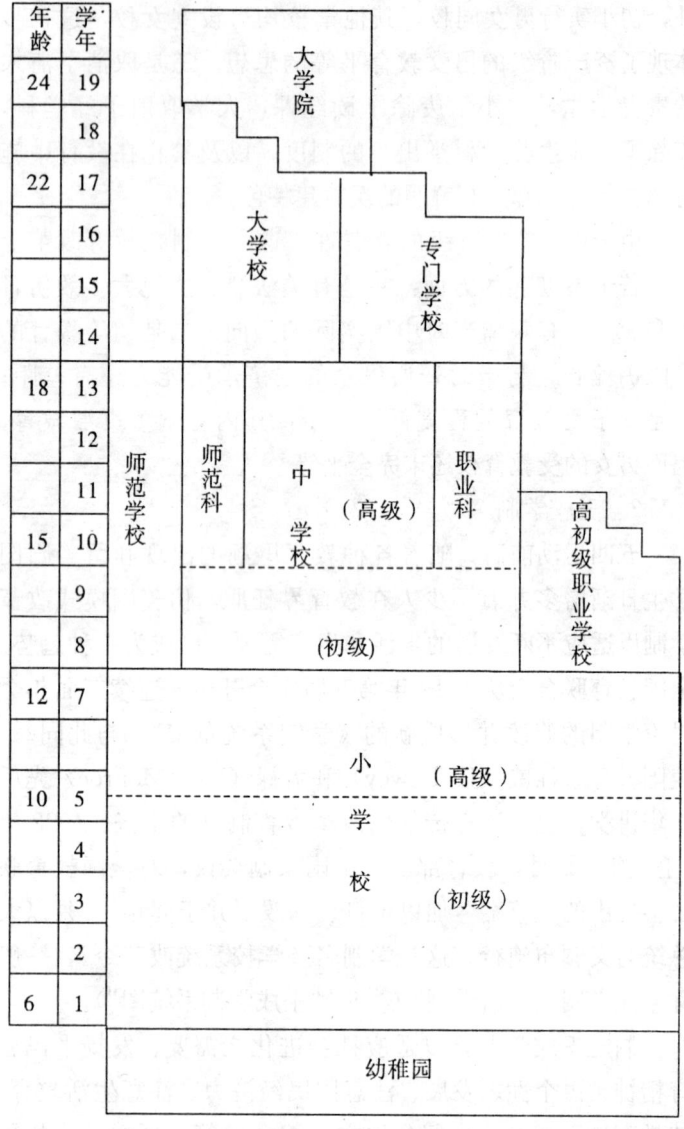

壬戌学制系统图

三三分段法，故又称"6·3·3制"。

壬戌学制分三段五级，包括：初等教育阶段含初小、高小两级，共计6年；中等教育阶段含初中、高中两级，各为3年，并设有与之平行的师范学校和职业学校；高等教育阶段一级，含（多科）大学和（单科）专门学校，4-6年。此外，在初小之下设幼稚园，在大学之上设大学院，年限不定。

为配合学制的改革，全国教育联合会组织了新学制课程标准起草委员会，并于1923年刊布了《中小学课程标准纲要》，全国各地亦据此施行。"纲要"的主要内容：一是小学设国语、算术、卫生、公民、地理、历史、自然、园艺、公用艺术、形象艺术、音乐、体育共十二科；其中初小合卫生、公民、地理、历史为社会科，合自然、园艺为自然科，共设八科；上课以分钟计，初小前两年每周至少1080分钟，后两年每周至少1260分钟，高小每周至少1440分钟。二是初中以社会科（含公民、历史、地理）、言文科（含国语、外国语）、算学科、自然科、艺术科（含图画、手工、音乐）、体育科（含生理卫生、体育）六科组织教学；高中普通科分文学、社科和数理三类，职业科分农、工、商、商船四类，课程分公共必修、分科专修和纯粹选修三种，每一种又有若干门课程。三是中学采用学分制，每半年每周上课一小时为一学分；初中修满180学分、高中修满150学分，始得毕业。

壬戌学制是我国近现代资产阶级教育家综合民初以来教育改革成果的产物，它侧重反映了"五四"以后在中国推行资产阶级新教育的基本要求。这种进步性具体表现在：一是小学年限缩短和初中可单设，有利于初等教育普及和发达地区向初中教育普及过渡。二是中学三三分段增加了办学的灵活性，增设高中一级有利于提高整个中等教育的水平，满足社会对中等教育人才的需要。三是中小学加强了文科和理科课程，并废除了男校和女校的区别，体现了时代的新要求。四是取消大学预科，有利于减轻大学的负担和提高其教育质量；设置单科大学，有利于提高科技教育和师范教育的水平。此学制经过较长期的实践，除中等教育一段在1928年后有所变更外，一直沿用至中华人民共和国成立。

当然，如果把学制制定者们的立足基础与学制颁行后的客观效果分开来看，一是新学制明显带有移植美国"6·3·3制"的色彩，这表明当时中国的资产阶级教育家们还缺少独创精神；二是盲目移植带来的问题，如由于缺乏师资、教材、设备等，不得不在其后对照搬的综合中学制、大开选科等进行调整；三是新学制在名义上提高师范教育的地位，但随之出现的"高师改大"和中师并入综合中学等状况，实际却削弱了师范教育，不利于师范教育独立、健康地发展。

3. 戊辰学制

1928年5月，大学院召开第一次全国教育会议，会议对壬戌学制略作修改并通过了《整顿中华民国学校系统案》，即"戊辰学制"。该学制未经政府颁布，故不具有法令性质，但某些内容为政府在变更具体学制时所采纳。

制定戊辰学制的指导思想与壬戌学制基本一致，两者的结构体系也大体相同。变更之处主要表现在中等教育一段：一是废止"综合中学制"，将普通中学、职业学校和师范学校分别单独设立；二是普通中学除采用"3·3制"外，亦可采用"4·2制"；三是废止中学的选科制，中学课程一律改为必修。

(二) 教育行政制度的变更

1. 中央教育行政制度的变更

1912年1月,南京临时政府设立教育部以取代清末学部。教育部下设普通教育司、专门教育司、社会教育司,以及总务厅、视学处和参事室;社会教育司的设置是中国教育史上把民众教育列入官制之始,"社会教育"一词也由此而来。1912年7月首任教育总长蔡元培辞职后,北洋政府在短短十余年间先后更换教育总长近三十人次;最高教育行政长官的频繁更迭,反映了北洋军阀统治时期教育管理的混乱,也严重影响了民国初年教育的改革和发展。

1927年6月,南京国民政府采纳蔡元培等人《提议设立大学院案》,旋即颁布《大学院组织法》,决定以大学院制取代教育部制。同年10月,大学院正式成立,蔡元培就任院长。大学院制是借鉴法国教育行政制度的产物,是将全国最高学术机关和最高教育行政机关合为一体的制度。大学院下设:教育行政部,办理教育行政事宜;学术研究院,为全国学术研究之中坚;各种专门委员会,研究和管理特殊教育事务。

蔡元培倡设大学院的初衷,是"以学术化代官僚化"[1],以避免"重蹈北京教育部以官僚支配教育之覆辙",达到"学术与教育并重"等目的[2]。但由于教育不可能超脱政治,国民政府也不允许教育同政府分离而专意与学术结合,因而在蔡元培1928年10月被迫辞去大学院院长之职的当月,

---

[1] 蔡元培:《大学院公报发刊词》,《大学院公报》第1年第1期。
[2] 《蔡元培之大学院组织谈》,《新闻报》1928年4月12日。

国民政府就以学术机关与教育行政机关的性质和作用各不相同、不宜并成一处，以及最高教育行政机关与其他最高行政机关均应隶属于国民政府统管之下为理由，明令废止大学院制、恢复教育部制，曾隶属于大学院的中央研究院，也改为单设的学术机关，直属于国民政府。

1928年12月，国民政府颁布《教育部组织法》，规定教育部下设总务司、高等教育司、普通教育司、社会教育司以及大学委员会和编审处等机构，构成了教育部的基本框架。其后国民政府又先后多次修正教育部制，其中重大的革新措施有：1929年增设蒙藏教育司；1940年将普通教育司分为中等教育司和国民教育司；1947年改蒙藏教育司为边疆教育司，并增设国际文化教育事业处；1948年增设教育资料研究室。至此，教育部的规模与设置已略称完备（参见"教育部组织系统图"）。

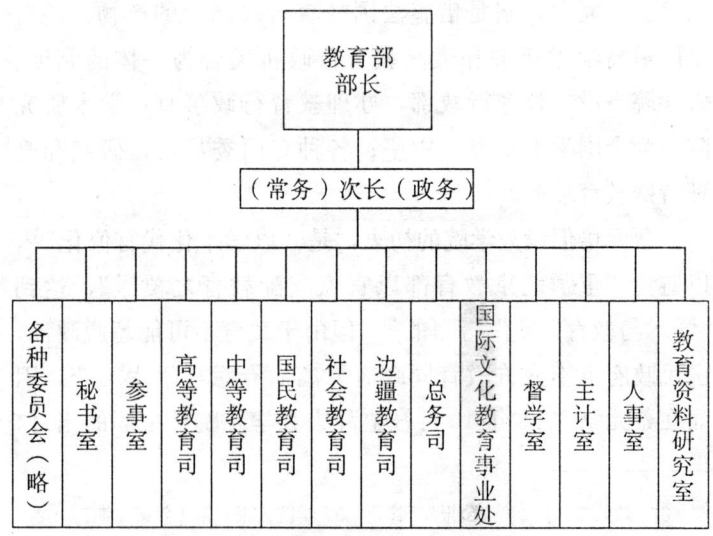

教育部组织系统图

2. 地方教育行政制度的变更

北洋政府时期，省级教育行政制度大体先后经历了教育司（隶属省行政公署）、教育科（隶属省政务厅）和教育厅（隶属教育部）三次变迁。1917年北洋政府颁布《教育厅暂行条例》，教育部公布《教育厅署组织大纲》，规定教育厅署内设三科：第一科主管文牍、总务、会计、统计；第二科主管普通教育、社会教育；第三科主管专门教育、留学教育。市县级教育行政制度大体先后经历了教育科、劝学所、教育局三次变迁。1923年北洋政府颁布《特别市教育局规程》和《县教育局规程》，规定教育局为市、县教育之执行机关。至此，民国时期实行时间最长的教育厅局制始告建立。

南京政府初期，为推行大学院制，省级教育行政先期进行了大学区制的尝试。大学区制是以省（区）为基本单元，以所在地的大学为当地的教育行政领导机关，以大学校长兼任教育行政长官、综理区内一切学术与教育行政事项。大学区制也是借鉴法国教育行政制度的产物，是将省（区）最高学术机关和教育行政机关合为一体的制度。从1927年6月开始，浙江、江苏、北平等省（区）相继试行大学区制，但不久即招致诸多非难。1929年6月，国民政府明令停止试行大学区制、恢复教育厅制。

教育厅局制自民初初创以来，除少数省（区）因试行大学区制中断外，抗战期间还曾出现过变更——大多数省（区）的教育厅改为教育科并改属省政务厅，市、县教育局则全部裁局为科。这一变更反映了抗战期间的特殊形势，也体现了教育服从抗战需要的特点。抗战胜利后，教育厅局制始得逐渐恢复（参见"教育厅组织系统图"）。

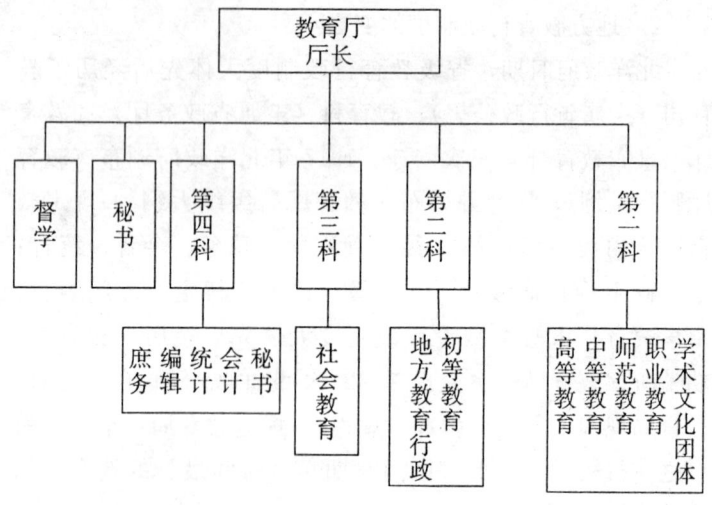

教育厅组织系统图

二、各级各类教育发展述要

民国时期政局动荡,但我国的教育仍获得了不同程度的发展。日寇的野蛮入侵曾给人民带来了极大的灾难,战争的巨创一度使我国教育几乎陷于停顿,但中国人民同仇敌忾,不仅民族教育事业在抗战期间薪火不断,而且逐渐恢复并于1947年前后达到战前的最高水平。

(一)学前教育

北洋政府时期尽管北洋军阀对学前教育极其忽视,但随着德国福禄培尔(A. W. Froebel)、意大利蒙台梭利(M. Montessori)和美国杜威等西方教育家的幼儿教育和儿童教育思想相继传入我国,两次学制改革由重视女子教育而兼及学前教育到学前教育机构正式纳入学校系统,因而此期的学前教育仍比清末有了较大的发展。如据有关部门对上海的调查，1911年该地只有幼稚园2所、幼稚生100余人，1918年已有幼稚园12所、幼稚生400余人，1926年则有幼稚园21所、幼稚生800余人。同时，北京及诸多大中城市也出现了一批学前教育机构。

除幼稚园外，这一时期还出现了附属性的幼稚师范和保姆传习所。如北京女子高师1916年开始附设保姆讲习科，学生除上课、实习外，还组织幼儿教育研究会、发行"幼儿教育之研究"的刊物；此外，张謇1913年在南通创办幼稚园保姆传习所，苏州景海女子师范学校1916年附设幼稚师范科等，都是当时有名的幼稚保教人员培养机构。

南京国民政府成立后，1928年第一次全国教育会议通过了陶行知、陈鹤琴等人提出的"幼稚教育案"7件；其中《各省各县各市实验小学设立幼稚园案》要求政府"通令全国"，从该年度起规定实验小学必须创办幼稚园，其开办费和年经常费"令各县列入田税附税用途预算"[1]。1932年教育部颁布《小学组织法》，规定"小学得设幼稚园"[2]。这些都有力地推动了当时学前教育的发展。1929年我国有幼稚园829所、幼稚生约3.2万人，1936年幼稚园、幼稚生数已分别增至1283所、约8万人。抗战期间，我国的学前教育遭受巨创。1940年的幼稚园、幼稚生数降至国民政府时期的最低点，分别为302所、约2.9万人。抗战胜利后，我国的学前教育恢复较快。1947年的幼稚园、幼稚生数已超过战前最高水平，分别为1301所、约13万人。

---

[1] 中国学前教育史编写组：《中国学前教育史资料选》，人民教育出版社1989年版，第255页。

[2] 同上，第471页。

民国时期学前教育发展中具有时代意义的大事，是陶行知、陈鹤琴等教育家开创了学前教育中国化的试验，并由此涌现出一批著名的学前教育机构。

南京鼓楼幼稚园：1923年由陈鹤琴创办；1925年择新址扩建。该园以试验中国化的幼稚教育为主旨，在幼儿课程、习惯培养、技能训练及设备等方面反复实验研究，取得了丰硕成果。它是民国时期最负盛名的正规幼稚园，也是我国最早提倡学前教育中国化的实验中心。

南京燕子矶幼稚园：1927年由陶行知创办。它是我国第一所"乡村幼稚园"，揭开了学前教育为乡村幼儿服务的序幕；并首创"艺友制"培训幼教师资，为幼稚师范教育的发展寻觅新路。

幼稚教育研究会：1927年由陈鹤琴、陶行知等发起组织，它是当时最著名的学前教育研究机构。1929年扩大为中华儿童教育社，以研究儿童教育、推进儿童福利和提倡教师敬业精神为总目标，致力于中国幼教理论的探讨交流和幼稚园的推广与具体办理，并出版了《幼稚教育》、《儿童教育》等刊物。

国立幼稚师范学校：前身为陈鹤琴1940年创办的江西省立实验幼稚师范学校，1943年改名国立幼稚师范学校并添设幼稚师范专科部，是我国最早、民国时期唯一单独设置的国立幼教师资培养机构。抗战胜利后迁至上海升格为国立幼稚师范专科学校，所以它也是民国时期我国唯一的国立幼稚师专。

(二) 小学教育

清末新教育制度的建立推动了小学教育的发展，1912年全国已有小学约8.62万所（含少数幼稚园）、学生约

279.5万人（含少量幼稚生），这为民国时期小学教育的发展奠定了较好的基础。

北洋政府前期小学教育的发展势头仍然较快，至1915年全国小学校数和学生数均呈上升趋势，分别约为12.85万所（含少数幼稚园）和414万人（含少量幼稚生）。这一方面是由于发展教育、尤其是发展初等教育的重要性已开始为人们所认识，并且教育的发展具有相对连续性，同时也说明尽管蔡元培、范源濂分别于1912年7月和1913年1月辞去教育总长之职，但他们的锐意革故鼎新仍在产生积极的影响。自1917年起，其后十余年间教育统计资料残缺。从可见的零星资料中可以看出，小学教育已时兴时衰，反映出北洋政府中后期政局动荡且忽视教育。

南京国民政府成立后到抗战之前，小学教育的发展缓慢但相对平稳。1929年有小学约21.24万所、学生约888.2万人，1936年有小学约32.01万所、学生约1836.5万人；平均每年约增加小学1.54万所、学生135.5万人。抗战初期，烽火遍地，小学教育大受影响而敌占区尤甚。1938年小学校、小学生数就分别锐减至21.74万所、1228.2万人。1940年国民政府开始推行国民教育制度，规定"每乡镇设中心小学，每保设国民学校"①，同时又相继采取优待、奖励小学教员、对学龄儿童实行强迫入学等措施，使小学教育逐渐恢复。1943年已有小学约27.34万所、学生约1860.2万人，学生数已超过战前水平。抗战胜利后小学教育虽无大发展，但仍在继续恢复。至1949年，小学校、小学生数已分别增加为34.68万所、2439.1万人。

---

① 《第二次中国教育年鉴》第三编，第50页。

(三) 普通中学教育

清末的学制中尽管中学教育已有了重要地位，但因其发展需以小学教育先行为前提，故当时的中学教育尚属起步阶段。

北洋政府时期，中学教育受政局动荡等因素影响，呈现了较明显的发展→萎缩→再发展的态势。民国初年的教育改革为教育发展注入了活力，直接推动了中学教育的发展。1912年全国有中学373所、学生约5.2万人，至1914年均呈较快增长趋势，且当年中学达452所、学生约6.7万人。1915年起，因袁世凯的政治复辟导致教育倒退、旋即出现了教育"大滑坡"，1916年中学减为350所、学生约6.1万人，甚至其后数年无统计数据。1922年新学制颁行后，各地纷纷请立中学，其数量迅速回升；到1928年，中学增至954所、学生约18.9万人。

南京国民政府成立初期，中学教育获得了更快的发展。到1930年，中学校、中学生数分别增至1874所、约39.7万人，在1928年的基础上"翻番"。继后由于普通中学与职业学校、师范学校单独设置，更因日寇全面侵华而横遭破坏，中学校和中学生数有所下降，1937年分别降至1240所、约30.9万人。抗战军兴，不少中学内迁，中学教育由恢复而逐渐发展；到1946年，中学增至4266所，学生约149.6万人，达到民国时期最高水平。

(四) 中等师范教育

我国的师范教育在清末已有一定发展。据1912年统计，全国已有中等师范学校253所、师范生约2.9万人。

北洋政府时期，中等师范教育的发展起伏无常。1913年有师范学校314所、师范生约3.5万人，1916年则降至

195所、约2.5万人。其后数年统计数据残缺，但从零星资料仍可见1922年师范学校增至385所、师范生约4.4万人。实施新学制、推行"综合中学制"以后，不少师范学校并入普通中学，师范教育的独立性受到影响，数量也呈现下降趋势。1928年师范学校降至236所、师范生约2.9万人。

南京国民政府初期，随着"乡村师范"的大量涌现和"综合中学制"的废止，中等师范教育出现了第一个发展高潮。1933年《师范学校规程》颁行后，师范学校曾一度增至893所、师范生约10.1万人。抗战初期，师范教育顿遭挫折，1937年师范学校数和师范生数锐减至364所、约4.9万人。但抗战期间的恢复却极为迅速，并出现了第二个发展高潮。据统计，1946年已有师范学校902所、师范生约24.6万人。

(五) 高等教育

我国近代的高等教育起步晚，底子薄。民国初年的高等学校数史载不一，但可初步肯定的是，当时除北京大学、北洋大学、北京高等师范学校等几所高等学校稍具规模外，其他高等学校尚在"襁褓"之中。

北洋政府前期，高等教育发展缓慢。应予一述的是六大高等师范区之置。即：将全国划分为直隶、广东、湖北、四川、江苏、东北六区，每区设国立高师一所；规定六所高师除本身校务外，有责任协助本地区教育行政机关办好中等教育；并于北京另设女子高师一所，是为我国独立设置女子高等教育机构之始。新学制颁行后，因可设单科大学导致大学数量骤增，到1925年全国有公私立大学47所，其中公立大学34所，本专科学生约2.1万人；但又因师资、经费等物质条件未能相应跟上，故教育质量反而降低，在新办大学和私立大学中，甚至有借办学以敛钱者，其学生

"流品之杂,程度之低,自不待言"①。同时,新学制的施行导致了高等师范学校的升格和与普通大学合并,国立南京高师、广州高师、武昌高师、成都高师和沈阳高师相继分别改名或并入东南大学、广东大学、武昌大学、四川大学和东北大学;"高师改大"的结果到20世纪30年代初终致"北平师大"硕果仅存,高等师范教育受到了严重削弱。

南京国民政府初期,高等教育发展大体稳定。1928年全国有本、专科高校74所、学生约2.5万人,到1936年已分别增至108所、约4.2万人;其间由于试行大学区制,若干省区出现了大学合并的趋势,故高校中的国立大学数曾一度有所减少。抗战爆发后,我国的高等教育不仅损失巨大而且饱受迁徙之苦。据统计,1938年继续维持办学的高校为83所,其中有37所由战区迁移后方。在云南、甘肃艰苦办学的西南联大、西北联大是当时由内迁高校组合而成的著名高等学府。抗战期间,我国人民尤其是广大知识界克服了前所未有的困难,以高昂的民族复兴精神奋起振兴教育,使高等教育在抗战期间由迅速恢复再至较大发展。1947年,国民党统治区已有高校207所,学生约15.5万人;同时,高校的区域分布也趋于合理,西北、西南的广大地区都有了一批高校。更为可喜的是高等师范教育有了明显发展,此时已有独立设置的师范学院11所、大学所设师范学院4所、师范专科学校13所,学生约2.1万人(含其他高校教育学科学生),这是1936年仅独立设置"北京师大"1所、学生约0.4万人(含其他高校教育学科学生)难以比拟的。

---

① 《第一次中国教育年鉴》丙编,第17页。

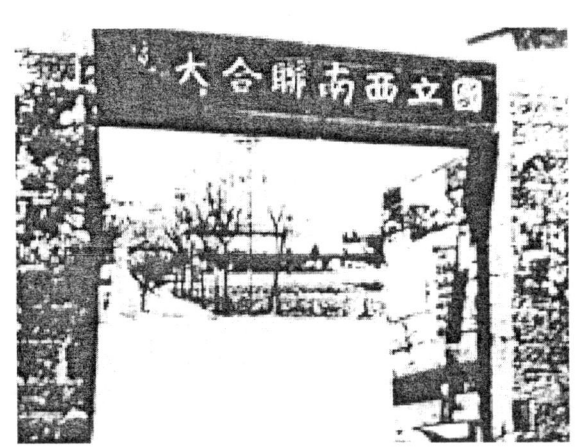

西南联合大学校门

西南联合大学图书馆

(六) 留学教育

1900年义和团反帝斗争失败，清政府与西方列强于1901年签订《辛丑条约》，被迫执行丧权辱国的"庚子赔款"。1908年，美国出于所谓使中国"能渐渐融洽于近世之文化"的目的，决定将庚款"退赠一半"① 作为清政府选派留美学生和创办清华学堂的经费。1924年，美国又决定全部退还庚款"用以发展中国之教育及文化事业"，英、法、比、荷诸国也相继仿效，从而形成了西方列强利用庚款在中国发展文化教育事业的"庚款兴学"。

清华学堂

为实施庚款兴学，清政府于1909年设立"游美学务处"专司考选留美学生，同年派遣第一批庚款生梅贻琦、王士杰等47人赴美，拉开了新一轮留美高潮的序幕；又于1911年建立清华学堂作为留美预备机构，并延请美国教习、运用美国教法，以使留学生到美后尽快适应新的学习环境。从设置游美学务处到1928年国立清华大学正式成立，再至1929年大学留美预备部结束，先后共计资送一千八百余人赴美留学。整个北洋政府时期，除庚款兴学使留美再掀高潮外，留学日本及欧洲也是当时留学的"热点"，改变了过去留学分布区域相对单一的格局。

南京国民政府时期，留学教育出现"钟摆"现象或曰"退潮"（参见表2－4）。其原因在于：政府对留学教育实行严格控制，严定选派资格，甚至一度规定所有官费留学生一律由中央派遣，犹存"党化教育"遗风；日寇的入侵使

---

① 《清华大学校史稿》，中华书局1981年版，第4页。

留学教育蒙受挫折,求学者无力外出,归国者谋业困难;内战导致财政紧张,庞大的军费开支使留学教育经费日益不敷分配,以致1948年1月政府以外汇支绌为由,宣布停止公费和自费留学考试,标志着民国时期留学教育的终结。

表2-4 1929-1946年我国留学生(含自费生)人数表

年份	1929	1930	1931	1932	1933	1934	1935	1936
人数	1657	1029	450	576	621	859	1033	1002
年份	1937	1938	1939	1940	1941	1943	1945	1946
人数	366	92	65	86	57	359	8	730

三、新民主主义教育的局部尝试

(一)教育体系

1. 干部教育

为满足政权建设需要并适应战争形势,根据地始终把培养干部和提高其素质摆在首位。干部教育类型包括在职干部教育和新干部培养,途径包括大量干部的在岗短期培训和部分干部的离岗系统教育以及部分新干部的岗前系统培训。其教育机构可分四类:一是干部短训班,一般是按系统、分层次举办,时间短,内容比较集中。二是军政学校,如瑞金时期的红军学校、苏维埃大学,延安时期的抗日军政大学、中共中央党校、延安大学等。三是技术学校,如瑞金时期的中央农业学校、红色医务学校,延安时期的自然科学院、医科大学、铁路学院等。四是文化艺术学校,如瑞金时期的高尔基戏剧学校,延安时期的鲁迅艺术学院、俄文学院等。其中影响较大的干部教育机构有:

苏维埃大学:1933年8月创办于瑞金,毛泽东、瞿秋白先后任校长。学员主要是在党政机关、群众团体工作半年以上并有成绩者。教学组织包括普通班和特别班。普通班为预科性质,以文化补习为主,学程不定;特别班设土地、国民经济、财政、工农检察、教育、内务、劳动、司法、外交、粮食10个专业班,学制半年以上(包括实习)。该校于长征开始后停办。

抗日军政大学:前身为瑞金红军学校(红军大学),长征时为"干部团";1936年6月以此为基础成立中国人民抗日红军大学,1937年1月更名为中国人民抗日军事政治大学(简称"抗大")并由瓦窑堡迁至延安;校长先后为林彪、罗瑞卿(代)、徐向前。1938年3月,毛泽东规定了抗大的教育方针:"坚定不移的政治方向,艰苦奋斗的工作作风,机动灵活的战略战术";同年又题写"团结、紧张、严肃、活泼",作为抗大的校训。抗大的主要任务是"训练抗日救国军政领导人材",对象主要是红军骨干及部分内地赴延安的知识分子;教育内容以马列主义和军事技术为主,课程包括政治课、文化课和军事技术课三类;教学原则是"少而精","理论与实践联系","军事与政治并重";教学方法主要有:注重启发的集中讲授,注重研究的自学与讨论,注重实践的实地演习、实地调查和生产劳动等。八年抗战中,抗大总校共办了8期,并在晋东南、晋察冀、华中、苏北等根据地办了12所分校,先后培养了二十多万

中国抗日军政大学校门

名军政干部。

延安大学：1941年9月由陕北公学、中国女子大学、泽东青年干部学校合并成立，其后又有鲁迅艺术学院、自然科学院、民族学院、新文字干部学校及行政学院等相继并入。吴玉章、周扬等先后任校长。延安大学初创时设有社会科学院、教育学院及法学院。其后扩大为：行政学院，含行政、司法、财经、教育四系，学制两年；文艺学院，含戏剧、音乐、美术、文学四系，学制两年；自然科学院，含工学、农学、化学、医学四系，除医学系学制1-2年外，其余为三年。延安大学是当时根据地规模较大、有较正规学制的一所综合性大学，代表了根据地整顿教育、向正规化发展的方向，较之过去的教育是一个"很大的转变"[①]。1949年7月，延安大学总校分校合并，迁至西安，改名为西北人民革命大学。

2. 普通初、中等教育

瑞金苏维埃政权建立后，为加速改变根据地极端落后的教育状况，于1932年10月创办了中央列宁师范学校；该校先后由徐特立和罗欣然任校长，招收由政府保送的贫苦子弟学习3-6个月，培养了一大批小学教员。根据地的小学称劳动小学、列宁小学或红色小学，且以初小为主；1934年开始统称列宁小学，分公办和民办两种。初小课程有国语、算术、游艺，高小则增加社会常识和科学常识；学制为初小三年、高小两年，分全日制和半日制两种。据1934年统计，江西、福建、粤赣根据地已共有列宁小学

---

① 《吴玉章教育文集》，四川教育出版社1989年版，第71页。

3052所、学生八万九千七百余人①。

延安时期的普通中等教育在各个根据地的发展不平衡。在华中、山东这些文教基础较好的地区，有一定数量的普通中学，而在文教基础较差的地区，中等教育则主要是少数培养小学师资的师范学校。陕甘宁根据地原只有师范、中学各一所，1937年民主政权建立后才逐步发展，至1942年时已有中等学校七所（师范五所、中学两所），学生共计一千五百余人，其后又陆续设立了延安中学、子长中学等。初等教育在各个根据地都相对普及。小学包括公办和民办两类，其中初小占多数且几乎全为民办。据1939年8月颁布的《陕甘宁边区小学规程》，初小课程有国语、算术、常识、美术、劳作、音乐、体育，高小除增设政治课外，常识课改设自然、历史、地理；其中劳作课以生产劳动为主，体育课注重军事训练。解放战争期间，随着根据地不断巩固、扩大，初、中等教育也迅速发展。据统计，至1949年2月，陕甘宁根据地已共有中学、师范27所，小学6830所、学生三十一万二千余人②。

3. 社会教育

新民主主义革命的主要力量是工农民众，尤其是广大农民和来自农民的军人。但由于当时90％以上的农民是文盲，因而解决农民的识字问题以及使工农民众具有"写"、"看"能力是根据地社会教育的重要任务，从而为此开展了全民性的识字运动。识字运动首先从军队开始，各连队组织识字班，学员按文化程度分甲、乙、丙三组，连队文书

---

① 《老解放区教育资料》（一），教育科学出版社1981年版，第18页。
② 《解放日报》1949年3月10日。

任甲组教员，甲组学员为乙组教员，乙组学员为丙组教员，文化水平较高的首长为总教员，利用作战间隙进行教学。各行各业则仿效推广，通过按工作单位或居住地点组织识字教学，其形式包括建立成人夜校、识字班组、冬学、民众学校等，使80%左右的文盲参加到扫盲运动和文化补习中来。

与此同时，根据地还尽可能把识字教学与推广科技知识结合起来，向民众宣传科技常识，以适应战争和发展生产的需要。如通过组织学习《看护识字课本》，既识字又传授护理知识；通过开办妇女冬学，既提高妇女的识字能力又宣传接生、养育的新知识；通过设置民教馆，开办职业补习学校，组织民众识字又传授生产知识，把学文化和学手艺结合起来。

（二）基本经验

1. 教育为政治服务

根据地的教育坚持以建设、巩固和扩大根据地，彻底打败日本帝国主义，进而夺取全国政权、建立新民主主义共和国为中心任务而展开。其主要表现是：

把教育权的转移作为首要任务，坚持教育为工农民众服务。早在1931年，中华苏维埃第一次全国代表大会宣言中就已指出："一切工农劳苦群众及其子弟，有享有国家免费教育之权，教育事业之权归苏维埃掌管"；1945年毛泽东在《论联合政府》中又再次强调，应坚决扫除"一切奴化的、封建主义的和法西斯主义的文化和教育"，中国的文化和教育宗旨"应当是新民主主义的；就是说，中国应当建立自己的民族的、科学的、人民大众的新文化和新教育"[①]。

---

① 《毛泽东同志论教育工作》，人民教育出版社1958年版，第31页。

在前述《新民主主义论》阐明新民主主义文化的根本性质的基础上,进一步明确了教育的根本性质——教育必须是中华民族的、科学的、为人民首先是为工农民众服务的。

在各类教育的安排上,坚持把干部教育置于首位。这是因为只有如此才能保存和扩大根据地,才能为发展根据地的普通教育提供可能性。瑞金时期,为造就一批领导革命斗争的干部,根据地创办了红军大学、苏维埃大学等干部学校。延安根据地建立不久,毛泽东就于1938年10月指出:"政治路线确定之后,干部就是决定的因素。因此,有计划地培养大批的新干部,就是我们的战斗任务。"[1] 1942年2月,中共中央在《关于在职干部教育的决定》中又进一步指出:"在目前条件下,干部教育工作,在全部教育工作中的比重,应该是第一位的。而在职干部教育工作,在全部干部教育工作中的比重,又应该是第一位的。"[2] 从而既在组织上保证了教育为政治服务的方向,又在一定程度上满足了根据地的文化建设需要。

在学制、课程和教育内容等方面,坚持与政治斗争的需要紧密结合。修业年限普遍偏短且非常灵活,比较适合根据地的经济发展水平和战争环境的特殊要求,在干部教育方面尤为如此。课程设置少而精,紧密结合战争需要并确保学以致用,每门课程授课时间不超过半年。教育内容充分反映政治斗争和生产生活实际的需要,如《共产儿童读本》、《红色战士读本》、《卫生课本》以及《当心敌人放毒》、《不给仇敌粮食》、《不用汉奸票子》等课文,都体现

---

[1] 《中国共产党在民族战争中的地位》,《毛泽东选集》第二卷第492页。
[2] 《解放日报》1942年3月2日。

了儿童教育、干部教育和成人教育领域的政治形势教育、民族气节教育、阶级斗争教育以及生产生活知识教育。

2. 教育与生产劳动相结合

为彻底改造封建旧教育，培养大量适合根据地建设需要的劳动者，以及进而造就一批自觉为新民主主义革命服务的人才，根据地始终注重教育与生产劳动相结合，并以此为基础坚持理论联系实际。

早在瑞金时期，《中华苏维埃共和国小学校制度暂行条例》就明确指出："要消灭离开生产劳动的寄生阶级的教育，同时要用教育来提高生产劳动者的知识和技术，使教育与劳动统一起来。"① 基于这一指导思想并从当时大约80%的青壮年奔赴前线的实际状况出发，根据地的学生坚持边学习边劳动，既培养劳动观点又保证生产正常发展。即使是苏维埃大学和中央农业学校等干部教育机构，也规定学员半天学习半天劳动，并包括收集、推广农业经验，使理论学习与生产实际结合起来。

延安时期进一步发扬"教育与生产劳动结合"的传统，强调知识青年和工农群众相结合。毛泽东于1939年5月在《青年运动的方向》中，称赞延安青年既学习革命的理论和抗日救国的道理与方法，又投身于生产劳动，开荒种地千亩万亩，"真是抗日救国的先锋"②。1944年10月延安文教大会召开，大会强调教育与生产劳动结合是培养新公民、新知识分子的必由之路，并总结了七、八年来根据地教育的经验：一是教学的组织、时间与生产相适应。学校以学

---

① 《老解放区教育资料》（一），教育科学出版社1981年版，第308页。
② 《毛泽东同志论教育工作》，人民教育出版社1958年版，第40页。

生班组为单位，一起劳动、一起学习；教学的具体形式多样，因时因地制宜，可在固定的课堂也可在田头树下；时间安排灵活，农忙、天晴分散教学，农闲、雨天集中教学，全日班、半日班和早午班等多种形式并存。二是把生产劳动作为重要课程。在生产劳动课教学中，既重视生产劳动知识、先进生产经验的传授，又重视推广生产知识和先进技术，并把教学与生产实验联系起来，同时也重视树立学生的劳动观念，养成其热爱劳动的习惯。三是生产劳动教育从儿童抓起。学校把学习小组和生产小组统一起来，组织儿童参加校内外的生产劳动，包括校内集体开展的手工劳动（如纺线、编织等）、农业生产（如开荒、饲养等）和组织生产合作社，以及校外集体开展的帮助军属的生产劳动和个体的家庭生产劳动等。

3. 依靠群众多种形式办学

在艰苦的战争环境和在经济、文化基础极其薄弱的状况下，根据地发展教育确实不可能单靠政府有限的财力和人力，而必须充分激发群众的求学积极性和办学热情，依靠群众、走多样化办学的路子。

瑞金时期，各级政府发动群众广泛利用祠堂、庙宇为校舍，以香案当课桌，用石头做凳子，以沙盘和树枝代替纸张与粉笔，开展勤俭办学。成人教育以乡村为单位，自办夜校、识字班等；儿童教育一般是初小由乡办、高小由区办，政府承担部分经费，而场地、设施及不足经费由各乡自行解决；干部教育由政府统筹办理，但办学场地、设施充分依靠地方支持，教育内容紧密联系群众实际，注重为地方、为群众服务。

延安时期，根据地更加注重文教工作中的群众路线。

毛泽东1938年11月在《论新阶段》中就强调：发展民众教育、开办小学教育，必须做到动员民力与政府法令互相配合，主要是发动人民自己教育自己，政府则给以恰当的指导与调整和可能的物质帮助①。1944年毛泽东在延安文教大会上又为明确地提出了根据地发展文教的"两条原则"：一是根据群众的实际需要，二是群众自愿、由群众自己下决心②；大会还总结并决定推行发展国民教育的"民办公助"政策，使根据地的普通教育和社会教育获得了更加广泛、普遍的发展。当时的不少学校，有的由"变工队"发起创办，有的由合作社出面办理，有的由村干部牵头发动群众一道创办；群众直接参与学校的管理，学校密切联系群众实际，力求使教育真正成为人民的教育。

小　结

官学是由官府举办和管辖的学校，包括中央官学和地方官学。官学的教育长官由官府委派，经费由官府提供，教育目的和内容由官府规定，并列为国家学制系统。

据文献记载，夏代就有了庠、序、校等官学的雏形；商代处于官学的发展期，新增了"学"、"瞽宗"等学校形式；西周建立了从中央到地方大致连贯的学校体系，"学在官府"是其教育的特有形式。

春秋战国由于王权衰微，"学在官府"的局面被打破，官学日渐衰落，其主要代表是稷下学宫。

---

① 《毛泽东同志论教育工作》，人民教育出版社1958年版，第33页。
② 同上，第83页。

秦汉初步确立了以培养和选拔人才为主导的官学教育模式。其中，秦代主要实行了博士制度和吏师制度；汉代中央官学除太学外，还有四姓小侯学和鸿都门学等特殊学校，而地方官学主要是郡国学。

魏晋南北朝的官学总体上呈时兴时废、似断又续的衰落境况；隋代国家重归统一，官学初兴，至唐代形成空前完备的官学系统，中央有国子学、太学等，地方有府州县学等。

宋元明清是官学制度进一步演变、发展和走向衰落的时期。这一时期不仅学校类型多种多样，而且已经形成了一整套从中央到地方相互衔接的官学系统。

晚清是我国封建教育制度从僵化转向衰败的时期，洋务派、维新派和清政府分别从各自的立场出发，仿效西方国家建立学制系统和新式学堂，并组织学生到西方国家留学。

民国的一些资产阶级教育家学习、效仿日本和美国的学制，并结合本国实际，对官学教育进行了一系列的改革，并突出体现在学制的制定上。在此期间，中国共产党在根据地和解放区也建立了一个由干部教育、群众教育和儿童教育构成的全新教育体制，并在多方面进行了创新和改革。

总的来看，官学教育作为中国教育史上最重要的教育形式，既经历了从面向少数上层统治阶级到面向大众教育的过程，也经历了从不完善到完善、从衔接不畅到上下贯通的学制系统的过程。

第三章　私学教育

私学，因由私人发起举办，与官学相对而得名，一般包括经师讲学和童蒙教学两类。在漫长的中国教育发展史上，私学以其独特的教育方式、丰富的教育内容和优良的教育传统闻名于世，对整个人类文明，尤其是东方文明产生了深远的影响，占据着十分重要的位置。

第一节　先秦时期的私学教育

先秦时期，文化教育经过夏商西周的发展，开始进入官学衰废、私学兴起的新时期。这一时期的私学，主要以儒、墨显学为代表，孔子的儒家私学与墨子的墨家私学在教育上都有各自不同的特点。这些特点，汇聚成为先秦时期私学发展的特色，对后世私学影响很大。

一、春秋私学教育的兴起

春秋私学始于何年何人，已难考实。在第一批私学创办者中，儒家始祖孔子是办私学较早、成效最著、影响最大的教育家，在未发现新证据之前，可视孔子为我国私学的首创者。其后，儒家传人以及墨家、道家、法家、纵横家等诸子亦聚徒讲学,私学很快遍及诸侯各国。

私学从产生经历了短短的一两百年就直接走向繁荣,出现了"百家争鸣"的盛况,其外部动力是社会对教育的迫切需要,内部动力是教育本身的文化承传功能。分析当时的具体情况,私学兴起的必然性有二:一是政治变革的需要。随着政治下移,新起的统治者必然要求通过"政教分离"打破原有"学在官府"的教育垄断,实现教育权再分配。二是人才需求的代偿。由于群雄争霸急需用士进而养士,从而不但导致士阶层迅速崛起于政治舞台,又因官学衰落使得天下学子纷纷就"士"求学,以期有朝一日学而为官。

私学兴起的可能性有四:一是学术下移。随着政治变革,"官守学业"的旧状不复存在,原秘藏官府的典章文物逐渐流散,民间有了教学的必要材料。二是师生来源扩大。不仅原有教官因失势流落下层而为私学教师,后起的士或不见用退而教书,而且因生产力发展使得更多的人能从事教与学的活动。三是私学的优越性。私学在教学的地点、内容和时间等方面有相当大的灵活性,培养的学生也更能切合当时特定的社会需要。四是教学手段的进步。铁制工具广泛用于制简和削刻文字,继丝帛的纺织和笔的发明而出现帛书,为书籍抄录与知识积累提供了便利。

二、百家争鸣概说

我国最早有三公九卿二十七大夫八十一元士之说,可见当时的士有尊贵的地位。春秋以降,士的数量日多,并有了文士、武士之别。春秋中期,齐桓公养士"八十"用以外游诸侯和作"啧室之议"①，标志着士阶层的产生。进入战国，公室、私门竞相养士，涌现了一批以传播文化学术为己任的士阶层的优秀代表。这些人上说下教、交无定主、四处横议、相互驳难，导演了战国时期的百家争鸣。百家争鸣发端于儒墨论辩，至战国末，"世之显学，儒、墨也"②。可见，儒墨两家既是百家争鸣的揭幕者，又一直位居显要。百家争鸣的主要问题有礼法之辩、天人之辩、名实之辩、常变之辩、古今之辩、心性善恶之辩、义利之辩等等，各家激烈论战形成诸多学派。

诸子百家，泛言其多。其分类众说不一。《庄子·天下》、《荀子·非十二子》以人论诸子。《史记·太史公自序》以学术性质论派别，分阴阳、儒、墨、法、名、道六家；《汉书·艺文志》补加纵横、杂、农、小说四家；后有人以小说家不足道而称"九流"。"十家九流"中，儒、墨、道、法四家对当时的教育有较大影响；后世则以儒家为最，道家次之。

第二节　秦汉时期的私学教育

秦汉之际，私人讲学者不乏其人，如伏生、叔孙通、羊子、浮丘生、陆贾等，这些人为汉代教育事业的发展开辟了道路，表明当时的私学已开始恢复，并在社会动乱时期进行着文化的传承和人才的培养。刘邦在带兵围鲁时曾

---

① 《管子·桓公问》。
② 《韩非子·显学》。

感叹,"鲁中诸儒尚讲颂习礼乐,弦歌之音不绝"①。可见,秦时私学虽然遭受重创,但秦灭以后,又在一些学者的推动下得以继续发展。

一、汉代私学教育的发展

由于汉初实行黄老之治的休养生息政策,为私学的发展提供了宽松的氛围。当时官学尚未建立,而刚建立的王朝需要大量的人才,这样文化知识的传播便主要靠私学来承担,统治者对私学也采取了宽容的政策。汉惠帝四年(前191),正式废除了秦的"挟书律"。这为私学的发展提供了良好的环境。

汉武帝之后,官学体系逐步建立起来。官学得到了政府的重视,私学也在统治者重教育政策的影响下,得到了更大的发展。私学的数量和规模处在不断发展壮大之中,到了东汉,更跃上了一个新台阶。无论是教师还是学生人数,都大大地超过了官办学校。到东汉末期,社会黑暗,许多学者避居讲学,私学更加繁荣。

二、私学的类型

在汉代私学中属基础教育层次的有书馆、乡塾等,属高等教育层次的则有精舍或精庐等。书馆、乡塾则分别由书师、塾师执教,精舍或精庐等系经师讲学。

(一)书馆、乡塾

汉代的蒙学主要是书馆,"书师"或在"家馆"或于"教馆"招收附近学童施教。如王充"八岁出于书馆。书馆

---

① 《汉书》卷八十八《儒林传》。

小童百人以上"①。书馆以识字、习字为主，兼学算术。"字书"除秦传"三仓"②外，新添武帝时司马相如作《凡将篇》，元帝时史游作《急就篇》，成帝时李长作《元尚篇》，平帝时扬雄作《训纂篇》及和帝时贾鲂作《滂熹篇》等。这些字书以三、四字或七字为句，句多押韵，使学童易学易记。今仅存《急就篇》，内容包括姓氏、衣着、农艺、饮食、器具、音乐、生理、兵器、禽兽、医药、人事等方面的应用字，是汉至唐蒙养教育的主要字书。"后世童蒙读本……皆源于汉。"③算术以《九章算术》为基本教材。《汉书·律历志上》载："数者……所以算数事物"，"其法在算术，宣于天下，小学是则"。可见"汉时小学，兼重书算"，汉人亦多通算学④。书馆采用个别教学，重视背诵、练习和书法及日常行为习惯的培养。学童如学行不良，"皆以过失袒谪，或以书丑得鞭"⑤。

乡塾是民间初习经书的主要场所。它或是蒙养教育的自然延伸，或与书馆相衔接。"塾师"主要教授《孝经》、《论语》，也可选教《书》、《易》、《诗》或《春秋》等。乡塾通常只要求学童对经书"粗知文义"或"略通大义"，教学方式贵"讽诵"。如王充"受《论语》、《尚书》，日讽千字"⑥。学童初成之后可得试为吏或谋取其他职业，亦可进

---

① 《论衡·自纪》。
② 即《仓颉篇》、《爰历篇》和《博学篇》的合称；总名《仓颉篇》，断60字为章，共55章。
③ 柳诒徵：《中国文化史》，中国大百科全书出版社1988年版，第325页。
④ 同上，第324页。
⑤ 《论衡·自纪》。
⑥ 同上。

一步接受专经教育,这些传统在后来的魏晋南北朝和隋唐一直得到延续。

(二)精舍或精庐

汉代经师讲学盛行,尤以东汉为显。经师往往就故里或择山林胜地,自立精舍或精庐作为治学和教学之地。其弟子分"著录"与"及门"两类。著录弟子只著其名于门生之列,不必亲往授业,这是汉代重师法、家法的反映。它类似后世的"拜门生"。据《后汉书·儒林传》载,张兴、牟长等人著录弟子上万,蔡玄门徒常千,著录弟子达1.6万。及门弟子指亲往经师处受教者,他们可直接聆听经师教诲,甚至相互辩论质疑;经学大师的及门弟子恒有上百人。

经师讲学以儒家经典为主,但一直比较注重古文经学,"至有分争王庭,树朋私里"[①] 之势。东汉末以郑玄为代表,出现了"古"、"今"融合的趋势。此外,黄老之学、法律、天文、图纬等也是其教学内容。如马融曾会集诸生考论图纬,姜肱通五经明星纬以授学子,杨厚修黄老教门生,郭躬少习《小杜律》再以法律相传。经学大师常采用高业弟子次相传授之法。如马融集门徒数百,升堂进者五十余生,使"弟子以次相传,鲜有入其室者"[②]。此外,经学大师往往既述且作,已初步具有教学与学术研究相结合的特点。如王充"屏居教授","著《论衡》八十五篇"[③];郑玄教授诸生,又遍注群经。

---

① 《后汉书·儒林传论》。
② 《后汉书·马融传》。
③ 《后汉书·王充传》。

精舍或精庐重视筹集资财,"赢粮动有千百"①,供四方学子食宿。如蜀郡张霸博览五经,深得众生仰慕,"各市宅其傍,以就学",其子张公超门徒常百人,后避官"隐居弘农山中,学者随之,所居成市,后华阴山南遂有公超市"②。以上特点,颇近似后世书院;或可说,它对后世书院的产生、发展及其教学都有着重要的潜在影响。

(三) 家学

家学即家传学术,是私学的一种特殊形式;与前述私学无相属或衔接关系,也不能视作独立的教育阶段。家学的教育程度难于归一,但在封建社会中具有相当的普遍性。

汉代下自闾里书师上至经学大师,一般都注重家学。如王充六岁随父识字,后入书馆;甄宇习《严氏春秋》,"子孙传学不绝"③;翟酺四代传《诗》;司马迁承父编著《史记》,班固、班昭继父修成《汉书》等等。家学的教育内容还广及法律、历算、天文、医学等科技知识。如于定国"少学法于父"④;刘歆承父业撰《七略》,又成为我国最早研究圆周率的科学家;楼护少随父习医,"诵医经、本草、方术数十万言"⑤。

此外,家学还通过家书、家训等向子弟传授治学态度、方法和进行伦理道德教育。如刘向在《戒子歆书》中教诲儿子要时时"敬事"、"自新","敬事则必有善功而福至

---

① 《后汉书·儒林传论》。
② 《后汉书·张霸传》。
③ 《后汉书·甄宇传》。
④ 《汉书·于定国传》。
⑤ 《汉书·楼护传》。

也","自新,百姓爱之";告诫他戒"骄奢","骄奢则祸至"①。再如蔡邕在《女训》中指出:"心犹首面也","面一日不修则尘垢秽之,心一朝不思善则邪恶入之";要求子女"饰其面"而思"心之洁"、"心之和"、"心之鲜"、"心之润"、"心之理"、"心之正"和"心之整也"②。

三、私学教育的意义与经验

私学是我国教育史上重要的教育形式。在官学制度尚未确立或官学废弛之际,它几乎承担了整个社会的教育任务,对文化传递和文明延续作出了突出贡献;即使在官学发展顺畅之时,它也与之相辅相成,并在蒙养教育方面始终起着官学难以替代的作用,从而推动着我国教育整体性地向前发展。

汉代私学的经验主要有:一是确立了由"书馆"蒙养教育到"乡塾"初习经书再到"精舍"的专经教育,这种三层次教育结构,为后世私学的发展奠定了基本格局。二是家学既是上述教育结构的有力补充,又是我国整个封建教育体制的重要辅助形式,尤其在社会动荡的历史时期更具有独特的作用。三是注重或注意到了教学内容的广泛性,不但促进了不同儒学门派的争鸣与发展,而且为我国古代的科技教育保留了一席之地甚至成为主渠道,也为后世一度发达的官学科技教育打下了基础。四是重视有层次地进行伦理道德教育,即蒙养教育强调日常行为习惯的训练,专经教育重视学风与气节的培养和陶冶,这对后世认识德

---

① 熊承涤:《秦汉教育论著选》,人民教育出版社1986年版,第149页。
② 同上,第405页。

育的阶段性、规律性是有积极意义的。

第三节 魏晋至隋唐时期的私学教育

魏晋南北朝是中国古代史上教育制度趋向多样化、细致化的发展时期,其私学教育内容包括了儒、释、玄、科技、史学、艺术等,体现了多元性,私学家们的学术方向和学术追求主导着新兴学科的发展方向,这种多向发展的私学格局在客观上对独尊儒术的教育体制起着瓦解的作用。在此基础上,隋唐的私学也比较发达,社会上的专门学术几乎都有私学传授,这样既是对官学教育的补充,又为科举制度奠定了基础。

一、魏晋南北朝的私学教育

(一)私学应时而兴

魏晋南北朝战乱不息,官学时兴时废,大量学者既不能都进入官学执教,更难于在士族垄断政治的局面下谋取禄位,私学便应时而兴。加之当时多学并行,思想领域相对自由,不仅促使了一部分追求"超俗之操"人生哲学的学者自行开馆聚徒讲学,也大大丰富了私学的教学内容。

三国时期,既有"书舍"这种蒙养教育程度的蒙学,也有专修儒经的私学。魏国的邴原、管宁、隗禧、乐详,以及蜀、吴的向朗、虞翻等,他们或避难世事招徒授业,或在服官之余或免官之后从事私学,都是当时有名的私学大师。

两晋名儒聚徒教授,生员常有数百甚至上千。据《晋书·儒林传》载:济南刘兆博学洽闻,潜心著述百余万言,温笃善诱,从游者数千;吴郡范平学问渊博,很多名士都曾随其受业,其孙范蔚藏书七千余卷,远近求学者恒有百余,蔚供其衣食,此颇似后世书院;豫章范宣"常以讲诵为业",学子闻风而至,"讽诵之声,有若齐鲁"①。

南北朝时期,不少私学大师不慕荣利或绝意仕途,潜心学术研究与传授,私学更加昌盛发达。据《南齐书·顾欢传》载:顾欢家贫无以求学,乃于乡中学舍壁后倚听;及长,躬耕诵读,尝往庐山受教于名士雷次宗;后来他自己在天台山开馆聚徒,受业者常近百人。据《南史·刘瓛传》载:刘瓛儒学冠于当时,士子贵游莫不下席受业,范缜师从刘瓛,博通经术。据《陈书·儒林传》载:吴兴沈德威在担任太学博士和国子助教时,回到家中还要授徒,受业者常数十百人。

玄学家、道学家、佛学家也和经学家一样教授门徒,弟子也常有数百人。如道学家"玄虚先生"宋纤,"隐居于酒泉南山,明究经纬,弟子受业三千余人"②。如佛学家慧远在庐山聚徒讲授佛学三十余年,宣传神不灭说和因果报应论,试图以佛教融合儒、玄。此外,天文学家郭琦和台产均以天文、五行教授门徒。

(二)家学繁荣兴盛

魏晋南北朝注重家世门第,使士族高门十分重视家传学术。家世颛门盛行且种类多样,特色鲜明又对后世产生了重大影响。

当时的经史世家,如魏晋颍川荀氏的荀颛、荀勖,颍

---

① 《晋书·范宣传》。
② 《晋书·宋纤传》。

川钟氏的钟毓、钟会，河东卫氏的卫觊、卫瓘，都是东汉以来的宗儒学门。晋刘殷博通经史，"有七子，五子各授一经。一子授《太史公》，一子授《汉书》"，一门之内经史并举，"北州之学，殷门为盛"①。南朝贺玚"世以儒术显"，玚尤精《礼》，二子"并传玚业"②。妇女也参与家传学术，如前秦"韦逞母宋氏世学家女，传其父业，得《周官》音义"，教子"学成名立"举为太常，宋氏被封号"宣文君"设堂授学，使"《周官》学复行于世"③。两晋以来书法艺术大发展也主要得之于家传私授。东晋"书圣"王羲之集书法大成，子弟多善书，次子凝之工草隶，幼子献之膺"小圣"誉；北魏崔氏、卢氏均以书法为家学代代相传、见称于世，崔玄伯"善草隶行押之书，为世摹楷。玄伯祖悦与范阳卢谌，并以博艺著名。谌法钟繇，悦法卫，而俱习索靖之草，皆尽其妙。谌传子偃，偃传子邈；悦传子潜，潜传玄伯。世不替业"。玄伯长子浩又以隶书著称，次子简也以"善书知名"④。

科学技术的承传也以家学为重要渠道。两晋时黄沈长于天文秘术，子泓"从父受业，精妙逾深"⑤。北魏时晁崇"家世史官，崇善天文术数，知名于时"⑥。科技世家祖冲之祖孙五代都精于制造、天文、历算，又以祖冲之最有成就，包括更新历法，改造指南车，造千里船"日行百余里"，造

---

① 《晋书·刘殷传》。
② 《南史·贺玚传》。
③ 《晋书·列女传》。
④ 《魏书·崔玄伯传》。
⑤ 《晋书·艺术传》。
⑥ 《魏书·晁崇传》。

水碓磨"武帝亲自临视",并"注《九章》,造《缀术》数十篇"①。医学教育方面,不少名医都系家传。如南朝徐文伯上承曾祖医术"精其业","子雄亦传家业,尤工诊察"②;北魏周澹"为人多方术,尤善医药,为太医令……子传其术"③。

祖冲之

文学、史志的承传也多有家学渊源。三国时曹操及子丕、植以至孙叡、玄孙髦,数辈皆工诗善文;南朝刘孝绰"辞藻为后进所宗,世重其文,每作一篇,朝成暮遍,好事者咸讽诵传写,流闻绝域",兄弟子侄七十人"并能属文,近古未之有也"④。这都是文学家传的典型。史志方面,南朝王准之"高祖彬,尚书仆射。曾祖彪之,尚书令。祖临之,父讷之,并御史中丞。彪之博闻多识,练悉朝仪,自是家世相传,并谙江左旧事,缄之青箱,世人谓之'王氏青箱学'"⑤;傅琰父子"并著奇绩,江左鲜有。世云'诸傅有《治县谱》,子孙相传,不以示人'"⑥。

家学教育内容广泛,其保密性也很强。这既使多种学术不因社会变动、政令废弃而绝迹,古代科技文艺由此代

---

① 《南史·祖冲之传》。
② 《南史·徐文伯传》。
③ 《魏书·周澹传》。
④ 《梁书·刘孝绰传》。
⑤ 《宋书·王准之传》。
⑥ 《南齐书·傅琰传》。

代相传,又因其保守、狭隘,限制了这些专门学术的交流、应用与发展,表现了它的局限性。

二、隋唐的私学教育

隋唐私学就其总体论,似前不及两汉后不如宋明,但仍在延续发展。

隋代不少经学大师聚徒讲学,私家传授儒术。如王通承家学渊源精研儒学,唐代开国名臣多出其门下,魏征、房玄龄、董常、姚义、杜淹、李靖、程元、窦威等"咸称师,北面受王佐之道"①。唐初,颜师古、孔颖达等名儒入仕之前也以教授为业。"安史之乱"后,官学渐衰私学趋盛。不少学者择胜地、立精舍为群居讲学之所;柳宗元贬柳州时,不少人"不远千里皆随宗元师法";尹知章通诸经精义,任国子博士的同时归家仍讲授不辍;王恭"少笃学,博涉《六经》。每于乡间教授,弟子自远方至数百人"②。

此外,科技性质的私学也较发达。如名医孙思邈曾收徒传授医术,培养出孟诜等名医;诗人王勃曾向长安曹元学习医术,并认为"人子不可不知医"③。尽管唐朝曾禁止民间研习天文、历法,但有禁未绝。如宋璟曾师事李元恺,习"天普历算"④;崔良佐既撰著过《历像》、《浑仪》,又隐居教授。唐代著名天文学、数学家李淳风祖上四代均长于天文历算,他承家学"通群书,明步天历算"⑤;后奉旨负

---

① 《文中子世家》。
② 《旧唐书·王恭传》。
③ 《新唐书·王勃传》。
④ 《新唐书·隐逸传》。
⑤ 《新唐书·方伎传》。

责校注"算经十书"并作为"算学"主要内容,这也是我国由政府组织审订、颁布科技专业教材的开端。

启蒙教育有所发展,识字与诗歌教学并重是其新特点。元稹在《居易集》"序"中说,"予常于水平市见村校诸童竞习歌咏,召而问之,皆对曰先生教我乐天、微之诗",可见学诗之风已深入乡村私学。字书除《急就篇》外又新传梁代《千字文》,并出现了历史常识课本《蒙求》及行为举止读本《太公家教》等等;其中《蒙求》以介绍历史人物的嘉言懿行为主,既激励劝勉蒙童又兼具一定的文学价值,不少内容为后来的《三字经》、《幼学琼林》所撷取。

第四节 宋元明清时期的私学教育

宋元明清时期的私学主要包括书院和蒙学,其中,书院我们将在第四章作专章介绍,这里主要介绍蒙学。蒙学作为私学的初级形态,随着社会的变迁而发展,并且愈来愈突出其社会化、蒙学化的特点。

一、注重蒙学

宋元明清时期高、中级程度的私学继续发展。除宋代书院及其后出现官学化倾向但依旧重视自由讲学的部分书院外,不少儒(理)学名师也自办私学。如明代吕柟为官之余筑东郭别墅以会四方学士,别墅不能容又筑东林书屋为请业者讲学;梁寅"自力于学,淹贯《五经》、百氏",后"结庐石门山,四方士多从学"[①];清代阮元任浙江巡抚、

---

① 《明史·梁寅传》。

两广总督时先后讲学于诂经精舍和学海堂，传授考据之学；颜元先后设思古斋、习斋，由讲授宋明理学到"幡然改志"提倡实学、实行等等。

与此同时，由于宋明重视文教、人心向学，而官学不仅规模有限、路途遥远且日益徒具虚名，加之朱熹、王守仁等著名学者特别注重童蒙教育，因而私学的蒙学化趋向日渐突出。据载：家塾、舍馆等"每一里巷须一二所，弦诵之声，往往相闻"①。蒙学的名称繁多，又大致可分四类：一是家塾、门馆，系塾师在自家或租借馆舍施教；二是村塾、义学，系一村一族集资延师择址授童；三是坐馆、教馆，系富裕之家出资聘师前往教授本家和亲属子弟；四是社学、冬学，系村、社于农闲组织其童子读书之所。

上述蒙学以元代始创、后世沿袭的社学最有特色。至元二十三年（1286），元政府令各路劝农立社，各县所属村庄大凡五十家立一社，择年高晓农事者一人为社长专以教劝农桑为务；每社立社学一所，择通晓经书者为学师，农隙使子弟入学，如学文有成者，申复官司照验。据粗略统计，元代社学曾多达2.4万余所；它对后世乡村普遍设立村塾有密切的关系。

二、教材多样

综合性教材有《三字经》、《百家姓》、《千字文》、《幼学琼林》等。这类读本多为蒙童入门所学，其内容广泛，集识字、常识、伦理于一书；句句成韵，形式活泼；通俗

---

① 孟宪承等：《中国古代教育史资料》，人民教育出版社1961年版，第202页。

易懂，便于记忆。如流传最广的《三字经》文字简练，善于概括，易懂易记："人之初，性本善，性相近，习相远"；"养不教，父之过，教不严，师之惰"；"三纲者，君臣义，父子亲，夫妇顺"。

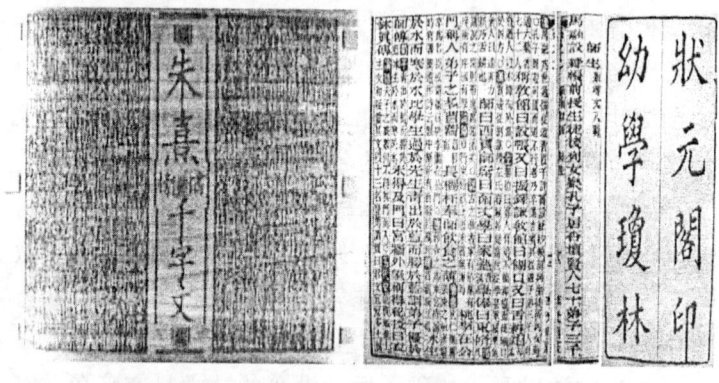

《千字文》　　　　　《幼学琼林》

诗文类教材有《古文观止》、《千家诗》、《唐诗三百首》等。这类读本既利于培养学生的写作能力，抒发感情，又利于他们振奋精神，"趋向鼓舞，中心喜悦"。如《古文观止》上起先秦下迄明代，依先后编辑，繁简适中，是流传甚广的作文范本；《千家诗》含律诗与绝句，分时令、节候、昼夜、百花、竹木、天文、地理、昆虫、人品等十四个方面，选录唐、五代和宋人的诗篇。

《千家诗》

伦理类教材有《性理字训》、《名贤集》、《小儿语》、《弟子规》等。这类读本多言简意赅、浅显易懂，虽有不少封建糟粕，但也包含若干有价值的立身律己之道。如《小儿语》中"一切言动，都要安详；十差九错，只为慌张"；"洪钟无声，满瓶不响"；"为人若肯学好，羞甚担柴卖草；为人若不学好，夸甚尚书阁老"等内容，都富有教育意义。

历史类教材有《史学提要》、《两汉蒙求》、《历代蒙求》等。这类读本多借历史故事或前人"嘉言懿行"宣扬忠君爱国思想，儿童乐闻易晓，也能获得不少历史知识。如《史学提要》中"绍兴以来，始用鼎浚，张韩刘岳，兵声大振。南侵不利，金国事多。秦桧为间，极力主和，岳飞被戮，张赵远窜，胡铨一疏，志士扼腕"，既含有封建正统思想又含有丰富的历史知识。

博物类教材有《名物蒙求》、《龙文鞭影》等。这类读本主要介绍自然常识，内容广及天文、地理、鸟兽、草木、衣物、器具等，也兼及伦理教化。如《名物蒙求》中"滔滔者水，涓涓者泉；激为滩濑，深为潭渊；有涯有涘，有源有流；渡口为津，沙碛为洲"；"人生而群，不可无教；君仁臣忠，父慈子孝；别而夫妇，信而友朋；长幼有序，是为人伦"等，含意丰富又朗朗上口。

三、施教有序

蒙学教育一般以识字为先，继以读书背书和进行写字训练，稍后为写诗作文。教学中重视培养学生良好的学习习惯。如朱熹在《童蒙须知》中就指出："凡读书，须整顿几案，令洁净端正。将书册整齐顿放，正身体，对书册，详缓看字，仔细分明读之"；"读书有三到，谓心到、眼到、口到。……三到之法,心到最急。"诗文教学以作对子为基础,重视字的平仄虚实,如《声律启蒙》所载"云对雨,雪对风,晚照对晴空;来鸿对去雁,宿鸟对鸣虫"。

施教过程中最突出的特点是有了比较流行的"教学计划"。元代程端礼的"分年读书法"和明末清初陆世仪的"读书法"都相当典型。如陆世仪主张:5—15岁主要诵读经书、理学书以及古诗文;15—25岁主要讲贯经书、理学书兼及历史典章制度、天文地理、农田水利、兵法和古诗文等;25—35岁则广泛涉猎经史律令及诸家要籍。

第五节 晚清时期的私学教育

晚清时期是中国近代私立学校的萌芽期和初创期。当时一些开明绅士抱着变法革新、图强救亡的思想试图通过创办新式的私立学校来拯救已经处于水深火热之中的国家,如以康有为、梁启超为首的维新派代表就积极地宣传新式的教育制度并参与到新式学堂的创建中。不仅如此,还有那些由基督教(天主教)各差会在中国兴办的教会学校,也有少量由外国团体或个人出资在中国兴办的学校。这些都对清末私立学校的产生和发展有着极大的推动作用。

一、国人自办的私立学校

清末,中国的一些有识之士认为,要抵御列强侵略,使国家富强,必须从学习外国语文、数学、天文、物理等自然科学,以及科学技术和军事战术开始,所以,纷纷集资创办私立学校。其中,最早的私立学校是张焕纶于1878年在上海创办的正蒙书院;后来陆续兴办的私立学校有万木草堂、南洋公学、时务学堂、爱国女学、复旦公学、中国公学等。这些国人自办的私立学校是在民间私人设立的书院、私塾等的基础上，逐渐引入新式教学方式和内容而发展起来的，其资金主要来自政府官吏、土地所有者、实业界人士和其他爱国人士等个人捐资或集体筹资，以及会馆、同乡会等社团形式集资。

（一）正蒙书院

正蒙书院是张焕纶会同沈成浩、徐基德等人于1878年在上海创办的。书院的办学宗旨为"博求前贤幼仪，养正诸训，损益古今，参会中外，设为教约程式，试行于家塾"。经费由姚天来捐助，并参照中西课程，设置国文、史地、格致、西文等科。1882年书院得到巡道邵友濂嘉奖，并拨给基金，在原址扩建校舍，改名梅溪书院。清末废科举后，于1902年正名为梅溪学堂。1912年后又改称梅溪小学校。1951年改名为蓬莱区第一中心学校。

（二）万木草堂

万木草堂是康有为于1891年租借"邱氏书院"作为讲学堂而创办的，史称"长兴学舍"，并著《长兴学记》作为学规。1893年冬，因来学者甚众，遂迁至广府学宫仰高祠为正式讲舍，定名为"万木草堂"。1897年，万木草堂达到极盛时期。戊戌变法失败后，康有为逃亡日本，万木草堂于1898年9月被清政府查封停办。万木草堂不仅明确提出了中体西用的办学宗旨，而且采用了中西并重的教育内容。这对当时的书院教学影响很大，后来梁启超在湖南主讲时务学堂时，基本上沿袭了万木草堂的办学精神。

万木草堂内景

(三) 南洋公学

南洋公学是盛宣怀于1896年在上海创立的。经费来自电报、招商两局,并设师范院、外院(附属小学堂)、中院(中学堂)、上院(大学堂)四院。1903年起先后改名为上海商务学堂、商务部高等实业学堂、邮传部上海高等实业学堂、交通部上海工业专门学校。1921年与唐山工业专门学校、北京邮电学校、交通传习所合并为交通大学。1959年根植于上海南洋公学的交通大学完全分立,经教育部批准,分别成立上海交通大学和西安交通大学。

(四) 时务学堂

时务学堂是由岳麓书院山长王先谦领衔正式呈报立案、湖南巡抚陈宝箴批准于1897年在长沙创办的。蔡锷、范源濂、李炳寰等知名人物,当年曾求学于此。戊戌变法失败后,时务学堂先后更名为求实书院、湖南省城大学堂。1903年湖南省城大学堂与改制后的岳麓书院合并,组建湖南高等学堂,1926年正式定名为湖南大学。时务学堂标志着湖南教育由旧式书院向新式学堂的转变，也是湖南近代化教育的开端。

时务学堂碑坊

(五) 爱国女学

爱国女学是由蒋观云、蔡元培等人于1901年发起的一所从事资产阶级民主革命的女校，校址先在登贤里，后迁福源里。女学经费由英商哈同夫人罗迦陵（华人）捐助，蒋观云任经理，不久由蔡元培继任。学校设预科和本科，预科分初级两年毕业，二级一年毕业，本科分文科和质科两部。初办时学生很少，后因爱国学社社员家中的妇女都进女校，学生骤增。该校作为革命活动联络机关，为辛亥革命培养了不少革命战士。1907年由革命秘密机关变为普通女校。1927年改名为私立爱国女子中学。1956年改为公立爱国女子中学。

(六) 复旦公学

复旦公学于1905年由近代爱国教育家马相伯创建。1912年复旦首席校董、临时大总统孙中山授令，南京临时

爱国女学部分毕业生

政府批准，指拨李鸿章祠堂为复旦公学校址。1917年，学校开始办理大学生本科业务，由原为高等学堂性质的复旦公学升格为私立复旦大学，下设文、理、商三科以及预科和中学部。1937年抗日战争爆发后，学校内迁重庆北碚，并于1941年改为国立复旦大学。1946年学校迁回上海江湾原址。到1949年学校已设立文、理、法、商、农五院二十多个系（科）。

（七）中国公学

中国公学于1906年创立于上海，孙中山、黄克强、宋教仁等人曾任校董，第一批学生中有著名学者胡适。学校开设有大学班、中学班、师范速成班、理化专修班。1908年因争取共和斗争学潮，胡适随一些激进学生离开公学，自办新公学继续学业，但终因经费拮据难以为继，并于1909年并入建在吴淞炮台湾的中国公学。民国成立后，幸得孙中山、黄兴扶持，吴淞中国公学逐渐发展成包括文、法、商、理四院十七系的综合型大学，并增设了中学部。

1915年,北京国民大学与上海吴淞中国公学合并为中国公学大学部,1922年升格为大学。1951年中国公学与正阳法商学院等合并为重庆财经学院。

二、教会学校

1840年鸦片战争后,随着帝国主义的入侵和中国殖民地化,一些西方帝国主义国家为了在文化教育领域进一步侵略中国并达到长期统治的目的,通过教会组织相继在中国建立了一大批教会性质的学校,并于19世纪末20世纪初开始逐渐出现了教会大学。其中,比较知名的教会大学有东吴大学、圣约翰大学、金陵大学、岭南大学、华西协合大学、沪江大学、华南女子文理学院等。

(一)东吴大学

东吴大学是美国基督教监理会在苏州创建的。1900年美国基督教监理会决议合并其在苏州和上海创办的博习书院、宫巷书院和中西书院,并以宫巷书院为基础,在原博

东吴大学

习书院旧址上扩建为大学。同年底制定校董会章程，推林乐知先生为董事长、孙乐文先生为校长，东吴大学正式诞生。创办之初，办学经费主要来自于捐款及学费，学科设置包括文、理、医学、神学及法科。1927年杨永清先生当选首任中国籍校长，定"养天地正气，法古今完人"为校训。1929年南京国民政府正式核准东吴大学在国民政府注册立案。1952年在全国高校院系调整中，各院系被分拆并入其他各高等院校。

(二) 圣约翰大学

圣约翰大学创建于1879年，原名圣约翰书院，是由美国圣公会上海主教施约瑟将原来的两所圣公会学校培雅书院和度恩书院合并而成的。办学初期设西学、国学和神学三门，用国语、方言同时授课。1881年学校的英语教习卜舫济牧师开始完全用英语授课，这是中国第一所全英语授课学校。1905年，学校正式升格为圣约翰大学，并在美国华盛顿州注册。1913年，圣约翰大学开始招收研究生，

圣约翰大学

1936年开始招收女生,后发展为拥有文、理、工、医、农五个学院十六个系的著名大学,并于1947年向国民政府注册。1952年在全国高校院系调整中,各院系被分拆并入其他各高等院校,原校址位于现在的华东政法学院所在地。

(三)金陵大学

金陵大学的前身是1888年在南京成立的汇文书院。1907年,美国基督会将1891年创立的基督书院和1894年创立的益智书院合并为宏育书院;1910年,宏育书院并入汇文书院,成立私立金陵大学。1928年,金陵大学在中国教育部立案。1934年,金陵大学又被美国纽约州立大学承认了与其他国际间的大学同等的学术地位,并能自行颁发获国际认可的学士和硕士学位。1951年,私立金陵大学与私立金陵女子文理学院合并为公立金陵大学。1952年,更名为南京大学。

(四)岭南大学

岭南大学的前身是由美国基督教会于1888年在广州创办的格致书院。1900年义和团事件发生后,学校迁至澳门,中文校名改为岭南学堂。1912年再改为岭南学校。1918年定名岭南大学,主要设立文理科,由美国人任学校监督,中国人任副监督和教务长。1927年学校收归中国人自办,并正式改名为私立岭南大学。自20世纪30年代起,岭南大学先后设文、理、工、农、商、医等学科,其中理科招收研究生,颁授硕士学位,并与美国、日本、菲律宾等国的一些大学建立交换生制度。1952年在高校院系调整中,与原国立中山大学合并组成中山大学,校址设在岭南大学旧址。

（五）华西协合大学

1905年清廷废除科举，英国、美国、加拿大三国基督教会的美以美会、公谊会、英美会、浸礼会、圣公会决定联合在四川成都创办一所规模宏大、科学完备的高等学府，并由毕启、启尔德和陶维新等人着手筹建。1910年学校在华西坝正式开学，设有文、理、教育三科。1924年学校开办女子学院，开始招收第一批女生入学。1933年华西协合大学正式立案后，分设文、理、医牙三学院。学校的组织管理按"协合"的原则，仿照牛津、剑桥大学的体制，实行"学舍制"，从而保证了学校在育才方面拥有独立的办学自主权。1952年在全国高校院系调整中，华西协合大学各院系被分拆并入其他各高等院校。

华西协合大学创建者合影

（六）沪江大学

沪江大学是美国基督教浸礼会于1906年在上海创立的一所教会学校，是上海理工大学的前身。初名上海浸会神学院，1911年更名上海浸会大学，1914年改名沪江大学，并确定校训为"信、义、勤、爱"。1917年由美国弗吉尼亚州颁发学位。1921年开始招收4名女生入学,实行男女同校。1928年,校务由美国人改为中国人主持,刘湛恩出任校长。1929年,沪江大学向中国政府立案,英文校名也改为University of Shanghai。1952年全国高校院系调整,沪江大学各系分别并入复旦大学、华东师范大学等相关院校,校址移归上海机械学院。

(七) 华南女子文理学院

华南女子文理学院是美以美会在中国福州创办的一所教会女子大学。1908年华南女子文理学院预科成立,选举程吕底亚女士为校长,并租用仓前山倪厝弄的一处房子为宿舍。1911年学校在仓前山的新地址奠基。1914年迁入新址后便着手招收两年制本科生。1917年开始创办四年制本科专业,首办教育系。1922年在纽约州立大学注册,获得临时承认学士学位的授予权。1934年获教育部批准永久立案。1951年进行院系调整,华南女子文理学院与福建协和大学合并成立福州大学。

第六节 民国时期的私学教育

民国初期,社会变革和各种教育思潮给私学在外部环境和理论基础方面都提供了一个适宜的发展环境,加上长时间的混战,各级公立学校的发展都受到了很大的影响。这就使得私学在数量和质量上都有了一定程度的发展,类型也更加丰富。尤其是这一时期的教会大学得到了较好的发展,主要有金陵女子文理学院、之江大学、福建协和大学、齐鲁大学、燕京大学、华中大学、辅仁大学等,这些教会大学对中国志士仁人创办私立大学产生了很大的影响。

一、金陵女子文理学院

金陵女子文理学院是由美国教会美北长老会、美以美会、美北浸礼会等于1913年在南京莫愁湖东南绣花巷筹建的一所女子大学。1915年正式开学,首任校长是德本康夫人,学校初设文、理两科。1927年后,校务由美国人转交中国人。1928年,徐亦蓁女士被推选为董事会长,吴贻芳女士担任校长。1930年在国民政府教育部立案,更名金陵女子文理学院。抗日战争期间迁至四川成都华西坝,1946年迁回南京。1951年,私立金陵女子文理学院和私立金陵大学被合并为公立金陵大学。1952年原金陵女子大学和南京大学师范学院合并成为南京师范学院。

二、之江大学

之江大学是基督教美北长老会和美南长老会在中国杭州联合创办的一所教会大学,其前身是宁波崇信义塾。1867年崇信义塾从宁波迁到杭州,改名育英义塾。1897年开设大学课程,并改名为育英书院。1914年改名为之江大学,由美国传教士王令赓任校长。北伐战争期间,一度停办。1931年向中国政府立案,因为只有文理两个学院,定名私立之江文理学院。1948年因已拥有文、商、工三学院,得以恢复之江大学名称。1951年被浙江省文教厅接管,美籍教员离校回国。1952年在全国高校院系调整中,之江大学各院系被分拆并入其他各高等院校,从而结束了其百余年的历史。

三、福建协和大学

福建协和大学是由世界基督教大会推举的高等教育委员会会长高绰博士与福建基督教六公会联合创办的一所大学。1915年该校成立董事会,以俾益知为主席,推选庄才伟为首任校长。1916年福建协和大学在福州仓前山租旧俄商茶行正式开课。1922年学校择定福州魁岐乡为校址,建筑新校舍。1931年,国民政府教育部因学校只有文、理两科,不符合大学至少要有三个学院的规定,便以私立福建协和学院立案。1942年教育部批准将私立福建协和学院改称私立福建协和大学。1951年教育部决定接办福建协和大学和华南女子文理学院,将两校合并成立福州大学。

福建协和大学校门(1922)

四、齐鲁大学

齐鲁大学是由来自美国、英国、加拿大的14个基督教教会组织共同筹款在山东开办的一所教会大学。1902年英国浸礼会和美国长老会决定组建山东新教大学，将青州培真书院、登州文会馆、青州广德书院合并为两所学院。1903年董事会决定将青州医学堂与济南华美医院医校合并为山东共合医道学堂。1904年青州广德书院和登州文会馆合并为广文学堂，而神学班合并于青州培真书院，称为青州共合神道学堂。1917年青州共合神道学堂和师范学校、潍县广文学堂相继迁往济南的新校址合并，正式定名为齐鲁大学。1952年全国高校院系调整，齐鲁大学各学院分别并入专业相同的其他专门学院。

齐鲁大学

五、燕京大学

燕京大学是由美国美以美会、公理会、美北长老会和英国伦敦会于1919年将北京汇文大学、华北女子协和大学、通州协和大学合并而成的一所教会大学。学校初名北京大学，至司徒雷登任校长时更名为燕京大学，并进行了一系列改革。1921年购买前清亲王赐园，规划建校。1926年正式迁址。经过几年的努力，该校成为当时中国颇有成就的大学。在教学思想上，不再强调基督教教育，实行自由教学，设立文学院、理学院、法学院等近二十个院系。1951年由中央人民政府接管。1952年全国高校院系调整，并入北京大学和其他院校。

燕京大学女校

六、华中大学

华中大学是20世纪上半叶华中地区几个英美基督教差会联合创办的一所教会大学，是华中师范大学前身之一。1871年美国圣公会在湖北武昌城内昙华林创办了文华书院（Boone Memorial School）。1885年英国循道会也在武昌开办博文书院（Bowen College）。加上英国伦敦会在汉口创办的博学书院，并称为武汉地区的三大教会学校。1903年文华书院设立大学部。1924年在文华书院大学部基础上与博文书院大学部、博学书院大学部合并组建为华中大学。

1951年，朝鲜战争爆发后，中国政府接管了教会学校。1952年，华中大学在高校院系调整中被撤销，原址改办华中师范学院。

七、辅仁大学

辅仁大学创建于1925年，是一所由罗马公教创办的天主教大学，直属梵蒂冈教廷教育部，前身为清政府皇族英敛之于1913年创办的辅仁社以及本笃会于1925年主持的北京公教大学。1927年北洋政府准予试办，是为私立北京辅仁大学。1931年在南京中央政府教育部正式立案，与当时的北京大学、燕京大学、清华大学并列为中国北方四大名校。1950年中央人民政府接管辅仁大学。1952年因全国高校院系调整并入北京师范大学，后为北京师范大学化学系，现为北京师范大学继续教育学院。

小　结

中国的私学教育源远流长，在两千多年的时间里经历了一个兴衰交替的过程。

春秋战国的社会大动荡，使得官学日渐衰微，不能满足社会各阶级（阶层）对人才的需求，于是私人养士之风盛行；及至战国中期，诸侯争雄加剧，养士之风更盛，私学发展至勃兴。

秦代废百家而独重法，焚诗书而禁私学，私学受到了重创。汉初因统一王朝刚刚建立，百废待兴，急需大量人才，但官学未兴，这样，曾被压制的私学得以大量恢复，蒙学也开始出现。

魏晋南北朝社会再次陷入混战，官学时兴时废，私学应时而兴，家学繁荣兴盛，儒道佛玄私学规模巨大，堪称战国之后私学的再度繁荣。但到了隋唐，官学日益强盛，私学的发展受到抑制，不过这一时期层次较低的蒙学却获得了发展。

宋元明清的私学主要以家族组织的形式发展，具有特殊的意义。南宋的蒙学已开始分化出村学、义学、族塾、冬学等各种形式；元代的社学、庙学等私学呈现出繁荣景象；明清的私学表现出与前代不同的特点，除蒙学外，高级私学的发展也呈兴旺之势。

晚清是中国近代私学的萌芽期和初创期。这一时期由于社会动荡，各级私立学校普遍规模较小，质量较差，名不符实。

民国是私学发展比较好的一个时期。这一时期一些具有民主色彩和自由精神的新式私立学校及教会学校获得了较大的发展，标志着私学已发展到较高层次。

总之，中国私学的发展经历了一个相当长的历史时期，是一个与官学交替发展和完善的过程。

第四章　书院教育

书院是我国封建社会独具特色的教育组织。它萌芽于唐，鼎盛于宋元，普及于明清，改制于清末，是集教育、学术、藏书、出版等为一体的文化教育机构，与官学、私学形成鼎立之势，促进了我国古代文化教育的发展和繁荣。

第一节　书院的起源与宋代的书院教育

一、书院的起源

书院之名始于唐代，最初是官方修书、校书和藏书的场所，如丽正修书院（后改名为集贤殿书院）建于唐玄宗开元六年（718），其主管人员的职责是"掌刊辑古今之经籍，以辨明邦国之大典，而备顾问应对"[1]，并兼做皇帝的侍读，"以质史籍疑义"。正如清代袁枚所言："书院之名起于唐玄宗时，丽正书院、集贤书院皆建于朝省，为修书之地，非士子肄业之所也。"[2]

---

[1] 张九龄等：《唐六典》卷九。
[2] 《随园随笔》卷十四。

后来，私人雅善其名，也常把自己的书房、书楼、书舍别称书院，如四川遂宁张九宗书院似为唐代最早的私人读书治学之所。久而久之，由于官学不修，"士病无所于学"①，以及我国源远流长的私人讲学传统和佛教禅林的影响，书院渐渐地由学者读书之所发展成私人主持的聚徒讲学之地。而真正具有讲学性质的书院，至唐末五代时期才基本形成。如江西高安县桂岩书院、江西永丰县皇寮书院、福建漳州松州书院等是史志上明确在唐代就有讲学活动的书院。尽管当时出现的书院数量还不是很多，规模和影响也不算大，但已逐渐完成了向私立教育机构的转型，而且孕育着蓬勃生机，日益显示出书院在文化发展中的积极作用。

张九宗书院

---

① 《朱文公文集》卷七十九。

二、宋代的书院教育

(一) 北宋初年书院的发展

北宋初年海内渐平，统治者提倡文教，士子要求就学，政府急需人才，但又无充足的实力广兴学校。于是不少学者承汉代经师自立精舍遗风，仿效魏晋以来禅林讲学形式，开始广泛创办书院。私人兴办书院既满足了士子的求学要求，又为新兴统治者解决了一大社会问题，因而得到官方支持并很快兴盛起来。其中，比较著名的书院有白鹿洞书院、石鼓书院、岳麓书院、应天府书院、嵩阳书院、茅山书院等。

白鹿洞书院 位于江西九江庐山五老峰下。唐贞元年间（785—805），洛阳人李渤与其兄李涉隐居庐山读书，"谓其所居曰白鹿洞"。南唐升元年间（937—943），白鹿洞正式辟为书馆，称"庐山国学"，国子监九经李善道为洞主，掌教授，培养了一批人才。《白鹿洞志》云："四方之士受业

白鹿洞书院

而归,出为世用,名绩彰显者甚众。"宋初置书院,有生徒数十百人。太平兴国二年(977),知江州周述上书朝廷,请赐《九经》至书院,白鹿洞书院遂名闻天下。太平兴国五年(980),书院洞主明起被朝廷委任为蔡州褒信县主簿,随后书院逐渐衰落。皇祐五年(1053),礼部郎中孙琛在书院旧址建学舍十间,"俾弟子居而学",时称"白鹿洞之书堂"。翌年,毁于兵火,后长期废置。淳熙六年(1179年),朱熹知南康军,重新加以修复,八年(1181年),朝廷又赐国子监经书,白鹿洞书院便又扬名于世。

  石鼓书院 建于湖南衡阳石鼓山回雁峰下,原为寻真观。唐初,刺史齐映建合江亭于山之右麓。宪宗元和年间(806—820),衡阳士人李宽又筑屋山巅,读书其中。宋太宗至道三年(997),李宽族人李士真请求郡守建立正式的书院,招收生徒讲学以居衡阳学者。景祐二年(1035),衡州太守刘沆将石鼓书院的故事上报给皇帝,宋仁宗阅后,便

石鼓书院

赐额"石鼓书院"并赐学田。《衡州府志》记载：于是石鼓书院"遂与睢阳、白鹿、岳麓称四大书院焉"。后仁宗时一度荒废，到南宋孝宗时，因旧址复院扩建，规模益增，迄宁末不废。

岳麓书院　位于湖南长沙岳麓山抱黄洞下。原为五代后周的僧人智璿所建佛寺，宋太祖开宝九年（976）潭州太守朱洞在此基础上正式创立。大中祥符五年（1012），湘阴人周式作为书院第一任山长主持书院，呈请太守刘师道扩建书院，于是书院规模大为扩展，生徒增至数百人。大中祥符八年（1015），真宗接见周式，任命其为国子监主簿，仍归书院教授，真宗并亲书"岳麓书院"匾额以褒奖，"于是书院之称闻天下"。不仅如此，岳麓书院还以保存大量的碑匾文物闻名于世，如唐刻"麓山寺碑"，明刻宋真宗手书"岳麓书院"石碑坊、"程子四箴碑"，清代御匾"学达性天"、"道南正脉"，清刻朱熹"忠孝廉洁碑"、欧阳正焕"整齐严肃碑"、王文清"岳麓书院学规碑"等。

岳麓书院

清代御匾"学达性天"、"道南正脉"

应天书院 建于河南商丘西北隅,原址为名儒戚同文(睢阳先生)旧居,故又名睢阳书院。应天书院的历史可追溯至五代时的后晋,当时有邑人杨悫"乐于教育",在将军赵直的支持下,聚徒讲学。杨悫去世后,他的学生楚丘人戚同文继承师业,继续办学。宋真宗大中祥符二年(1009),应天府民曹诚就其地筑学舍150间,聚书一千五百余卷,"博延生徒,讲习甚盛",曹诚愿以所建学舍捐赠入官,府奏其事,得赐"应天书院"匾额。景祐二年(1035),书院改为应天府学,给学田十顷正式编入官学系列。后随着范仲淹等名人的加入,应天书院逐渐发展成为北宋的著名书院。

应天书院

嵩阳书院 位于河南登封县太室山南麓。北魏时为嵩阳寺，唐代为嵩阳观，五代后周时改为太室书院。宋太宗至道二年（996），赐"太室书院"院额及印本《九经注疏》。真宗大中祥符三年（1010），复赐《九经》。仁宋景祐二年（1035），秘书著作郎王曾奏置书院院长，赐学田一顷，诏更名嵩阳书院，名闻天下。北宋鼎盛时期，理学大师程颢、程颐曾在此聚众讲学，使书院名声大振。南宋时衰废无闻。

嵩阳书院

茅山书院 位于江宁茅山后，为宋仁宗时处士侯遗所建。据《茅山志》云：他"营创书院，教授生徒，兼饮食之，积十有余岁"。宋仁宗天圣二年（1024），经江宁知府王随奏请，朝廷赐给田亩，充书院经费。王随死后，书院逐渐废弛，生徒星散，其地因被崇禧观所占而失去了书院的功能。南宋以后多次兴复。咸淳七年（1271）迁至江苏金坛县顾龙山麓。最终，茅山书院改为圆通庵，结束了它的使命。

尽管北宋初年书院得到了较好的发展，但到了北宋中期，随着"三次兴学"改革，官学盛极一时；加之科举的完善和吸引力增强，也促使士子脱离纯学术研究。因而北宋书院很快由盛而衰，六大书院也破败停办或改为官学。

（二）南宋书院的鼎盛

南宋偏安江南，战事连绵，但书院却很快复兴并臻至大盛。当时书院数量之多，规模之大，组织之严密和规制之完善都是空前的。据统计，宋代全国共有书院651所，在能够明确南北宋时限的457所中，南宋所占比例约达80%[①]。书院在封建教育中的地位和作用也充分显示出来，几乎取代了官学而成为当时主要的教育机构。

南宋书院兴盛的原因是多方面的，表现在：

官学衰落、科举腐败是直接原因　所谓"中兴以来，建太学于行都，行贡举于诸郡，然奔竞之风胜，而忠信之俗微。亦惟荣辱升沉不由学校，德行道义取决糊名，工雕篆之文，无进修之志，视庠序如传舍，目师儒如路人，季考月书尽成具文"[②]，致使纯正学人士子不得不择书院而讲学、就书院而读书。

理学盛行、名师讲学是重要内因　如著名理学家张栻、朱熹、吕祖谦、陆九渊等，既是理学学派的重要代表人物又是著名书院的主持人。"湘湖学派"代表张栻在长沙妙高峰创城南书院，"一时从游之士，请业问难者至千余人"[③]，又掌教岳麓书院首开讲会之风；"闽学学派"代表朱熹重振

[①] 苗春德：《宋代教育》，河南大学出版社1992年版，第107页。
[②] 《宋史·选举志》。
[③] 杨锡绂：《城南书院志·改建书院叙》。

白鹿洞书院,在知南康军政务之余,"每休沐辄一至,诸生质疑问难,诲诱不倦。退则相与徜徉泉石间,竟日乃返"①;"婺学学派"创始人吕祖谦在武义明招山建丽泽书院,"其与岳麓之泽,并称克世。……为有明开一代学绪之盛"②;"心学学派"开山大师陆九渊于贵溪应天山立象山书院,师生边耕田种地边讲习学问。这些大师为书院树立了威信,扩大了影响,吸引了不少士子趋奔从游。

统治集团内部倾轧是重要外因 南宋时期统治集团内部的派别斗争愈演愈烈,书院也成为不同派别制造舆论、争取人心的重要基地。尤其是庆元年间理学支持者赵汝愚罢相后,朱熹虽以"伪学罪首"被贬,但仍"日与诸生讲学不休"③,并返闽在古田、长乐、霞浦等地书院讲学,从游者甚众。嘉泰年间取消"伪学"禁令,"庆元党案"平反,理学又获得更大发展,作为理学阵地的不少书院随之日渐昌炽。

印刷业发展提供了重要的物质条件 庆历年间毕昇发明胶泥活字版后,印刷业大发展,浙江、四川、福建成为北宋后期和南宋的三大印刷中心。以至美籍苏格兰人卡特(Carter)在其《中国印刷术源流史》中也说"中国历朝印刷,殆无能超过宋代。其书写端正,雕刻精准,实可为后世印刷之楷模"。印刷数量增加、质量提高为藏书提供了必要前提,进而使书院藏书大增,促进了书院的兴盛。

---

① 《朱子年谱》。
② 《宋元学案·丽泽诸儒学案》。
③ 《宋史·朱熹传》。

（三）书院的教学特点

教学与研究融为一体 书院由官方修书和个人治学之地发展为聚徒授业之所，已为这一特点开其端绪。名师大儒在书院钻其所长又传授所研，反对"务记览为词章，以钓声名取利禄"①，生员也不以求取功名为目的而重在钻研学问，从而使这一特点日渐彰明。日本学者稻叶君山在《中国社会文化》一书中认为，自书院制度发展之后，真正的学问研究之地不在学校而在书院。这是有一定依据的。

自学读书与讲习指导结合 书院提倡生员自学读书，即使对初到生员也重在方法引导，要求通过自学达到理解或生疑，"读书无疑者，须教有疑"②，教师只"做得个引路底人，做得个证明底人，有疑难处同商量而已"③。教师指导点拨也主张"开而弗达"。如吕祖谦指出：讲解分明"学者便有容易领略之病，而少涵泳玩索之功，其原始不可不谨也"④，同时要求学生兼收并蓄、求同存异，又超越时俗之见而有所发明。

提倡学术论辩争鸣 书院远承先秦稷下学宫"期会"绪余，不仅师生之间、生员之间随时都可能相互质疑问难、议论辩驳，更突出的特色是确立了书院之间、学派之间相约进行学术辩论的"讲会"制度。乾道三年（1167），朱熹与张栻于岳麓书院会讲，三湘士子纷纷前往，出现了"舆马之众至饮水池立涸"的盛况；淳熙二年（1175）吕祖谦在铅山鹅湖寺约请朱熹、陆九渊等人辩论，双方在治学方

---

① 《白鹿洞书院揭示》。
② 《朱子语类》卷十一。
③ 《朱子语类》卷十三。
④ 《东莱别集》卷七。

法上争论尤其激烈，首开不同学派辩驳之风。"鹅湖之会"这一学界盛事之后，书院讲会蔚然成风。其制包括宗旨、规约、会期以及仪式与程序等；讲会各派可各言其是但无矜夸之词，也可相互非难却无卑视之心，不论宿学硕儒还是草野士子，都可自由听讲。讲会丰富了书院的教学内容，活跃了学术空气，并扩大了书院的影响。

朱熹和张栻会讲的情景

（四）书院的管理特点

组织机构精干　书院通常只有一位主持人，既掌教授又管院务；其名称不一，或洞主、山长或堂长、院长等。规模较大的书院虽可设副山长、副讲、管干等职，但人数非常有限，且多由高足弟子代理。

民主色彩初具　书院主持人多为公推的学派带头人，而非官委；师生以道义为重，不拘门户，来去自由；师生以诚相待，教师尤重"身教"而较少专制性处罚，师生感情甚笃以至终身不变。如尽管朱熹、陆九渊学术"颇不合"，但陆病逝时不仅吏民哭奠充塞衢道，朱亦于寺中设灵率门人祭奠；次年归葬金溪，门人奔哭会葬者数以千计。

利用学规管理　书院注重制定学规，并据此促使师生自我约束、自我教育。如朱熹知南康军时制定《白鹿洞书院揭示》为教育纲领，后修复岳麓书院又援此"揭示"名曰《朱子书院教条》；今人张岱年撰联称颂"岳麓学府传千载，书院育才有良规"[①]。吕祖谦也曾制定《丽泽书院学规》。这些学规既强调讲明义理重在修身是治学的根本，又指明学习、修养和待人处事的原则、方法，并规定相应的防禁惩戒措施，以使大家讲明遵守、有所持循。

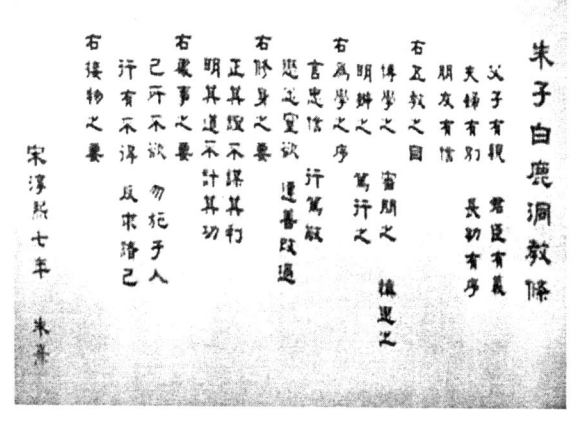

《朱子白鹿洞教条》

第二节　元代的书院教育

元代统治者立国之始就因汉俗倡办书院。至元二十八年（1291）世祖在命设立地方官学的同时，要求于"先儒

---

① 陈海波等：《中国书院楹联》，广州文化出版社1989年版，第91页。

过化之地，名贤经行之所，与好事之家出钱粟赡学者，并立为书院"①。民间有自愿出钱出粮赞助建学的，也立为书院。故黄河流域新辟不少书院，初步改变了南宋书院集中于长江流域的布局。统治者为缓和汉、蒙间的民族矛盾，通过保留和扶持书院，笼络汉儒，同时又利用政治手段，从多方面加强对书院的管理控制，使书院明显表现出官学化倾向和自身特色的淡化。表现在：

人事控制　不少书院的山长改由官方任命或由官方派人担任，授予其官衔并享官俸，如同恕、黄泽、胡炳文、程端礼等人均由朝廷直接任命为山长②。直学、教授、学正、学录等教职员的任命或提升，也须经官方批准以至报朝廷备案。政府定期对山长及教职员进行考察和稽查，对有较大过失者，则由政府免其职务，情节严重者送交司法部门治罪。

教学内容控制　从元代第一所书院即赵复执讲的太极书院开始，即以传授程朱理学为务，姚枢、许衡、刘因深受其影响，后又通过许衡等大儒，以理学控制官学乃至私学和书院，使程朱理学和《四书集注》受到特别重视，以至在元仁宗复行科举时，申明考试内容以《四书》及朱氏章句集注为主，促使书院受科举制约，书院教学内容只能是应科举考试的朱学。

财经控制　政府在鼓励官绅出资兴办书院的同时，直接委派直学和置拨学田控制书院的财政。"凡路府州书院，

---

① 《元史·选举志一》。

② 白新良：《中国古代书院发展史》，天津大学出版社1995年版，第28页。

设直学以掌钱谷,从郡守及宪府官试补。"①

生员控制　政府对书院的招生、考核及生徒的出路等都直接控制。"自京学及州县学以及书院,凡生徒之肄业于是者,守令举荐之,台宪考核之,或用为教官,或取为吏属。"②

元代书院虽然出现官学化趋向,但并非所有书院都受朝廷控制。一些儒者,退居山林,建立书院,自动讲学,仍为数不少,如金履祥、许谦、汪维岳、曹经、胡一桂等。据统计,在元代新建及修复的四百余所书院中,除八十余所由政府兴办外,其余全是民办③。他们在传播儒学、造就人才方面,均起了重要作用。

第三节　明代的书院教育

一、由衰转盛

洪武元年（1368）太祖曾立洙泗、尼山两书院,以示崇儒重教。但由于明前期统治者均注重发展官学和提倡科举,士子也因官学待遇优厚、科举前程似锦而不愿潜心求学于书院,所以明开国后百余年书院一直沉寂无闻,曾经盛极一时的白鹿洞书院也变得杂草丛生、满目荒凉。直到成化、弘治年间书院才开始复苏,特别是嘉靖以降书院得由衰转盛,自由讲学之风日兴。

---

① 《元史·选举志》。
② 《元史·选举志》。
③ 白新良:《中国古代书院发展史》,天津大学出版社1995年版,第39页。

明代书院的复兴，一方面是由于官学日趋空疏，科举更加腐败。"隆、万以后，学校积弛，一切循故事而已。"①更重要的原因是大批有志振兴学术、发展教育的士大夫因"党争"受到排挤、打击，转而恢复或新建书院。特别是湛若水"平生足迹所至，必建书院以祀白沙，从游者殆遍天下"②；王守仁也先后办有龙冈、贵阳、濂溪、稽山等书院多所，讲学达二十余年之久。湛、王之后，其弟子门人亦纷纷设立书院聚徒讲学，书院由此大盛。据不完全统计，明代书院达一千五百所以上。另一方面，由于统治者疑惧书院的自由趋向而欲严加控制，便大量将私家书院变为官办，所以明代的大部分书院与官学已无二致，不过是科举的预备场所。就连王守仁也认为科举与讲学可并行不悖，"举业不患妨功，惟患夺志。只如前日所约，循循为之，亦自两无相碍"③。

二、四毁书院

明中后期随着书院的大发展，自由讲学风气在部分书院日益盛行。这与当时统治阶级不断加强的思想禁锢形成了尖锐的矛盾，进而导致对这些书院的四次禁毁。

第一次是嘉靖十六年（1537）御史游居敬疏斥湛若水"倡其邪学，广收无赖，私创书院"，朝廷遂下令罢各处私家书院④。第二次是嘉靖十七年（1538）尚书许赞上书指斥"抚按司府多建书院，聚生徒，供亿科扰，亟宜撤毁"，世

---

① 《明史·选举志》。
② 《明儒学案·甘泉学案》。
③ 《王文成公全书》卷四。
④ 《续文献通考·学校》。

家即"诏从其言"①。第三次是万历七年(1579)内阁首辅张居正以书院"群聚党徒,及号召他方游食无行之徒,空谈废业"②,认为听由发展势必"大者摇撼朝廷"、"小者匿蔽丑秽"③,先后毁应天府等书院64处。第四次是天启五年(1625)当权太监魏忠贤等对东林书院及有关书院的禁毁。史载顾宪成、高攀龙在东林书院讲学时,"岁两大会,月一小会,各三日,悉仿白鹿洞规"④,"讲习之余,往往讽议朝政,裁量人物",并使得天下学者同声相应,"朝士慕其风者,多遥相应和"⑤;随之东林书院名声大振,亦致忌者日多。当权者遂利用权力杀戮东林党人,天启六年(1626)御史徐复阳又"请毁讲学书院,以绝党根"⑥。

东林书院

---

① 《续文献通考·学校》。
② 《张太岳集》卷三十九。
③ 《张太岳集》卷二十九。
④ 《无锡金匮县志》。
⑤ 《明史·顾宪成传》。
⑥ 《明史·魏忠贤传》。

四毁书院是明代文教专制政策的结果,其矛盾焦点集中于官方对书院的强制性控制。凡愿纳入官学系统、接受官方控制的书院,政府就给予扶持和保护,反之则加以禁止乃至毁废。

第四节　清代的书院教育

一、曲折发展

清代初年,统治者忧虑书院广聚生徒、讽议朝政,更疑惧书院成为反清复明基地,危及自己的统治,因而立国后前90年间书院一直受到抑制。尽管顺治十四年(1657)世祖曾同意修复石鼓书院,也不过是粉饰太平。清初除白鹿洞、岳麓、石鼓等几处历史悠久的书院外,其他皆荒芜沉寂。

雍正年间,随着清政权日渐稳固,明末清初那些著名的汉族学者相继去世,统治者开始解除对书院的禁令,以示注重文教和笼络汉族士人。雍正十一年(1733)世宗谕知各省设立书院,"择一省文行兼优之士读书其中,使之朝夕讲诵,整躬励行,有所成就",并"各赐帑金一千两"为营建经费[①]。

在清政府的提倡与支助下,京师及各省纷纷设立书院。京师设金台书院,直隶设莲池书院,山东设泺源书院,江西设豫章书院,浙江设敷文书院,福建设鳌峰书院,湖南设岳麓和城南书院,陕西设关中书院,四川设锦江书院,

---

① 《清朝文献通考·学校》。

广东设粤秀书院，云南设五华书院，贵州设贵山书院，奉天设沈阳书院，湖北设问津书院，等等。这些省城书院在官方严格控制下逐步发展，俨然已为各省省立大学。此外，各地方官也相继奏请兴办书院，以至州县少则两三所，多则二三十所。

金台书院

锦江书院

二、官学化的标志

乾隆年间，官立书院剧增，绝大多数书院成为以考课为中心的科举预备学校，书院官学化愈趋严重。表现在：

管理体制官学化 政府重点资助各省于省城设置一批书院，既便于封疆大吏直接控制又能规范州县，使远近士子观感奋发；并规定凡私创书院均须申报官厅，经查核后方可办理。书院主持人及讲席的聘任均由官方执行，令"各省督抚学政，凡书院之长，必选经明行修，足为多士模范者，以礼聘请"，书院讲席"不拘本省邻省，亦不论已仕未仕，但择品行方正，学问博通，素为士林所推重者，以礼相延，厚给廪饩，俾得安心训导"①；对长期坚持教学和管理且卓有成效者，经考核给予奖励和晋升。

教学内容官学化 书院教学名重儒家学术，但因外受科举诱惑，内受考课制约，经史古籍、圣贤实学已仅存其名。书院注重考课并以此为教学管理的重要手段，生徒因考课不仅能求取膏火银而且可按等次获得奖品，故也重视考课。考课内容雷同科举，故书院教学也多课时文帖括以利猎取科名。当然，由于清代大兴文字狱，迫使不少学者远离政治而专事古籍编纂和考据之学，所以当时院大量以考课时文为主的书院之外，也出现了一些讲求儒学义理的书院和研习经史词章的书院。

学生管理官学化 招生方面规定"负笈生徒，必择乡里秀异、沉潜学问者，肄业其中；其恃才放诞、佻达不羁

---

① 《大清会典事例》卷三九五。

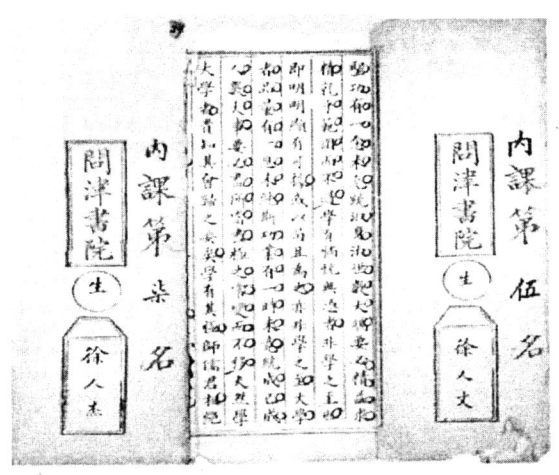

问津书院徐人杰课卷

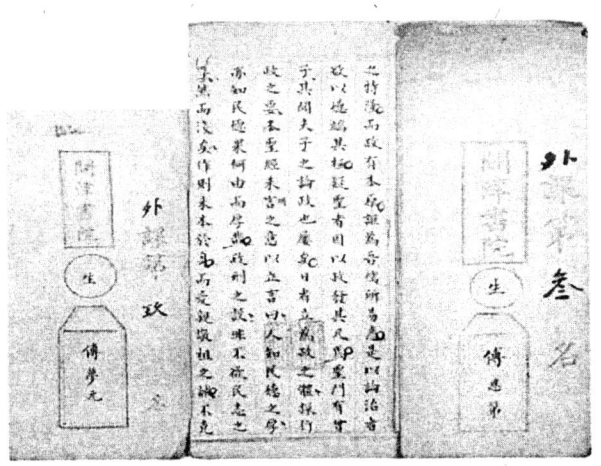

问津书院傅恩第、傅梦元课卷

之士，不得滥入"①；生徒分内课、外课、附课三类，内课生寄宿，外课生走读，附课生旁听，前两类生徒官府有一定的膏火补助且以内课生为优。常规管理方面规定各书院订立规条、仪节，"以检束其身心"，"有不率教者，则摈斥毋留"②；并要求官府直接介入对生徒的稽查，"各省督抚会同学政，将现在书院生徒，细加甄别；务使肄业者，皆有学有品之人，不得莠良混杂，即令驻省道员专司稽查"③。生员出路，官方亦直接过问，如曾规定"诸生中材器尤异者，准令荐举一二，以示鼓舞"④。

经费管理官学化　书院经费主要由政府拨发，并由专职官吏负责审核经费的使用。雍正在允许开设书院的谕令中规定："督抚驻扎之所，为省会之地，著该督抚商酌奉行，各赐帑金一千两。将来士子群聚读书，须预为筹画，资其膏火，以垂永久。其不足者，在于存公银内支用。"⑤至于"各府州县书院，或绅士捐资倡立，或地方官拨公款经理，俱申报该管官查核"⑥。这一措施改变了前代书院经费主要靠自筹的状况，使书院教席、生徒的薪俸和膏火有了一定保障，客观上有利于书院教学活动的开展，但又使书院自由讲学等特质由此而彻底丧失。

---

① 《大清会典事例》卷三九五。
② 《大清会典事例》卷三九五。
③ 同上。
④ 同上。
⑤ 嵇璜等：《清朝文献通考·学校考·卷70·直省乡党之学》，浙江古籍出版社1988年版，第5504页。
⑥ 《大清会典事例》卷十九。

第五节　晚清的书院教育

晚清的书院教育积弊深重，急需改革，而当时的历史境遇，也在客观上推动了书院教育的变迁步伐。甲午战争之后，民族危机加重，维新运动蓬勃兴起，维新派希望通过改良的方式来拯救社会，并认为要实现改良只有通过改革教育，培养新式人才。为此，维新派改书院为学堂，在办学类型、模式、内容上也较多采用中西合璧的方式。

一、复归书院传统

鉴于清代书院的衰败，嘉庆、道光年间便开始了以恢复书院研经治史、培养通经致用人才为特征的书院改革。

晚清复归书院传统的努力始自阮元于嘉庆五年（1800）创办的杭州诂经精舍。阮元还为诂经精舍写了这样一副楹联："公羊传经，司马著史；白虎德论，雕龙文心。"① 道光元年（1821）阮元任两广总督时，又仿诂经精舍，在广州创办学海堂，以经传、考古、义理课士。马新贻在《新建学海堂记》中称："往时阮文达公抚浙创诂经精舍，而督两广则有学海堂之建，凡以考校经义、修明朴学，衍贾、郑之绪，浚周、孔之源，故其时儒彦辈出，彬彬称盛。"② 受阮元所倡书院学风的影响，道光以后以研究经史、考订训诂为宗旨的书院不断增多，或就原有书院加以改造，或新

---

① 陈谷嘉、邓洪波：《中国书院史资料·中册》，浙江教育出版社1998年版，第1388页。
② 同上，第1394页。

创书院，衍为晚清书院嬗变的第一股潮流。这股变革潮流为晚清书院注入了注重实学的精神，从而为新质书院的建立做了一定的心理准备。

二、创建新质书院

新质书院的建立始于19世纪70年代，主要通过创办和改建来推进的。

创办新质书院 上海格致书院是创办新质书院的典型代表。该书院是由英国驻沪领事麦华陀于同治十二年（1873）倡议建立的，于1876年正式对外开放，是一所"由中外人士共同管理、以向中国人宣传介绍西方文化科技知识为主旨的兼具西方博物院和中国书院特征的新式文化教育机构"①。格致书院于1879年开始招生，课程分为西国语言文字和格致实学。著名数学家徐寿长期负责院内日常事务，王韬从1884年起受聘为监院，并于1886年创立考课制度，由洋务大员和精通西学的学者命题考试，从而使格致书院成为晚清最具影响的学术与时务研究机构。此外，还有上海正蒙书院、陕西崇实书院、杭州求是书院等则是由国人创办的兼课中学、西学的新质书院。

改建新质书院 在旧式书院增设西学课程，改旧为新，是晚清新质书院建立的又一渠道。广东巡抚郭嵩焘1865年在学海堂增设数学一门，这是书院增设西学的尝试。1895年，刘光贲在陕西味经书院增设时务斋，课程包括各国史、西洋文字、各国政治、兵事、算学等。1896年7月，山西

---

① 田正平：《中国教育史研究·近代分卷》，华东师范大学出版社2001年版，第69页。

求是书院

巡抚胡聘之、学政钱骏祥奏请变通书院章程，提出：书院课程应"参考时务，兼习算学，凡天文、地舆、农务、兵事，与夫一切有用之学，统归格致之中，分门探讨，务臻其奥"[①]。在各省官员纷纷奏请书院添设西学之际，光绪二十二年九月（1896年10月），翰林院侍讲学士秦绶章奏请"整顿书院预储人才"，提出定课程、重师道、核经费，课程分为经学、史学、掌故、地舆、算学、格致六类，经礼部覆议，准其所请并"通行各省督抚学政，参酌采取，以扩旧规而收实效"[②]。这样，在戊戌变法前夕，以添设算学、格致等西学实用科目为特征的书院嬗变成为潮流。

---

① 陈学恂：《中国近代教育史教学参考资料（上）》，人民教育出版社1993年版，第266页。

② 高时良：《洋务运动时期教育》，上海教育出版社1992年版，第698页。

三、改书院为学堂

由于书院与现代学制系统并不一致,在一定程度上甚至有碍现代学校教育制度的建立。因此,略获生机的书院旋即又不得不给现代学校教育的发展让路。

最早提出书院改学堂这一主张的是早期资产阶级改良主义者王韬和郑观应,甲午战争后,改革的呼声更为激烈,书院改学堂已成朝野共识。1898年7月10日,光绪发出上谕:"前经降旨,开办京师大学堂……惟各省中学小学,尚未一律开办,总计各直省会及厅、府、州、县无不各有书院,著各该省督抚饬地方官……即将各省府厅州县现有之大小书院,一律改为兼习中学、西学之学校。至于学校阶级,自应以省会之大书院为高等学,郡城之书院为中等学,州县之书院为小学,皆颁给京师大学堂章程,令其仿照办理。"① 嗣后,各地即着手改书院为学堂,如湖广总督张之洞即奏称:通省67州县已一律就书院改为学堂。后来尽管百日维新失败使改书院为学堂经受波折,但此举并未完全停止。1901年6月,湖广总督张之洞和两江总督刘坤一联名上《变通政治人才为先遵旨筹议折》重提改书院为学堂之议。1901年9月14日,清廷再发上谕:"除京师已设大学堂,应切实整顿外,着各省所有书院,于省城均改设大学堂,各府及直隶州均改设中学堂,各州县均改设小学堂。"② 至此,改书院为学堂全面启动。随着1902年和1904

---

① 杨家骆:《清光绪朝文献汇编·光绪朝东华录》,台湾鼎文书局1978年版,第4126页。

② 同上,第4719页。

年壬寅、癸卯学制的相继颁布，清末各省书院基本上完成了改制工作。

总之，社会变革、书院的衰败和新式学堂的冲击共同构成了清末书院改学堂的原因，其中，社会变革成了书院改学堂的根本动因，书院自身的衰败导致传统书院精神的失落成为书院改学堂的内在动因，新式学堂的出现成为书院改学堂的样板和促成因素。当然，这些影响因素又是相互交织的，教育近代化则是变革中的主题。

第六节　书院教育的主要经验

书院是我国封建社会特有的一种教育组织和学术研究机构。它的兴起和发展带来了教育上的一系列变革，形成了许多具有科学内涵的教育思想，积累了诸多宝贵的经验。

一、以文化传播为主旨，社会教化功能显著

书院的发展成为以文化传播与普及为主旨的社会教化的重要机构，这是书院直接为社会服务的重要方式。表现在：一是宋代以来的绝大多数时期，书院数量都多于官学。清代新创建的书院达3757所，修复前代书院608所，两项共计为4365所[1]。数量如此巨大的书院遍及全国各地，成为开展社会教化的主要机构，其教育教学功能的发挥直接影响着整个社会教化的实施。二是传授对象开放。书院招收生徒虽有严格的名额限制，但书院教学面向广泛的社会

---

[1] 白新良：《中国古代书院发展史》，天津大学出版社1995年版，第271页。

群体，实行开放式的办学。三是书院通过自身的学术活动与服务社会来实现社会教化。明代中后期发展成熟的书院讲会，不仅是学术交流的重要场所，而且也是社会教化的重要途径。四是书院的藏书和刻书活动也是书院传播和普及文化的重要方式，如不少书院将院中藏书向院外开放，具有公共图书馆性质。

二、以道德教育为核心，注重人文精神培养

书院是以"道"为核心的人文精神的主要践履者。一方面，为将道德教育渗透到教育教学活动的每一个环节，书院将其制度化为章程、学规等形式，使书院重视道德教育的人文精神充分显现出来。朱熹在《白鹿洞书院揭示》中，对生徒的道德教育有非常明确的规定，"观古昔圣贤所以教人为学之意，莫非使之讲明义理以修其身，然后推以及人。非徒欲其务记览，为词章，以钓声名，取利禄而已也"①。南宋以后，大多数书院都遵循这一学规，只是在不同的时候和不同的书院根据实际情况补充一些大同小异的条目而已。另一方面，书院学者认为儒家对"道"的追求应是在个体道德完善的基础上，积极参与政治，以实现全社会道德的完善。而在传统中国的政治体制下，书院与社会政治的结合往往表现为对科举仕进的追求。在这种情势下，大多数书院都将道德教育与科举应试教育统一起来，目的在于培养"德业"与"举业"并重的人才。

---

① 《朱熹集（卷七十四）·白鹿书院揭示》，四川教育出版社 1996 年版，第 3894 页。

三、提倡学术创新，否定死守陈说

与官学和其他私学相比，书院在经费管理、山长选聘、招收生徒、教学活动和人才培养目标的确定等方面都有自身的特色，从而使得书院获得了相对自主的学术创新环境和必要条件。如不少书院以充足的经费为支撑，购置和收藏了大量的图书资料，出版学术著作，甚至刊刻本院教师的讲义、生徒的优秀课艺、本院志等。更重要的是，书院还有官学和其他私学都不具备的相对自由的办学空间和宽松的学术环境，使得书院师生不仅可以自由讲学，而且能够潜心创新学术，取得了程朱新儒学、王湛心学、乾嘉汉学和实学等重大创新成果。胡适先生曾经就书院改制感慨过："书院之废，实在是吾中国一大不幸事。一千年来学者自动的研究精神，将不复现于今日。"[①] 不仅如此，相对独立的管理体制也使学术大师纷纷云集书院，将书院作为学术研究与创新的基地。如朱熹、陆九渊、吕祖谦、王阳明、湛若水等人都在相当长的时间内讲学于书院，他们的重要学术研究成果不少是在书院讲学过程中完成的。

四、尊重学术自由，扬弃门派之见

从书院发展的历史来看，在历代书院发展的高峰时期，学术界往往出现百花齐放、百家争鸣的现象。以南宋为例，岳麓书院本为湖湘学派张南轩的讲学基地，但他却广邀不同学派的学者到书院讲学，闽学派的朱熹及永嘉学派的陈止斋等，都曾到岳麓书院讲学，并受到学生的欢迎。另外，

---

① 胡适：《书院制史略》，《东方杂志》1924年第21卷3期。

朱熹主持白鹿洞书院时，甚至邀请论敌陆象山前往讲学，双方都显示出兼容并包的学术胸襟。还有历代的书院常常举办讲会，召集不同学派的代表人物一齐讨论重要的学术问题，使大家能互相了解和会通，这与现代教育中学术研讨会的理性交流精神大抵可以相提并论。

五、师生关系融洽，感情深厚

中国教育素有尊师爱生的优良传统，但这个传统并非在官学而是在书院，因为官学的师生多以利害关系为主，故其关系容易疏远，不及书院的师生往往有着纯粹而真诚的师生关系。一方面，书院由于生徒是择师而从的，他们未入门时已对老师的学问和人格十分仰慕，加上入门后得到老师的悉心教导及人格感召，故对老师更加尊崇。以理学家陆象山为例，他与学生有着深厚的感情，当他逝世后灵柩运回家乡，弟子门人前来吊唁哭丧者近千人。另一方面，书院老师教导学生，并不重在传授知识，而着重动之以情，晓之以理，更重以身作则的人格感召，往往对学生十分爱护和关怀。因此，尊师爱生的优良传统在书院体现得更为充分。

小 结

书院是历时千载的独特教育机构，是私学制度化的重要标志。它在系统地综合和改造传统官学和私学的基础上，建构了一种不是官学，但有官学成分，不是私学但又吸收私学所长的新教育制度，是官学和私学相结合的产物。自书院出现以后，我国古代教育便出现了官学、私学和书院平行发展的格局，三者相互渗透与融合，共同促进了我国古代文化教育的发展和繁荣。

唐初书院主要是官方藏书、修书、校书的地方，有的也是私人读书治学的地方，但还不是真正的教育机构。及至唐末，书院才逐渐发展成为聚书建屋、学者讲学的教育机构。

宋初因国家刚刚统一，没有足够的力量兴办学校，于是书院逐渐兴盛。一些大型书院如白鹿洞书院、岳麓书院、应天府书院、嵩阳书院、石鼓书院、茅山书院等相继创建。到南宋，因为理学传播的需要，印刷术的发展，书院数量更多，规模更大，组织更严密，制度更完善。

元代因其广博的开放性和兼容性及思想文化领域的宽松环境，成为书院发展的鼎盛时期，众多书院得以成立，但由于统治者对书院控制的加强，最终导致书院官学化，并在教学中以传播程朱理学为宗旨。

明清两代注重官学教育，书院的发展几经兴衰。明初书院受到冷落，至中叶后书院兴盛起来，到清代达于鼎盛，处于教育体系的中心，但官学化日益明显。

晚清的书院教育积弊深重，对书院的改革成为当时社会的共同要求和迫切愿望，加上当时的历史境遇，客观上加速了书院教育的变迁步伐。最终，通过戊戌变法和"新政"，改书院为学堂，从而结束了书院的历史使命。

总之，书院在中国古代教育史上占有极其重要的地位，对中国古代教育、学术文化的发展和人才的培养，都有着广泛和深远的影响。

第五章 选才制度

中国历史上的选才制度内容丰富，途径多样。本书主要介绍禅让制、世卿世禄制、养士制、军功爵制、察举制、九品中正制、科举制以及文官考试制度等。这些选才制度对当时社会的政治、经济、文化等方面的发展，起到了一定的历史作用，但同时也表现出各种弊端。因此认真总结其中的得与失，至今仍有十分重要的现实意义。

第一节 先秦时期的选才制度

先秦时期的选才制度主要有禅让制、世卿世禄制和养士制等，但主要采取的还是世卿世禄制。在这种制度下，只有王公贵族子弟才能世代为官。

一、氏族社会的禅让制

远古时代，由于生产力水平极其低下，人们必须依靠集体的力量，共同劳动、平均分配食物才能生活下去，这就需要选举贤能、公正的人当首领，以带领大家抵御外来侵袭，进行生产劳动和平均分配食物。正如《礼记·礼运》篇载："天下为公，选贤与能，讲信修睦，故人不独亲其亲，不独子其子"，其中典型的有尧、舜、禹时的"禅让制"。

据《史记》记载，尧、舜、禹都是经过举荐，考查品德与才能，然后予以任用的。"帝喾崩，而挚代立。帝挚立，不善，而弟放勋立，是为帝尧。"① 相传尧为部落联盟首领时，四岳推举舜为继承人，尧对舜进行多年的考核后，使帮助为事。"尧曰：'嗟！四岳：朕在位七十载，汝能庸命，践朕位？'岳应曰：'鄙德忝帝位。'尧曰：'悉举贵戚及疏远隐匿者。'众皆言于尧曰：'有矜在民间，曰虞舜。'尧曰：'然，朕闻之。其何如？'岳曰：'盲者子。父顽，母嚚，弟傲，能和以孝，烝烝治，不至奸。'尧曰：'吾其试哉。'于是尧妻之二女，观其德于二女。舜饬下二女于妫汭，如妇礼。尧善之，乃使舜慎和五典，五典能从。乃遍入百官，百官时序。宾于四门，四门穆穆，诸侯远方宾客皆敬。尧使舜入山林川泽，暴风雷雨，舜行不迷。尧以为圣，召舜曰：'女谋事至而言可绩，三年矣。女登帝位。'舜让于德不怿。正月上日，舜受终于文祖。文祖者，尧大祖也。"②舜继位后，用同样的推举方式，经过治水考验，以禹为继承人。这种部落联盟推选领袖的制度，史称"禅让"。

二、夏商西周的世卿世禄制

世卿世禄制包括世卿制和世禄制两个方面。世卿制是指天子任命宫廷百官，册命诸侯国君，均在与其有血缘关

---

① 《史记·五帝本纪》。
② 同上。

系或姻亲关系的人中选拔，而且官职、爵禄和政治特权，由他们的子孙继承。世禄制，是指奴隶主贵族根据他们的等级地位的不同，世袭享有自己封地里收入的制度。

夏商的官吏是否实行世卿世禄制，由于历史资料不足，还无法作具体的阐述。而到了西周，随着学校教育的发展，产生了学校和乡里选士、诸侯贡士、世卿世禄制等人才选拔制度，但主要采取的还是世卿世禄制。

据史书记载，西周的开国元勋、周武王的胞弟、周成王的叔父周公旦，其长子封在鲁国，"次子留相王室，代为周公"[①]；同样有卓著功勋的召公奭，其长子封在燕国，"而次子留周室，代为召公"[②]。西周宣王时，又有召公、周公二相行政，他们显然都是周公旦、召公奭的后代。还有一些出土的西周铜器铭文也显示，有很多官职是世袭的。如1974年在陕西扶风县强家村出土的师鼎等器显示，它们的主人一家四代父死子继，世袭"师"官职。1976年陕西扶风县白家庄出土的微史家族铜器群也显示，这一家族的六代人从西周初年开始，一直是父死子继，世袭"作册"史官之职。赵光贤著的《周代社会辨析》认为，这些事例证明西周时代早已有"世卿制度的存在"。

世卿世禄制给后来的官吏选任制度带来了许多消极影响，客观上造成了"公门有公，卿门有卿，贱有常辱，贵有常荣，赏不能劝其努力，罚亦不能戒其怠惰"的后果，不利于调动官吏治国理政的积极性，也不利于官吏正常的更新和交替。

---

① 《史记·鲁周公世家·索隐》。
② 《史记·燕召公世家·索隐》。

三、春秋战国的养士制度

春秋战国是一个百花齐放、百家争鸣的文化鼎盛时期,是中国奴隶制瓦解、封建制确立的大变革时期。在人才选拔上以"任人惟贤,因功受禄"作为主要目标与方法,取代并突破了西周的"世卿世禄制"。在此期间"士"的出现,作为一个极具时代特色的亮点在选才制度中凸显出来。

春秋战国时期,由于官学的衰落,私学逐渐兴盛起来,士的人数不断增加,地位不断提高,影响也日益扩大,因而成为当时一股重要的政治力量。国君与贵族们通过召集一批有学问、有才干的人,供养他们生活,其中被选出的"士"便可出任官员或授予政治使命等。这些人不受国家、地位、宗族的限制,只要有才干、有本事便会得到重用。当时著名的布衣将相大都通过这种方式尽显其才,担任重要的职务。

不过,春秋时期只有少数诸侯养士;而到了战国,各国统治者竞相养士,起用他们为各级政府官吏,从而在社会上形成了一股养士、尊士和用士的风气。如在燕国,燕昭王高筑黄金台,置黄金于其上,礼聘天下贤士,于是"乐毅自魏往,邹衍自齐往,剧辛自赵往,士争趋燕"[1]。魏国信陵君"为人仁而下士,士无贤不肖皆谦而礼交之,不敢以其富贵骄士。士以此方数千里争往归之,致食客三千人。当是时,诸侯以公子贤,多客,不敢加兵谋魏十余年"[2]。正是这种尊才、重才和用才之风,使得各种人才脱

---

[1] 《史记·燕昭公世家》。
[2] 《史记·魏公子列传》。

颖而出，人才流动也极为频繁。

第二节 秦汉时期的选才制度

与先秦时期相比，秦汉时期的选才制度有了非常明显的变化。这不仅表现为军功爵制的确立和推行，而且表现为汉代养士与选士并重，察举趋向制度化，并对后世的选士制度产生了重大影响。

一、秦代的军功爵制

军功爵制是按"功多者其爵尊"的原则，以军功大小决定尊卑爵秩等级的制度。这一制度发端于战国，定型于秦代并延续到西汉初期。

战国时期，各诸侯国相继变法。魏国在李悝倡议下实行"食有劳而禄有功"，"使有能而赏"[①]，即只有对封建国家有功劳者才能得到俸禄和爵位。燕昭王"察能而授官"，"不以禄私其亲，功多者授之；不以官随其爱，能当者处之"[②]，大胆起用乐毅等贤能之士，使燕国也称雄一时。楚国曾推行吴起变法，注重任用正直、实干、有能力者为官，使楚国迅速强盛，一度"南平百越，北并陈蔡，却三晋，西伐秦"[③]，震动各国。

秦国统治者为称霸进而统一天下，推行商鞅变法且最为坚决，在用人问题上实行"有军功者，各以率受上爵"[④]，

---

① 《说苑·政理》。
② 《战国策·燕策》。
③ 《史记·孙子吴起列传》。
④ 《史记·商君传》。

"国以功授官予爵"①的改革措施;并具体规定"能得甲首一者,赏爵一级",以及由"公士"到"大良造"等爵名②。以后又逐渐定型为"秦制"二十等爵③,即从"公士"至"彻侯"共二十等,内含士、大夫、卿、诸侯四级,并沿用至西汉初。

军功爵制使地主阶级的各阶层得到了不同程度的利益;从社会下层选拔人才,也使贫寒卑微者有了建功晋升的机会;无军功贤能的宗室成员不能再靠血缘关系获取爵禄,促进了封建官僚制度的发展和选士制度的进步。

二、汉代的察举制

汉代统治者为了适应日益庞大的官僚机构对吏员的需要,逐步建立和形成了一套选拔统治人才的制度。这套制度包括皇帝征召、私人荐举等多种方式,但最制度化的是察举,即通过地方推荐并经一定形式的考察择优录用人才的制度。它是汉代最重要的仕进途径和方式,是其选官制度的主体。

(一)察举的主要科目

察举的科目可分为两大类:一为经常性举行的科目,称作常科,一般是每年由州郡长官按规定的名额、标准向朝廷推荐人才;另一类为特科,是皇帝根据需要临时指定选士标准和名目的科目。而常科中最主要的一科则是孝廉,代表了察举的主流。

---

① 《商君书·靳令》。
② 《商君书·境内》。
③ 《汉书·百官公卿表》。

1. 孝廉科

孝廉科是通过地方荐举，以封建伦理为名义标准选士，是后世九品中正制的前奏。

元光元年（前134），武帝采纳董仲舒等人的建议"令郡国举孝廉各一人"①，开汉代孝廉之举；后又诏"在上位而不能进贤者退，此所以劝善黜恶也。……不举孝，不奉诏，当以不敬论；不察廉，不胜任也，当免②"。武帝时孝廉各为一科，其后则孝廉并举；既强调立身以孝为本，又强调任官以廉为方，目的在倡行民孝仕廉，达到"总方略、一统类、广教化、美风俗"③。

东汉时，举孝廉更加制度化。和帝时不仅改大、小郡均举孝廉二人为"郡国率二十万口岁举孝廉一人，四十万二人，六十万三人……不满二十万二岁一人，不满十万三岁一人"④，而且规定边郡人口在"十万以上岁举孝廉一人，不满十万二岁举一人，五万以下三岁举一人"⑤，既有时间、人口比例规定，又有对边远少数民族地区的优宽政策；同时，东汉还设有主管官吏选任、铨叙勋阶的机构，中央为"吏部曹"，地方为"功曹"。因此可说，孝廉科是汉代察举制的代表性科目，举孝廉是典型的乡举里选。

2. 贤良方正科

贤良方正是最主要的特科，一般是在遇到"灾异"或国家有重大问题需要探讨时，下诏让各地荐举贤良方正，

---

① 《汉书·武帝纪》。
② 同上。
③ 同上。
④ 《后汉书·丁鸿传》。
⑤ 《后汉书·和帝纪》。

由皇帝亲自策问，让他们对这些问题进行分析，发表对策。对策中皇帝意者，马上就可以做官或升官。所以贤良方正在察举中地位最高，并成为后世科举考试的先声。

高祖十一年（前196）刘邦颁《求贤诏》，曰"贤士大夫有肯从我游者，吾能尊显之"，要求各诸侯王、郡守劝勉贤士应选，"署行、义、年。有而弗言，觉，免"①，从而开创了举贤良方正之先河。其后，文帝、武帝等也一再诏举"贤良方正能直言极谏"之士。

贤良方正由郡守、诸侯王推荐，报送朝廷，皇帝"亲策之"；被举者要就"朕之不德，吏之不平，政之不宣，民之不宁"四方面"著之于篇"，然后"密之"、"闭之"，交"朕亲览"，并评定高下，酌授官职②。

3. 童子科

童子科是奖励天才儿童并破格举用和特殊培养的选士。规定12—16岁童子能博通经典者可以入选，才俊者拜"童子郎"。

据载西汉初，"萧何草律曰：太史试学童，能讽书九千字以上，乃得为史；又以六体试之，课最者以为尚书"③。东汉时此科较盛，"汝南谢廉、河南赵建，年始十二，各能通经，左雄并奏童子郎。黄香年十二，博学经典，京师号曰：'天下无双，江夏黄童。'任延年十二，为诸生，显名太学中，号为'任神童'"④。当然，这一选士也为某些权贵子弟凭父兄地位踏入官场开辟了捷径。

---

① 《汉书·高帝纪》。
② 《汉书·晁错传》。
③ 《汉书·艺文志》。
④ 《文献通考·选举考·童科》。

4. 秀才（茂才）

秀才是汉代察举的一个重要科目。西汉称为秀才，东汉时因避光武帝刘秀之讳改为茂才。茂才科主要是选拔奇才异能或有非常之功的士人，所以通常称为"茂材异等"，或"茂材特立之士"。

察举茂才，始于汉武帝。元封五年（前106）汉武帝下诏令："州郡察吏民有茂材异等，可为将相及使绝国者。"① 其后，汉宣帝、汉元帝也有察举茂材异等的诏令。西汉时，茂才属于特举，东汉光武帝改为岁举。建武十二年（36），"诏三公举茂材各一人，廉吏各二人，光禄岁举茂材四行各一人，察廉吏三人。……监察御史、司隶、州牧岁举茂材各一人"②。此后，茂才和孝廉皆为岁举，往往并称。不过，孝廉为郡举，茂才则为州举，因此，茂才的数目远少于孝廉。

5. 明经

汉代特设明经一科，察举通晓经学的人才，以示对经学的特别重视和对治经儒生的特别关照。西汉中后期，明经取士即已盛行，不少儒者由此途升任高官。到了东汉，明经科的员额进一步扩大。章帝曾下诏："令郡国上明经者，口十万以上五人，不满十万三人。"③ 明经虽非岁举，但每举人数甚多，贡举率在孝廉之上，而且被举为明经者所获官职也较高。

此外，汉代还有明法等其他各科。汉王朝一方面确立

---

① 《汉书》卷六《武帝纪》。
② 《文献通考·选举考》。
③ 《后汉书》卷三《孝章帝纪》。

了儒家学说的统治思想和正统学术地位，对治经儒生特别垂青，另一方面又"博开艺能之路，悉延百端之学"，使"通一伎之士咸得自效"①，坚持实行"霸王道杂之"，儒法并用，儒家经学与诸子之说兼取。表现在选官制度上，最明显的就是专设明法一科，察举明习法律的人才。

（二）察举制的得失

汉代的察举制是得失并存，既有经验亦有教训。凡此又皆与吏治清浊、荐举虚实、考核宽严密切相关。相对而言，西汉优于东汉，两汉前期优于两汉后期。

论其经验：一是根据封建政权建设需要，在全国范围大规模地推举选拔贤能之士，并收到良好效果，这是我国历史上第一次较成功的尝试。如武帝时期有名儒公孙弘、董仲舒、倪宽，法官赵禹、张汤，文史司马迁、司马相如，历数唐都、洛下闳，奉使张骞、苏武，将军卫青、霍去病等等，"汉之得人，于兹为盛"，他们"兴造功业，制度遗文，后世莫及"②。二是建立相关法规，以保证察举制的正常实施。如有才不举轻则免官重则斩首，但"选举不实"、"权门请托"，也要"明奏罪名，并正举者"③；不但明确规定了察举科目、期限、人数，选拔标准也逐渐统一、具体，"一曰德行高妙，志节清白；二曰学通行修，经中博士；三曰明达法令，足以决疑，能案章复问，文中御史；四曰刚毅多略，遭事不惑，明足以决，才任三辅令；皆有孝悌廉公之行"④。三是逐渐重视考试在选士中的作用，汉初举贤

---

① 《史记》卷一百二十八《龟策列传》。
② 《汉书·倪宽传》。
③ 《后汉书·明帝纪》。
④ 《后汉书·百官志引"世祖诏"》。

良方正要由皇帝"策问"、贤良"对策",东汉察举"诸生试家法,文吏课笺奏,副之端门,练其虚实"①。此外,开始注意扩大"边郡"的仕进之路以及选拔、培养"年幼才俊者"等,都值得肯定。

论其教训,两汉后期尤其是东汉后期,随着吏治腐败,考核松弛,滥举之事遂屡见不鲜。一是权贵把持察举,贿赂之风趋盛。某些地方官吏为了获得报答,"率取年少能报恩者,耆宿大贤多见废弃"②,以至士子不修道艺、不治德行,专事"拜门奔竞,货赂嘱托"。二是以贤德为名义,作假求名日多。察举注重士子声誉,缺少客观标准,有的士子为骗取舆论,作伪之事层出不穷,且愈演愈烈。以至东汉末年"举秀才,不知书;察孝廉,父别居。寒素清白浊如泥,高第良将怯如鸡"③。三是选士渐重门第,世宦大族初成。东汉后期,各地望族操纵舆论并通过官府功曹,"选士而论族姓阀阅"④,其子弟自然优先入选;加之赀选、任子制度的恶性发展,初步形成了一批世宦大族。这些世宦大族左右朝政,对当时以及魏晋的吏治和选士都有重大影响。

第三节 魏晋至隋唐时期的选才制度

九品中正制是魏晋南北朝时期基本的选士制度,它据门第等级高低举荐授官,是保证士族政治特权的产物。科

---

① 《后汉书·左雄传》。
② 《后汉书·樊鯈传》。
③ 《抱朴子·审举篇》。
④ 熊承涤:《秦汉教育论著选》,人民教育出版社1986年版,第436页。

举制是通过分设科目并经逐级考试的选士制度,它始行于隋,完备于唐且沿用至清末。两种选士制度反映了不同历史时期政权建设的需要,并对教育产生了不同的影响,又具有其内在的更替渊源与必然性。

一、魏晋南北朝的九品中正制

魏晋南北朝时期士人入仕的途径包括:察举征辟、通过考试入官学再入仕、世袭或由吏员升迁。然而,最重要、最有时代特色的当属九品中正制。

(一)九品中正制的产生与实施

1. 九品中正制的产生

九品中正制的产生有其深刻的社会背景,它是士族与庶族就选士大权既斗争又妥协的产物。

东汉后期,选士大权旁落世宦高官乃至地方望族,察举制流弊日增,真正的人才受到压抑和埋没。曹操掌权之后,欲征天下刻意革新,于建安十五年至二十三年(210—218)三度急令求贤,力倡不拘一格"唯才是举"。但由于东汉末年天下分崩,继之三国逐鹿、征战连年,士人流移、多离本土,其出身里爵、德才行状均难稽考;加之地方官吏变动频繁,汉以"乡举里选"为主要途径的察举制度,事实上已难沿用,故以九品之制为选士之计。"魏氏承颠覆之运,起丧乱之后,人士流移,考详无地,故立九品之制,粗且为一时选用之本耳。"[①]

曹丕废汉立魏后,试图通过大规模的查访、登记和举荐,广集魏国的人才资源。与此同时,由于东汉后期以来

---

① 《晋书·卫瓘传》。

士族势力不断扩张，魏政府既欲罗织人才扩大其统治基础，又须取得豪门权贵支持，故自当承认其做官的特权。所以黄初元年（220）曹丕称帝伊始，即正式颁行士族代表、吏部尚书陈群提出的"九品官人之法"为取士定制①。

2. 九品中正制的实施

实施九品中正制具体有三项举措。一是设置"中正"。由司徒选择"贤有识鉴"、"德充才盛"的中央官员兼任其原籍的中正官，"州郡皆有中正，掌选举"②；州置大中正，郡置小中正。既保证由中央直接控制选士大权，又便于评鉴士人和呈报有关材料。二是品第士人。中正官考察、评定士人，首先要察访、了解其家世源流——品，然后整理其德才表现材料——状，最后综核品、状评定等第。等第分三等九品：上上、上中、上下、中上、中中、中下、下上、下中、下下。三是按品授官。小中正将品第士人的有关材料具册上报大中正，大中正审核后呈报司徒府，司徒再核后付吏部待选。吏部授官的尊卑须与士人品第高低相符，即上品者任高官，下品者取卑职；升迁同时升品，降品即为免官。

（二）九品中正制的演变与得失

1. 九品中正制的演变

九品中正制伴随着士族和庶族势力的消长而变化。九品中正制实施之初，官府选择中正较为慎重，中正多为"贤有识鉴"、"德充才盛"者。根据任人唯才的政策，中正

---

① 《三国志·陈群传》。
② 《通典·选举》。

取士"盖以论人才优劣,非为世族高卑"①,初步改变了东汉后期由世宦党朋操纵荐举的旧状,选拔了许多俊秀之士,斥退了不少无术之人。故曰:"其始造也,乡邑清议,不拘爵位,褒贬所加,足为劝励,犹有乡论余风。"②并且,由于大中正一般由二品担任,当时一品总缺,二品实属极品,这既体现了政府对选士制度的重视,也强化了中央对选士大权的控制。

自司马氏主政后,士族日渐操纵选士。尤其是东晋以降,士族势力膨胀至极,门阀世家几乎占据了所有高官显位,大小中正官都由"著姓士族"担任,九品中正制遂趋向垄断化而成为强化门阀士族专政的工具且弊端日生。中正不仅品评士人,而且干预吏部铨衡,甚至直接授官。任用新官,竟"征其人居及父祖官名","唯能知其阀阅,非复辨其贤愚"③,以至"公门有公,卿门有卿"④,庶族"秀异"仕途堵绝。尚书左仆射刘毅列举其"三难八损"弊端,"上品无寒门,下品无势族"⑤,直切要害。流弊日烈,以至权贵子弟"生发未燥,已拜列侯;身未离襁褓,业披冠戴"⑥。

南北朝时期大率沿用九品中正制。但在频频的政权更动中,士族势力日渐下降,庶族势力逐步上升,寒士千方百计跻身仕途。某些代表庶族利益的统治者又通过孝廉试

---

① 《宋书·恩倖传序》。
② 《晋书·卫瓘传》。
③ 《通典·选举》。
④ 《晋书·王沈传》。
⑤ 《晋书·刘毅传》。
⑥ 屠隆:《鸿苞节录》。

经、秀才试策等途径加强考试；甚至不设中正，罢门资之制，采取"不限荫资，唯在得人"的选士政策，压抑士族，抬高庶士，使之得以参政。如寒门出身的梁武帝于天监七年（508）令"州置州重、郡置郡崇、乡置乡豪各一人，专典搜荐，无复膏粱寒素之隔"①，规定五经馆生徒考试合格即可量才录用，这些都为寒士敞开了入仕大门；又如北齐皇帝经常坐朝监考孝廉、秀才，凡有错别漏字者即点名训斥并罚退站席后，凡字体不工者即罚饮墨水一升，凡文理欠通者即夺去席位并解下佩刀②，这些都有利于选拔具有真才实学之人。

随着庶族势力渐趋上升和考试的推行，汉代设科射策的选士方式重获生机，科举选士的胚胎开始孕育。只俟全国统一，科举制便行将诞生。

2. 九品中正制的得失

九品中正制以维护士族政治特权为旨归，其特点是豪门权贵垄断取士，制度本身缺少客观标准，因而其症结是在根本上抛弃了任人唯贤的原则。中正官基本上是士族代表，名曰"中正"，实质"爱憎由己"、任人唯亲。以家世门第为品评士人的主要依据，必然导致"据上品者，非公侯之子孙，则当涂之昆弟"③，真可谓"高门华阀有世及之荣，庶姓寒人无寸进之路"④。这就使得汉代通过相对选贤任能的察举和策试竞争，而逐渐向广大社会阶层敞开的入仕大门，又重新封闭起来。正因如此，九品中正制不仅导

---

① 《通典·选举》。
② 同上。
③ 《晋书·段灼传》。
④ 钱穆：《国史大纲》，商务印书馆2005年版，第299页。

致了当时的吏治更加腐败,而且士阶层自身也日趋沦为专事虚玄、清谈的社会寄生虫。贵游子弟,不学无术,仅凭谱牒可荣居高位;寒门英俊,才德优异,然贱有常辱难获拔擢。奔驰请选之风盛行,卑微寒士的学习积极性遭到严重挫伤,又直接影响了教育事业的发展。魏晋南北朝官学屡兴屡废,固然有其政治、经济原因,但与此也不无关系。

九品中正制能沿用三个世纪之久,说明它本身蕴含有适合当时政治制度需要的因素。针对汉末察举制业已腐败而言,九品中正制创行之始,适应了曹魏初年的政治态势、人才状况与人才需求,向"综核名实"前进了一步,是选士制度的革新;由专职中正官负责取士事宜,使之成为相对独立的过程,从选士制度史看,它也是由察举向科举嬗递的过渡形态。

尽管九品中正制是两汉察举制的"畸形"发展,但它在一定程度上也含有注重地方评议的因素,是对传统的继承与改造;单就详细建立士人的品、状档案材料而言,开我国人事档案制度的先河,也有值得肯定的成分;士人的品级按常例"三年一清定"[①],中正官也有权据其行状随时予以升降,"其有言行修著,则升进之,或以五升四,以六升五;倘或道义亏阙,则降下之,或自五退六,自六退七矣"[②],这与只能升不能降的积资制和终身职务制相比也有一定的合理性。

---

① 《晋书·石季龙载记》。
② 《通典·选举》。

二、隋唐的科举制

(一) 隋代科举制的产生

1. 科举制产生的历史条件

基础改变 从南北朝后期开始,士族逐渐失去了政治上的垄断地位。庶族势力不断发展,他们在掌握经济实力的基础上要求参加政权,进行权力再分配。隋唐统治者统一天下之后,为巩固统治、扩大其阶级基础,既需要适度满足庶族的参政要求以协调统治阶级内部的矛盾,又需要强化皇权以巩固中央集权。为此,改革选士制度、集中取士大权已势在必行。

时代急需 隋唐统治者为巩固政权,确立了三省六部制,各级官僚机构更加健全、分工更加细致,急需补充大批有能力的、干练的官吏,而旧的选士制度事实上已无法满足这种政权建设需要,因而不得不采用新的选士制度。

选才趋势 旧的选士制度虽然具有一定的选取标准,但难以做到客观、统一;科举制通过分设科目和逐级考试,可能使标准相对客观、统一。尽管科举选士也具有很大的欺骗性,但应举士子多少要凭点才学,因而科举制的产生反映了选士制度不断变革、发展的必然要求与趋势。

2. 隋代科举初创

隋初曾沿用九品中正制,但因其不利于中央集权统治,不久即明令废止。文帝开皇七年(587)"制诸州岁贡三人",开皇十八年(598)"诏京官五品以上、总管、刺史,以志行修谨、清平干济二科举人"①,标志了选士制度已向

---

① 《隋书·高祖纪》。

科举过渡。

关于科举制诞生的时间，史无明文记载。今学术界有人把炀帝大业二年（606）创置进士科作为科举制正式诞生的开端。相关史料载："炀帝嗣兴，又变前法，置进士等科"①，"近炀帝始置进士之科，当时犹试策而已"②，"炀帝始建进士科"③。其后大业三年（607）又诏以"十科举人"，大业五年（609）再诏以"四科举人"。但必须指出，隋代科举仅系初创。科举考试不但偶一为之，录取者也"不过十数"。

（二）唐代科举制的实施

1. 考生来源及报考程序

考生来源主要有三种：一是生徒——主要为"六学二馆"及府州县学学生，他们在校内考试合格后，便可直接参加尚书省举行的省试。二是乡贡——非学、馆直接选送的学生，"举选不由馆、学者谓之乡贡"④；乡贡"怀牒"向所在县、州报名并接受其考试，合格者再参加省试。省试及第者得参加吏部试，合格者授官；落第者可入国子学读书以备再试，亦可自学以备再试或潜心写作以求公卿推荐。这是考生的主要来源。三是宾贡——友好邻国如新罗、日本、大食送来的考生，经审查合格者可参加科举考试。

此外，还规定凡曾触犯律令者、工商子弟及州县衙小吏不得参加科举考试。凡推荐不合格者参加省试的官吏，

---

① 《旧唐书·薛登传》。
② 《旧唐书·杨绾传》。
③ 《通典·选举》。
④ 《新唐书·选举志》。

都要受到惩罚;"纵使试得及第,亦退而获罪"①。

2. 考试科目与内容

唐代科举设科繁多,以至数十种,但不同时期各有增减。常科就是按时、按定制举行的考试科目,主要有秀才、明经、进士、明法、明字、明算等科目,其中经常举行的是明经、进士两科。因进士科难考(百里挑一)而更受重视,当时有"五十少进士,三十老明经"之说。特科(制科)是指不定期考试科目,设有三礼、三传、童子、道举、武举等科,如贤良方正、直言极谏等。

考试内容分常科和特科两种。常科考试内容:一是秀才科试方略策五道,按文理通顺程度分四等录取;此科施行至高宗永徽二年(651)便废止。"秀才科等最高……贞观中,有举而不第者,坐其州长,由是废绝。自是士族所趋向,唯明经、进士二科而已。②"二是进士科初试时务策五道,以"义理惬当"为通;后加试帖经、杂文。杂文主要考诗赋,也曾包括箴、铭、表、赞等;此科注重诗赋,帖经不及格者但诗赋好也可录取,甚至有时"以诗赎帖"。三是明经科以试经书为主,包括帖经、墨义、时务策三场,三试皆及格为及第。四是明法科主试律、令;律七条、令三条,全通为甲等,通八为乙等,以下为不及格。五是明字科主试《说文》、《字林》,先口试,通过后再笔试二十条,通十八为及第。六是明算科主试《九章算术》、《周髀算经》等,十条通六为及格。特科是皇帝为"求非常之才"而诏试知名人士举行的考试,考试日期和科目都随皇帝自

---

① 《唐律疏义》卷九。
② 《通典·选举》。

定。尽管特科及第授官常可从优,但往往被人们视为非正途出身,称为"杂色"不受敬重;乃至朝廷高官如未能由进士入仕,也终觉不美。

3. 考试方法与评定

考试方法主要有:一是帖经,即将经书蒙上几字后由考生填写;二是问义,即简单的经义问答,有笔答(墨义)和口答(口义)之分;三是策问,即就人事、政治设题作文,有方略策、时务策之分,这是最难的一种方法;四是诗赋,即写诗作赋。

评定方法为五级制并有不同阅卷符号,包括○、△、⋯⋯、——、×,以○多者为优。

4. 录取与及第的荣耀

唐代虽每年开科,但录取人数较少,其中又以进士科为甚。明经科每十人可取一、二,每次录取总数不超过一百人。进士科每百人可取一、二,每次录取总数为三十人左右;如文宗曾诏令"岁取登第者三十人,苟无其人,不必充其数"①。进士及第较明经及第更难,故有"三十老明经,五十少进士"之说。

进士及第俗称"登龙门"。金榜题名第一者称"状元"或"状头",同年及第者互称"同年"。新科进士们要集中于杏园参加"探花宴",所谓"春风得意马蹄疾,一日看尽长安花"②;赴慈恩寺大雁塔题名留念,称"题名会";大宴于曲江亭,谓之"曲江会"。有时皇帝还要御紫云楼垂帘以观,公卿达官也前往助兴甚或趁兴择婿,以至街巷车马如簇。

---

① 《新唐书·选举志》。
② 孟郊:《登第诗》。

(三) 科举制的作用与影响

1. 对社会的作用与影响

科举制产生于封建社会鼎盛的隋唐时代，与当时社会发展的总趋势相适应，对稳定社会、巩固封建统治起到了重要作用。表现在：一是科举制采用逐级考试、吏部授官的程序，使官吏的考选和任用都由中央行使，从而加强了以皇权为中心的中央集权制度。二是考试内容由国家统一规定，引导人们朝着同一标准努力，进而使封建意识形态渗透到社会各阶层，起到了统一思想、延续封建统治的作用。三是通过考试取人，在一定程度上打破了门第、年龄、地域以至民族的界限，这不但为广大中下层知识分子踏入仕途打开了大门，缓和了阶级矛盾，而且满足了各级政府补充官吏的需要，强化了统治阶级的社会基础。四是科举选拔的知识分子一般具有较高的文化水平和一定的管理能力基础，这些人长期受封建伦理纲常的熏陶，大多数能成为封建统治的忠实工具，自觉维护封建社会的稳定。

2. 对教育的作用和影响

科举制把读书、应试、做官三件事连为一体，又直接通过选士作用于养士，因而隋唐时期的科举在相当大的程度上促进了教育的发展。表现在：一是科举常科考生主要为生徒和乡贡，这不仅激发了在校生员勤奋向学，而且提高了广大非在校知识分子的读书积极性。士子不由文学而进，则为谈者所耻，"五尺童子，耻不言文墨"①，就是当时以敬学读书为荣的社会风气的记载。二是明法、明字、明算等常科的设置与对应的官学及其教学内容相配合，有利

---

① 《全唐文》卷四六七。

于这类官学的发展；童子、武举等特科的设置，也使人们在重成人、重经文的同时注意儿童和武科。三是与只凭乡里舆论荐举取士的旧制相比，科举选士毕竟有了相对客观统一的衡量标准，这既利于教育内容与标准的统一，又利于结束魏晋以来流行的虚玄清谈的学风和矫情饰伪的社会风气，也促进了诗赋等文学艺术的发展。

不可否认，科举制的双向效应是极为明显的。它对社会、对教育的负面作用和影响，随其弊端逐渐加重而日益突出。

第四节　宋元明清时期的选才制度

宋元明清的科举制度在唐代初步完备的基础上，其形式更加细密周详，内容更加空疏僵化。随着学校教育、科举考试和选录授官三位一体关系的牢固确立，特别是自明代开始八股取士以后，科举考试的指挥棒作用空前强化，学校沦为附庸，徒有空名。科举制度的弊端与危害日深日明，改革以至废止科举逐渐酿成大势。

一、科举制的形式细密周详

（一）科目、程序与称谓

宋元明清的科举考试科目仍分常科与特科两类。常科主要是以明经为内核的进士科。明代初年朱元璋曾令设文武二科取士，但由于能文之士皆以进士为荣，故武科一直时断时续；清代定武科为常科，其规制亦与进士科相同。特科名目繁多，各代互有异同，但无定时且不为士林所重。这一时期的另一新特点是出现了"恩科"。宋代统治者为刺激士子应考,对多次省试或廷试落第者别立名册以奏请特许附试,谓之特奏名;凡特奏名者一般皆能得中,称为恩科。后世如清代于常科外,遇朝廷庆典则特开科取士,也称恩科;如恩科与常科同时举行,则称恩正并科。

宋元二代科举考试程序分三级:乡试—省(会)试—殿(廷)试。唐武则天秉政时曾偶行殿试,而从宋开宝六年(973)起,太祖正式以殿试取代吏部试以直接控制取士大权,并成为后世定制。

宋代科举殿试图

参加乡试取中为举人,前五名称五魁,第一名称解元。会试合格为贡士,第一名称会元。殿试分三甲取士,一甲三名分别称状元、榜眼、探花,又合称三鼎甲,赐"进士及第";二、三甲人数不定,分别赐"进士出身"和"同进士出身"。贡士参加殿试,一般没有黜落,但名次可能升降。如果乡、会试及殿试皆中第一者,称"连中三元"。

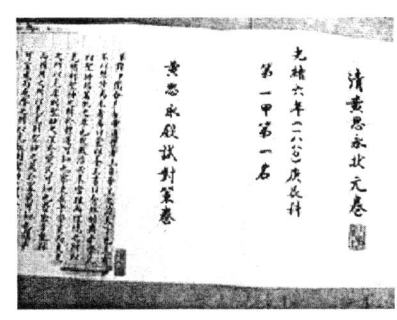

状元、榜眼、探花匾　　　清代黄思永的状元卷

明清二代注重资格考试——童试，包括县试、府试、院试。士子先经过县试和府试，及格者称为童生，童生不论年龄大小，再应本省学政主持的院试，录取者为"入泮"或"进学"，即所在地的县学生员，俗称秀才。县试、府试、院试都是第一名者，颂称"小三元"。清代定武科为常科，相应设置武童试、武乡试、武会试、武殿试，合格者分别称武秀才、武举人、武贡士、武进士。

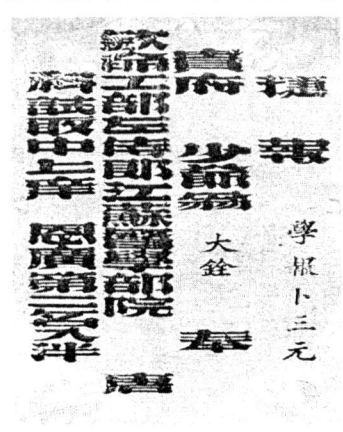
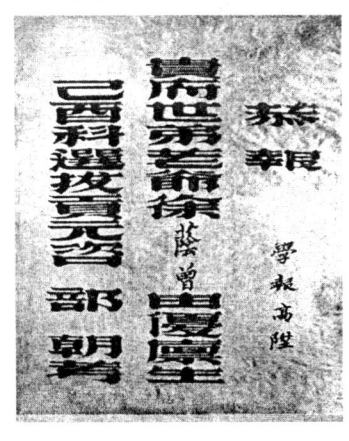

翁大铨院试捷报　　　　　徐荫曾院试捷报

(二) 考试规制

科举考试时间宋初尚无定规，英宗治平三年（1066）初步确定"三年大比"之制——科举考试每三年举行一次，但实际执行并不严格。明初曾一度连续三年开科取士，但很快发现及第者鲜能"措诸行事"，于是暂停科举达十年之久。洪武十七年（1384）起恢复"三年大比"制度，规定每逢子、卯、午、酉年秋行乡试，丑、辰、未、戌年春行会试。

唐代主考官出自吏部，人员固定，权力极大，容易营私。到了宋代，主考官改为临时差遣，相宜官员均可充任且每届多有变换，并设副考官若干人，以使其相互监督制约。主考官从受命之日起须移居贡院，不许外出和接待访客，以免泄题或请托，谓之"锁院"；主考官亲属应考，须"移试别头"，称"别头试"。

考生进入贡院时应交验写有姓名、籍贯、保官及相貌特征的"给帖"，以防假冒；进入贡院号房后，不得任意出入。考生答卷后，试卷糊名弥封再交阅卷官；初次评定后，还要由誊录院设专人誊录试卷并再予评定，以防认笔迹、作暗号舞弊；最后才确定正式成绩。凡京官子弟会试被取，均须参加由中书省特设的复试。即令如此，科场舞弊仍屡禁不绝，以至

清代科举考生的应试凭证

清代为"慎重科名,严防弊窦,立法之周……远轶前代"①。有关条规包括会试前后均须复试和"磨勘"(核对试卷),这两次查核如未通过则不能参加会试或殿试。

此外,元清二代科举还体现出民族歧视性,且元代尤甚。表现在:一是元代"蒙汉有别"。即考试中蒙古人、色目人只需通过两场考试便可中进士,汉人、南人则需通过三场难度较大的考

清代江南贡院号房

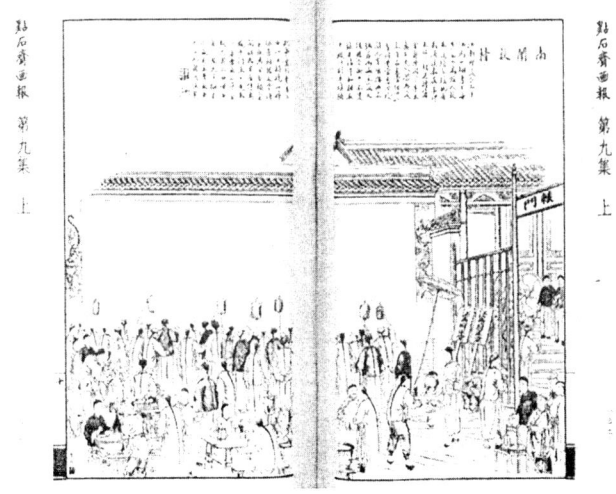

江宁府乡试后的南闱放榜图

① 《清史稿·选举志》。

试才能入选;国子学贡试中蒙古、色目贡生的试题较简易,汉人、南人贡生的试题既深且难;中选后公布名次也分左、右两榜,蒙古人、色目人居"右榜"且授官从优。二是清代初年乡、会试及放榜也"满汉有别";康熙以后为缓和民族矛盾,合两试、两榜为一,但定武科为常科仍有为八旗子弟升迁别立途径的用意。

二、科举制的内容空疏僵化

(一)依据愈趋僵化

隋唐科举考试注重全面复兴儒学。宋代尽管曾一度以《三经新义》为依据,内容仍相对宽泛。从元中叶开始,《科试条例》明确规定科举考试据《四书》出题"并用朱氏《章句集注》",使考试内容局限于更加褊狭的死胡同。明代则进一步规定,以《四书》命题为书义,以《五经》命题为经义,书义、经义均按朱熹等人的注疏阐述,不得自由

清代武科外场考试

发挥，完全"代圣贤立言"。清代沿明代旧制，命题愈益偏刁，答题更趋呆板，从而使科举完全僵化；武科除外场试马射、步射和技勇外，内场则包括默写兵书等。

（二）文体愈趋呆板

八股取士确立于明初，盛行于宪宗成化以后，泛滥于清代。八股文作为对偶排比文体，虽系早已存在的为文形式之一，但由于明清定为取士的标准形式，故此日益束缚士子的思想，成为统治者实施文教专制的重要工具。

八股文又叫制艺、时文、八比文等，因其题目都取自"四书五经"又称四书文。它有固定的格式和要求，由破题、承题、起讲、入手、起股、中股、后股、束股、大结九个部分组成。破题共两句，点破题目要旨；承题用三、五句引申要旨，使其畅达；起讲用几句或十几句，将题理、题意统括包举；入手用三、五句，从上文引入本题。起股至束股四个部分是正式议论，要求用双行对偶文字，"股者，对偶之谓也"①，其长短无定式。大结咏叹数句不等，以结束全篇。下举崇祯辛未科进士马世奇文以示例：

至诚之道（二句）

（明）马世奇

诚之明也，以其道决之而已。（破题）

夫至诚非有意为知，固道可以前知也，所谓诚则明者也。（承题）

且天下开物成务之故，皆视所知而起，故凡圣人继统，其智未有不处天下之上者，而吾以为非其明至，乃其诚至

---

① 《日知录·试文格式》。

耳。(起讲)

何也？至诚之道，天道也。(入手)

言天则不与情为役，夫情之遇物常昧，天之遇物常觉，情有妄而天无妄也。无妄而其道已精矣。

言天则并不与识为偶，夫识之所及在事中，天之所及在事先，识有心而天无心也。无心而其道弥大矣。(起股)

羲皇以来，五德代移，则事之起于知也渐多，而要之理以御数，果其根极于理，即所谓成功之退，将来之进，皆其理之自然而无俟推测者也。至诚所可知之于数以前也。

唐虞以降，三统递变，则知之历于事也愈详，而要之几以造形，果其通极于几，即所谓前人之智，后人之师，皆其几之相乘而不藉探索者也。至诚所可知之于形以前也。(中股)

天下莫前于不睹不闻，而睹闻为后。试想诚者未发之中，心无所系，无所系则常虚，虚故气机毕贯，其知之在千古，犹其在须臾也。总一诚之上通于天命而已。

天下莫前于生天生地，而天地为后。试想诚者尽性之后，心有所主，有所主则常实，实故微显咸彻，其知之在三才，犹其在一念也。总一诚之默契于化育而已。(后股)

是故人患知少，至诚则无所不备，彼其验知于不爽者，皆应顺而不劳者也。天下之贤智莫能几及矣。道之可前知者，不在外也。

人患知多，至诚则操之至密，彼其涵知于坐照者，皆藏用而莫窥者也。天下之世运赖以匡维焉。道之可前知者，大有为也。(束股)

此所为天道也。(大结)

三、科举制的弊端与危害

(一) 学校功能丧失

学校教育重在培养人才。但由于科举把读书、应试和做官紧密联系起来,士子非举业不能入仕,故学校逐渐沦为科举的预备机构。尤其是程朱理学奉为圭臬、八股取士成为定制之后,家家程注朱注,人人套文抄策,学校专施八股读写训练。这种重心转移不但导致当时的读书人不读史学、算学、天文学等等,明末科学家宋应星也在《天工开物》序中明确告知读者"此书于功名进取毫不相关",而且连儒家经书也束之高阁。其危害之剧,"等于焚书,而败坏人材,有甚于咸阳之郊所坑者"[①];学校"不特不能养士,且至于害士"[②]。

(二) 士子人格异化

"穷则独善其身,达则兼济天下"是儒家传统的人格取向。但在科举制度支配下,士子读书进学以窃取功名利禄为目的,"朝为田舍郎,暮登天子堂"为其人生理想。统治者以"富家不用买良田,书中自有千钟粟。安房不用架高梁,书中自有黄金屋。娶妻莫恨无良媒,书中有女颜如玉。出门莫恨无人随,书中车马多如簇"等为诱饵,要求"男儿欲遂平生志,六经勤向窗前读"[③]。功名利禄不仅驱使士子皓首穷经以应科举,至有"行年七十尚称童可云寿考,到老五经犹未熟不愧书生",甚至老死科场而无悔。士子人

---

① 《日知录·拟题》。
② 《明夷待访录·学校》。
③ 宋真宗:《劝学诗》。

格奴化，沦为统治者的应声虫。

（三）社会风气堕落

实施科举取士曾形成过少年童子敬学读书的良好社会风气。但随着"十载寒窗，一举成名，富贵荣华，锦衣玉食"思想的蔓延和现实的刺激，各种形式的科场舞弊层出不穷，愈演愈烈，严重败坏了社会风气。如明代科场作弊就有贿买、挟带、抢替、割卷、传递、顶名、冒籍等多种途径。清代曾严订考试条规甚至屡兴大狱试图禁绝舞弊，但"道高一尺，魔高一丈"，舞弊陋习犹病入膏肓不可救药。如通关节只要金银够数则万无一失，至有考官"张千李万"之说；"递条子"盛行，并恶化为在"条子"上以画圈多少表示酬银价码等。

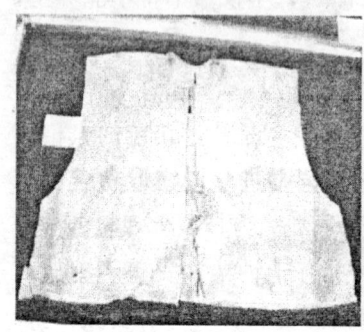

明代殿试作弊马褂（布满5万字蝇头小楷）

科举制的弊端与危害引发了不少有识之士的忧虑和抨击，尤其是明末清初的启蒙主义思想家对此进行了无情的揭露，改革选士制度已势在必行。然而，随着清代民族矛盾日趋尖锐和封建文教专制愈益严酷，八股取士又在统治者的庇护下得以苟延残喘。

第五节　晚清时期的选才制度

鸦片战争以后，随着"西学东渐"的加剧，传统封建教育空疏无用的弱点日益显露，改革科举制度，逐渐成为当时有识之士的普遍要求。

一、改革科举考试内容

光绪十三年（1887），清廷迫于内外压力，根据陈琇莹的奏请将算学科增列为考试科目，但规定每二十名只能取一名且至多不超过三名，实质是限制学西学者。

维新运动期间，改革科举情势日炽。光绪二十四年（1898），清廷采纳严修之议开设经济特科；旋即又依据康、梁奏请，下诏废除八股试帖楷法取士，规定乡、会试及生童岁科各试"一律改试策论"①。后因戊戌政变，八股取士一度复活。其后清廷为推行"新政"，光绪二十七年（1901）再度明令废除八股、改试策论，并停罢武科。

二、递减科举中额

实施新政后，若干开明官僚、封疆大吏不满足于仅就内容改革科举，纷纷要求递减科举取士名额。光绪二十七年（1901）张之洞、刘坤一奏请"按科递减科举取士之额，为学堂取士之额"②。光绪二十九年末（1903），张百熙、荣

---

① 舒新城：《中国近代教育史资料》上册，人民教育出版社1961年版，第44页。
② 同上，第56页。

庆、张之洞在《奏请递减科举注重学堂折》中提议："从下届丙午科（1906）起，每科递减中额三分之一……俟末一科中额减尽以后，即停止乡会试。"①

归国留学生在科举废除前举行的最后一次殿试

上述措施意在通过"递减"这种权宜之计，逐渐向停止科举过渡，最终使"天下士心专注学堂"②。

三、停止科举

由于科举制的存在不可避免会阻碍近代新教育的发展，因而上述"递减"之计尚未施行，袁世凯、赵尔巽、张之洞等就从维护清廷统治的立场出发，会奏立停科举以广学校。指出只有如此，才能"广学育才，化民成俗，内定国势，外服强邻，转危为安"③。迫于形势，清政府于光绪三

---

① 舒新城：《中国近代教育史资料》上册，人民教育出版社 1961 年版，第 61 页。
② 同上，第 61 页。
③ 同上，第 64 页。

十一年（1905）八月下令"自丙午科为始，所有乡会试一律停止，各省岁科考试亦即停止"①。

至此，施行长达1300年之久、作为封建制度重要支柱的科举制终于寿终正寝。废除科举制这根封建教育的"指挥棒"，在形式上宣告了封建教育的终结，预示着中国教育即将进入一个新的发展阶段。

第六节 民国时期的选才制度

民国时期确立的人才选拔制度是与资产阶级民主共和政体相适应的文官考试制度。这一制度首创于南京临时政府时期，正式推行于北京政府时期，而考试权的独立完成于南京国民政府时期；与此同时，新民主主义革命时期党在干部的选拔任用上也进行了创造性的探索和实践。

一、国民政府的文官考试制度

民国初年，尽管北洋军阀实行了文官考试制度，但由于袁世凯独裁和复辟的破坏，使文官考试制度有名无实。南京国民政府时期制定了一整套法律法规，形成了包括考试—分发—任用三个环节在内的较完整的文官考试体系，并在一定程度和范围内贯彻实施了这一制度。根据《考试法》的规定，考试分为两类：公职候选人考试和任命人员考试。前者指的是省、县参议员和乡民、镇民代表候选人必须参加的考试；后者则是各项行政和技术人员必须参加

---

① 舒新城：《中国近代教育史资料》上册，人民教育出版社1961年版，第66页。

的考试，主要有高等文官考试、普通文官考试和特种考试。

高等文官考试报考者一般须具有大学专科毕业以上学历，考试合格后以"荐任"职录用，是选拔县长以上高级官员任职资格的国家最高一级考试，由考试院考选委员会直接举办，在全国各省市分设考区。统一命题，统一阅卷评分，统一录取，统一分配任用。每年或间年举办一次。考试成绩优异者，可以特予提升作为简任官任用。

普通文官考试要求报考者具有中等以上学校毕业学历，考试合格后以"委任"职录用，是录取委任官的一种考试。普通文官考试一般由各省市报经考试院批准举办，在首都地区由考选委员会直接举办。一般按年（1938年除外）举行，即使在抗日战争的特殊环境下也基本保持正常进行。

特种考试是对特殊职业人员进行的资格认定考试，是由主管业务部门报经考试院批准特别举行的一种考试，主要包括教育、会计、财务、海关、盐务、邮电等各类业务技术人员的考试。这类考试由于情况较为特殊和复杂，其水平有的高于高等考试（如县长考试，其应考资格为：曾经高等行政人员考试及格，或曾任简任官1年以上，或曾任荐任官两年以上等），有的则比普通考试还要低（如邮局信差的考试，只要求具有小学水平）。

总的来看，国民政府的人才选拔完成了从科举考试到文官考试的对接，奠定了我国近代文官考试制度的基础。

二、新民主主义的干部选任制度

新民主主义革命时期，中国共产党在干部选拔任用上进行了创造性的探索和实践，制定了一系列正确的干部路线、方针和政策，积累了正反两方面的丰富经验，为革命的胜利提供了坚强保障，对其执政后的干部工作产生了深远影响。

(一)建党初期和大革命时期中国共产党的干部选拔

在中国共产党第一次全国代表大会召开时，中国共产党就进行了通过选举产生领导成员的尝试和实践。当时在共产国际的指导下，一大选举产生了由陈独秀、李达、张国焘三人组成的中国共产党的临时中央领导机构——中央局。由于中国共产党的二大决定加入共产国际，之后中央领导层调整变动时，都是根据共产国际的决议，经过中国共产党的会议民主选举产生党的领导人。中国共产党的三大通过的《中国共产党中央执行委员会组织法》规定："中央执行委员会由本党常年大会选出"，"由执行委员会选出委员长秘书及会计三人"[1]。可见，民主集中方式是当时中国共产党选拔任用领导干部的重要形式。

(二)土地革命战争时期中国共产党的干部选拔

这一时期，中国共产党中央及各级党组织主要围绕选拔什么样的人、如何选人用人等问题进行了积极的探索和实践。1929年6月，中国共产党的六届二中全会通过的《组织问题决议案》提出："考察一个党员，应该以其政治认识、纪律性及对工人阶级利益的牺牲性为标准，此外还要加上他与广大工农群众的联系，他在这些群众中的威信和影响以及指导群众的能力等标准。"[2] 这些标准的提出，为选拔任用干部提供了重要指导。1937年，毛泽东在延安召开的中国共产党全国代表大会上所作的报告中指出：中

---

[1]《中共中央文件选集》第1册，中共中央党校出版社1989年版，第156页。

[2]《中共中央文件选集》第5册，中共中央党校出版社1990年版，第237页。

国共产党的干部要"懂得马克思列宁主义,有政治远见,有工作能力,富于牺牲精神,能独立解决问题,在困难中不动摇,忠心耿耿地为民族、为阶级、为党而工作"①。这实际上是对整个土地革命战争时期党选人用人的实践经验的高度概括和总结。

(三)抗日战争时期中国共产党的干部选拔

这一时期,中国共产党对干部选拔任用的认识日益深化,干部工作在多方面实现了突破。1940年8月,中央组织部在《关于审查干部经验的初步总结》中对干部选拔任用的程序进行了规范:"干部科应根据自己考察干部的结果向党的常委和政治部提出调动和配备干部的意见,党委及政治部必须尊重干部科所提的意见。"② 1939年12月,中共中央在《大量吸收知识分子的决定》中指出:在长期和残酷的民族解放斗争中,"没有知识分子的参加,革命的胜利是不可能的"。同时提出"一切战区的党和一切党的军队,应该大量吸收知识分子加入我们的军队,加入我们的学校,加入政府工作"③。1943年4月颁布的《陕甘宁边区各级政府干部任免暂行条例》和《陕甘宁边区各级参议会组织条例》规定,边区干部的任职方式主要有选任制、委任制和聘任制。边区政府主席、副主席、政府委员和高等法院院长由边区参议会选举产生,等等。这些制度的实行,为充分发扬民主、选准用好干部、提高干部工作水平提供了有力的制度保证。

---

① 《毛泽东选集》第1卷,人民出版社1991年版,第277页。
② 《陈云文集》第1卷,中央文献出版社2005年版,第286页。
③ 《毛泽东选集》第1卷,人民出版社1991年版,第619页。

（四）解放战争时期中国共产党的干部选拔

解放战争时期，中国共产党适应形势任务的发展变化，着眼于解决干部工作中遇到的实际问题，创造性地提出了一系列有针对性的干部方针政策。1948年4月8日，中央在给洛阳前线指挥部的电报中明确提出："市委书记和市长必须委派懂政策有能力的人担任。"[①] 1948年8月，华北临时人民代表大会在石家庄召开，民主选举了董必武等27人为华北人民政府委员会委员。1948年9月，中共中央在西柏坡召开的政治局扩大会议上提出，在解放战争第三年内，虽然大部分干部应当依靠老解放区供给，但同时必须注意从国民党统治区的城市工人和知识分子中去吸取。从国民党统治区城市工人和知识分子中吸取干部的方针政策的实施，有效地解决了干部紧缺的问题。

小　结

中国历史上的人才选拔制度，在不同的历史阶段、不同的社会形态下，其表现形式与侧重点是不同的。

最初的氏族社会实行的是禅让制，到了西周主要实行的是世卿世禄制，而春秋战国盛行的是养士制。

秦代的军功爵制取代了奴隶社会的世袭制，而汉代最重要的仕进途径和方式是察举制。秦汉时期的人才选拔制度对后世的选士制度产生了重大影响。

魏晋南北朝的九品中正制逐渐取代了察举制，成为当

[①] 《中国共产党历史》第1卷下册，中共党史出版社2011年版，第971页。

时的取士定制；及至隋唐，科举制得以产生和发展，从而使选士和育士紧密地结合在一起。

宋元明清的科举制在形式上更加细密周详，内容上更加空疏僵化。随着八股取士的实行，学校逐渐沦为科举的预备机构，致使科举成为统治阶级实施文教专制的重要工具。

清末不少有识之士意识到科举制的种种弊端，纷纷提出改革科举制的主张。清政府于光绪三十一年下令废除科举制，从而宣告了科举制的终结。

国民政府确立的人才选拔制度是与资产阶级民主共和政体相适应的文官考试制度；与此同时，中国共产党在干部的选拔任用上也进行了创造性的探索和实践，制定了一系列干部路线、方针和政策，为革命的胜利提供了有力保障。

总的来看，中国教育史上人才选拔制度的演变过程，是一个人才选拔权逐步集中、考试因素不断加强、选拔人才标准日趋客观、入仕机会走向均等的过程。其中，科举制的创立，标志着封建时代选士制度的完善。

第六章 教育思想

在中国教育史上,曾经涌现出了一大批杰出的教育家,他们为了治国育才的理想和需要,先后提出了许多具有真知灼见的教育思想;尽管这些思想或多或少地存在着时代的局限和不足,但都在不同方面、不同程度上推动或影响着教育的发展和变革,并为人类留下了丰富的教育思想史料,为中国文化教育宝库增添了珍贵的遗产。

第一节 先秦时期的教育思想

一、孔子[①]的教育思想

孔子是我国古代伟大的思想家、教育家,是东方传统文化的杰出代表,并被列为"世界十大历史名人"之首。他创立的儒学自汉代"独尊"之后,位居中国思想文化主

---

① 孔子(前551—前479),名丘,字仲尼,春秋末期鲁国陬邑人。自称"吾少也贱"、"十有五而志于学"。约自"而立"之年起创办私学,其后四十余年亦未因短暂从政而间断;施教足迹广及十来个诸侯国,晚年归里主"杏坛"讲学、著述。他一生学而不厌,诲人不倦,据说培养弟子三千,通六艺者七十二人。《论语》约两万字,为研究其思想的主要资料。

明代《圣迹图》中"孔子不仕退修诗书"

吐鲁番阿斯塔那出土的唐代写本郑玄注《论语》残页

流达两千余年。他首创私学,修订"六书",是我国历史上第一个毕生致力于教育的教育家,对古代文化教育的发展作出了重大的贡献。

(一)论教育的作用

1. 对社会发展的作用

孔子主张以"王道"治国。子适卫,冉有仆。子曰:"庶矣哉!"冉有曰:"既庶矣,又何加焉?"曰:"富之。"

曰："既富矣，又何加焉？"曰："教之。"①子贡问政。子曰："足食，足兵，民信之矣。"子贡曰："必不得已而去，于斯三者何先？"曰："去兵。"子贡曰："必不得已而去，于斯二者何先？"曰："去食。自古皆有死，民无信不立。"② 两段论述，一"加"一"去"，明确了教育与人口、经济以及军事等社会发展要素间的关系，阐释了教育既是治国又是保国的基础。孔子之前，古籍早有"庶"、"富"、"教"等概念，古人早有重"民"重"信"的思想，孔子创造性地将这些概念作为治国要素并举，以论证教育在社会发展中的重要性，并把教育百姓树立信心上升为为政之本。

此外，孔子认为治理国家德治和礼教比政令和刑律更重要、更有效。因为"道之以政，齐之以刑，民免而无耻；道之以德，齐之以礼，有耻且格"③。并反对苛政酷刑、崇尚武力，指出"不教而杀谓之虐"④。正因其充分认识到教育在社会发展中的重要性，进而认为从事教育就是参与政治，并非只有做官才算从事政治。如有人问孔子"子奚不为政？"子曰："《书》云：'孝乎惟孝，友于兄弟，施于有政。'是亦为政，奚其为为政？"⑤ 这段问对突出体现了孔子"从教即为政"的观点。

2. 对人的发展的作用

主张一般人"学而知之"，基本目标"修己"。对此，孔子提出："性相近也，习相远也"⑥；又认为："生而知之

---

① 《论语·子路》。
② 《论语·颜渊》。
③ 《论语·为政》。
④ 《论语·尧曰》。
⑤ 《论语·为政》。
⑥ 《论语·阳货》。

者上也，学而知之者次也，困而学之又其次也，困而不学民斯为下矣"①，以及"唯上知与下愚不移"②。孔子之前，古籍"兹乃不义，习与性成"③之说言习行不义将成其性，已初步意识到后天习行有可能反作用于先天之性。孔子借此基础续加申说，从性"近"习"远"比较的角度阐发教育在人的发展中的作用，进而认识到了遗传与广义教育之间的辩证关系，同时也冲击了三代相袭的血统论。

然而，由于孔子把人分为"生而知之"、"学而知之"、"困而学之"和"困而不学"四等，且认定"上知与下愚不移"，即使这种"生而知之说"如不少论者所言属"虚悬一格"，但这一理论不仅反映了孔子对人的发展的认识还带有先天决定论转向后天决定论的孑遗，并成为血统论延续的"把柄"，而且导致了后世有关教育理论的分歧。

(二) 论教育的对象、目的与内容

1. 有教无类

教育对象观从受教育权利的角度体现着教育的性质。对此，孔子首倡"有教无类"④，自谓"自行束脩以上，吾未尝无诲焉"⑤。主张教育不分种族贵贱，只要能执"束脩"行敬师礼者都应受教育。从孔子的施教实践看，他的弟子来自鲁、齐、卫、宋十多个诸侯国，分属不同社会阶层和年龄。既有贵族子弟孟懿子、南宫适与货殖致富的子贡等，又有无立锥之地的仲弓、穷居陋巷的颜渊与野人子路等，

---

① 《论语·季氏》。
② 《论语·阳货》。
③ 《尚书·太甲上》。
④ 《论语·卫灵公》。
⑤ 《论语·述而》。

既有当政权贵,又有乡野童子。

孔子的"有教无类"观直接针对三代教育的有教有类,表现了教育的人民性和民主性因素,开创了通向学术下移和普及教育的新道路,是中国教育史上划时代的革命创举①;但他否认女子的受教育权利,则是其教育理论与实践的重大遗憾;同时还应注意,由于氏族社会的广义教育没有种族贵贱之别,孔子"祖述尧舜"②,故似难排除"有教无类"思想丝毫未受原始先民教育状况的启发。

2. 教育目的

孔子的教育目的是造就志道弘道的士、君子和博施于民且能济众的圣人,即"不是仅仅培养学者,而是训练治世能人"③。但他认为"博施于民而能济众","尧舜其犹病诸!"④"圣人,吾不得而见之矣"⑤;因而"圣人"只是其理想目标,"士"、"君子"是其具体目的。士、君子作为"官之总号"、"在官长者",早已见诸《尚书》、《诗经》等古籍,不为孔子发明。但他赋予士、君子"仁"、"智"、"勇"和"修己以敬"、"修己以安人"、"修己以安百姓"⑥等规范和标准,使教育目的与比较全面、具体的规格要求构成为一种初步可以评估的理论体系。

孔子还驳斥不学而仕的论调是"贼夫人之子"⑦,其弟

---

① 匡亚明:《孔子评传》,齐鲁书社1985年版,第277—278页。
② 《礼记·中庸》。
③ (美) G. Creel, *Confucius and the Chinese Way*, Harper & Row Publishers, New York and Evanston, 1960, P. 79.
④ 《论语·雍也》。
⑤ 《论语·述而》。
⑥ 《论语·宪问》。
⑦ 《论语·先进》。

子秉承其意进而提出"仕而优则学,学而优则仕"①,把"学优"与"仕优"统一起来。这一观点不但冲击了奴隶社会"任人唯亲"的世袭制,并隐含有为官者应"不断学习"之意,在我国教育理论史上具有开创性的意义。

3. 教育内容

孔子的教育内容可从三个角度概括。一是基本方面:文、行、忠、信"四教";二是基本科目:礼、乐、射、御、书、数"六艺";三是基本教材:《诗》、《书》、《礼》、《乐》、《易》、《春秋》"六书"。这些内容从名目上看,似未突破西周的已有模式。论及对其作用的认识,《尚书·舜典》已有"诗言志,歌永言"之说;春秋前期楚大夫"申叔时论教"② 中不但肯定《春秋》之教可"耸善而抑恶焉,以戒劝其心",《诗》之教可"道广显德,以耀明其志",《礼》之教可"使知上下之则",《乐》之教可"疏其秽而镇其浮",还分别论述了《世》、《令》、《语》、《故志》及《训典》等教育内容的作用;就是孔子诲告孔鲤"不学礼,无以立"③ 也似系借用孟僖子语④,因孟僖子语此时孔子不过十七八岁。凡此可见,从理论上界定上述教育内容的作用,孔子似未超越人类当时的已有认识。

但必须看到:一是孔子身处"《礼》、《乐》废,《诗》、《书》缺"⑤ 的春秋后期,他对教育内容的最大理论贡献就是整理、修订"六书",使我国有了第一套定型的教材。二

---

① 《论语·子张》。
② 《国语·楚语上》。
③ 《论语·季氏》。
④ 《左传·昭公七年》。
⑤ 《史记·孔子世家》。

是他重视研究"人事"、"不语怪力乱神"①，这对我国后世教育内容的非宗教性或较少鬼神迷信成分，也有不可低估的积极影响。三是他的教育内容与其教育目的的规格标准相适应，强调"行有余力，则以学文"②，"非礼勿视，非礼勿听，非礼勿言，非礼勿动"③，又由此确立了我国教育首重德育，尤其强调道德实践的传统。四是他虽不排斥但不注重自然科学知识，并视"学稼"为"小人"之举及"焉用稼"④的观点，背离了前人"君子"应"先知稼穑之艰难"⑤的已有正确认识，也导致了后世教育内容的缺陷。

(三) 论学习过程与施教技巧

1. 学习过程

为培养志道弘道的士、君子，孔子初步综合性地论述了由"立志"→"学"→"思"→"习"→"行"五阶段构成的学习过程。他把立志置于学习过程之首，自述"十有五而志于学"⑥，强调君子应"志于道"⑦，"匹夫不可夺志"⑧；赞许为己而学，乐学不倦和学贵有恒，"古之学者为己，今之学者为人"⑨，"知之者不如好之者，好之者不如乐之者"⑩，"人而无恒，不可以作巫医"⑪；主张学思结合、学

---

① 《论语·述而》。
② 《论语·学而》。
③ 《论语·颜渊》。
④ 《论语·子路》。
⑤ 《尚书·无逸》。
⑥ 《论语·为政》。
⑦ 《论语·述而》。
⑧ 《论语·子罕》。
⑨ 《论语·宪问》。
⑩ 《论语·雍也》。
⑪ 《论语·子路》。

习并重和知行一致，提倡"学而时习之"①，"君子有九思"②和"讷于言而敏于行"③，认为"学而不思则罔，思而不学则殆"④，"君子耻其言而过其行"⑤。

孔子之前，国人已有"惟学逊志……念终始典于学"⑥，"思深忧远"⑦，"习与性成"和"行有九德"⑧等思想；其"志"、"学"、"思"、"习"、"行"，与孔子所言"志"、"学"、"思"、"习"、"行"同义或近义。孔子似借鉴了这些观念，论述了为学与立志、学与思、学与习、知与行的相互关系，初步综合性地建构起上述学习过程论。

2. 因材施教

孔子施教善于因人而异。这体现在：一是以"识材"为基础，注重通过"多闻"、"听其言"和"多见"、"观其行"深入了解弟子，并能用寥寥一两字准确地勾画出他们各自的特征。"柴也愚，参也鲁，师也辟，由也喭"⑨，"由也果"、"赐也达"、"求也艺"⑩ 等即为明证。二是针对不同知识水平和个性特征施教，"中人以上可以语上"，"中人以下不可以语上"⑪。如仲由和冉求同样问"闻斯行诸"，孔子答复仲由"有父兄在，如之何其闻斯行之？"答复冉求"闻

---

① 《论语·学而》。
② 《论语·季氏》。
③ 《论语·里仁》。
④ 《论语·为政》。
⑤ 《论语·宪问》。
⑥ 《尚书·说命下》。
⑦ 《左传·襄公二十九年》。
⑧ 《尚书·皋陶谟》。
⑨ 《论语·先进》。
⑩ 《论语·雍也》。
⑪ 同上。

斯行之。"使得在旁的公西华疑惑而问，子曰："求也退，故进之；由也兼人，故退之。"① 正由于孔子善于因人施教，其弟子也各展其长、各有特色，有的德行高尚，有的善于言语，有的长于政事，有的通熟文献，成为社会的有用之才。"孔门弟子七十之徒，皆任卿相之用，被服圣教，文才雕琢，知能十倍，教训之功而渐渍之力也。"②

但应明确，"因材施教"概念的发明权不属于孔子，它有一个较长的概念形成过程。孔子之前已有"知人则哲"③、"因人之力"④ 等论述，肯定了"知人"和据人力而行，但未直接涉及教学问题；其后《中庸》引孔子"天之生物，必因其材而笃焉，故栽者培之"一语，有因材栽培意，亦未具体联系教学问题；再后朱熹在《论语集注·雍也》引张栻"圣人……施教，则必因其材而笃焉"，在《论语集注·先进》自语"孔子教人各因其材"，始初步形成"因材施教"概念。

3. 循循善诱

孔子"循循然善诱人"，其"善诱"可概括为三种表现形式：(1) 由浅入深式。如子路连续"三问"君子的标准，孔子先后以"修己以敬"、"修己以安人"、"修己以安百姓"作答，渐次深入，引导弟子理解君子应始于己"敬"再"安人"以至"安百姓"之道。(2) 取譬喻理式。如以"岁寒然后知松柏之后凋"比喻气节，以江水流淌"不舍昼夜"比喻时间一去不复返，分别勉励弟子树立坚韧不拔的精神

---

① 《论语·先进》。
② 《论衡·率性》。
③ 《尚书·皋陶谟》。
④ 《左传·僖公三十年》。

和珍惜光阴、发愤图强①。（3）攻叩两端式。如子贡问："师与商也孰贤？"子曰："师也过，商也不及。"曰："然则师愈与？"子曰："过犹不及。"② 通过人物评价，使弟子理解无过、无不及的中庸之德。

"循循然善诱人"是颜渊对孔子教学艺术的赞叹③。尽管其前古籍中"循"、"诱"已分别有依顺与吸引之意④，但孔子本人并未对"循循善诱"命题作出理论探讨，至少《论语》可以证实这种结论。孔子的贡献主要反映在施教实践中，即在"因材施教"过程中，顺应弟子不同的知识水平和个性特征，一步步地引导他们不断进步以至于"欲罢不能"。"循循善诱"作为一个概念或理论命题，它起始于已述颜渊对孔子施教技巧的总结，其定型至晚可见诸南朝梁刘峻《辩命论》⑤。

4. 启发教学

孔子之前，古籍已有"启乃心"⑥和"旁求俊彦，启迪后人"⑦等名句。其"启"、"启迪"已含开启、启发之意。将启发作为一种观念和方式引入教学，则始于孔子。他首倡"不愤不启，不悱不发。举一隅不以三隅反，则不复

---

① 《论语·子罕》。
② 《论语·先进》。
③ 《论语·子罕》：颜渊喟然叹曰："仰之弥高，钻之弥坚。瞻之在前，忽焉在后。夫子循循然善诱人，博我以文，约我以礼，欲罢不能。"
④ 如：《左传·昭公七年》"循墙而走"；《诗·召南·野有死麕》"吉士诱之"。
⑤ 《梁书·刘峻传》："循循善诱，服膺儒行。"
⑥ 《尚书·说命上》。
⑦ 《尚书·太甲上》。

也"①，主张使"心求通而未得者"开其意，让"口欲言而未能者"达其词②，此为我国教育史上启、发并举以探讨、解决教育问题的理论先声。汉代郑玄"孔子与人言，必待其人心愤愤、口悱悱，乃后启发为说之"③一语，似系"启发"概念的成型。

孔子实施启发教学具有如下技巧：一是激趣求疑。激励学生保持"学如不及，犹恐失之"④的好学情趣和"疑思问"⑤的求知精神。二是把准时机。即当学生产生强烈的求知欲望但又遇到障碍时，就应及时给予启发。三是举一反三。要求学生"告诸往而知来者"⑥，反之"则不复也"。四是师生相互启发。如借助弟子间的相互比较，引导他们树立"弗如"之明⑦；称赞讨论中启发自己的子夏，"起予者商也"⑧，等等。

孔子首创启发教学及其所蕴含的教学民主、师生平等思想，这也是他继承前人"教学半"⑨的观点，充分重视学生和正确理解教学关系，并使之落实于教学实践的具体反映。他不以长者、尊者和能者自居，既表现了对他人价值的尊重和能力的肯定，也为随之兴起的百家争鸣奠定了必要的思想基础。

---

① 《论语·述而》。
② 《论语集注·述而》。
③ 《论语注疏》引郑玄注。
④ 《论语·泰伯》。
⑤ 《论语·季氏》。
⑥ 《论语·学而》。
⑦ 《论语·公冶长》。
⑧ 《论语·八佾》。
⑨ 《尚书·兑命下》。

(四)论德育结构与德育方法

1. 德育结构

孔子初步提出了依于仁、立于礼、始于孝悌的德育结构理论。孔子的学说以"仁"为核心;仅就《论语》言,"仁"共出现109次,可见其重"仁"。"仁"不论是作"爱人"、"己所不欲勿施于人"还是"克己复礼为仁"①等解,都是体现人与人之间关系的一种内在道德标准。孔子要求弟子"依于仁"②,"仁者安仁"③,即以"仁"为言行的依据或基础,随时随地都要保存仁德、与"仁"同在。他进而指出,"仁"的外在体现或行动纲领是"非礼勿视,非礼勿听,非礼勿言,非礼勿动"④,即视、听、言、行均必须符合"礼"的要求,并强调不学礼、不知礼都不可能立足于社会。在就内在道德标准和外在道德要求两个角度建构其德育理论的同时,孔子还认为孝悌是"为仁之本",并在道德实践上要求弟子"入则孝,出则悌,谨而信,泛爱众而亲仁"⑤,从而初步形成了他的以仁为依据、礼为主干和孝悌为起点的德育结构理论。

分析这一结构并追本溯源,早在氏族社会后期和奴隶社会初期,我们的祖先就开始意识到道德对维系种族生存和民族凝聚力的重要性,重视人伦教化也是远古的观念遗存之一。《尚书》中"克谐以孝"、"予仁若考"及"惟孝,

---

① 《论语·颜渊》。
② 《论语·述而》。
③ 《论语·里仁》。
④ 《论语·颜渊》。
⑤ 《论语·学而》。

友于兄弟，克施有政"①，赞美先圣仁德、孝悌；"古志"中"克己复礼，仁也"②，宣扬克制自己使言行合礼即为"仁德"；孟僖子"不学礼，无以立"③，强调学礼、知礼为立身的基本前提；据载孔子曾"问礼"于老聃，并大受启发④。不难看出，孔子言仁、礼、孝悌均辞出有典。但不能否认，孔子在祖述尧舜、宪章文武的基础上，将仁、礼、孝悌等融为一体，升华为"依于仁"、"立于礼"、"始于孝悌"的基本德育结构，从而为我国古代的德育提供了较为严谨的理论依据和更为广阔的实践背景。在人类现存的各种文明类型中，没有哪一个像华夏文明一样，道德获得普遍尊崇并广泛渗透于人们日常生活的各个方面。对此，孔子综合性地提出德育结构理论是功不可没的；在此意义上称他为"道德之祖"⑤，也是恰如其分的。

2. 德育方法

孔子之前，古籍中"皇自敬德"⑥、"尔惟风，下民惟草"⑦，宣扬正己化下；"胥训告，胥保惠，胥教诲"⑧，提倡君臣互诫互勉；"三年不言……不敢荒宁"⑨、"能哲而惠……何畏乎巧言令色"⑩，称许讷言慎行；"改过不吝"⑪，赞

---

① 分别见《尧典》、《金縢》、《君陈》。
② 《左传·昭公十二年》。
③ 《左传·昭公七年》。
④ 《史记·孔子世家》。
⑤ 《论衡·本性》。
⑥ 《尚书·无逸》。
⑦ 《尚书·君陈》。
⑧ 《尚书·无逸》。
⑨ 同上。
⑩ 《尚书·皋陶谟》。
⑪ 《尚书·仲虺之诰》。

赏勇于改过。

孔子上承这些理论先声，创造了丰富多样、各有特色的德育方法，并因人、因事、因情境灵活运用。（1）在人我关系上，提倡"求诸己"为主和"友辅仁"为辅。孔子认为"为仁由己"①，只有先"正己"方能后"正人"，故强调君子"求诸己"、"躬自厚而薄责于人"，同时又不排斥他人在自我道德修养中的作用，故提倡"友其士之仁者"②，以达到"以友辅仁"③。（2）在道德修养方式上，提倡自省与外察相结合。强调自省是基于"为仁由己"，重视外察是基于友可辅仁，"三人行，必有我师"④；通过二者结合，见贤思齐，见不贤而内自省，以提高自身的道德修养水平，时刻与仁德同在。（3）在言行关系上，提倡言行一致。要求弟子慎言敏行，做到"言必信，行必果"⑤；强调色思温、貌思恭、言思忠、事思敬、忿思难、见得思义等，做到"言中伦，行中虑"⑥。（4）在行为实践过程中，提倡勇于改过。孔子认为人非圣贤，难免有"过"，关键是"勿惮改"⑦，其弟子子贡也曾说"君子之过也，如日月之食焉：过也，人皆见之；更也，人皆仰之"⑧；孔子反对文过饰非，认为"过而不改，是谓过矣"⑨。

---

① 《论语·颜渊》。
② 《论语·卫灵公》。
③ 《论语·颜渊》。
④ 《论语·述而》。
⑤ 《论语·子路》。
⑥ 《论语·微子》。
⑦ 《论语·学而》。
⑧ 《论语·子张》。
⑨ 《论语·卫灵公》。

(五) 论教师基本素质

1. 爱生忠诲

孔子尊重学生，认为"后生可畏，焉知来者之不如今也"①，论学、言志、议事等都与学生平等相待；关心学生，"伯牛有疾，子问之，自牖执其手"②，"颜渊死，子哭之恸"，曰："天丧予，天丧予！"③ 忠于教职，自勉"爱之能勿劳乎，忠焉能勿诲乎"④？对学生真诚无私，"无行而不与二三子"⑤，即使儿子亦无"异闻"⑥。他评价自己"若圣与仁，则吾岂敢？抑为之不厌，诲人不倦，则可谓云尔已矣"⑦，是其爱生忠诲的最好注脚。

2. 博学多能

孔子自谓"我非生而知之者，好古敏以求之者也"⑧，"吾少也贱，故多能鄙事"⑨，"十室之邑，必有忠信如丘者焉，不如丘之好学也"⑩，以至达到"发愤忘食，乐以忘忧，不知老之将至"⑪ 的境界。他不但自己"博学于文"⑫，而且要求弟子好学、博学，指出"好仁不好学，其蔽也愚；好知不好学，其蔽也荡；好信不好学，其蔽也贼；好直不好学，

---

① 《论语·子罕》。
② 《论语·雍也》。
③ 《论语·先进》。
④ 《论语·宪问》。
⑤ 《论语·述而》。
⑥ 《论语·季氏》。
⑦ 《论语·述而》。
⑧ 同上。
⑨ 《论语·子罕》。
⑩ 《论语·公冶长》。
⑪ 《论语·述而》。
⑫ 《论语·雍也》。

其蔽也绞；好勇不好学，其蔽也乱；好刚不好学，其蔽也狂"①，强调通过"游于艺"②，以六艺陶冶身心、增长才干。

3. 注重身教

在教育实践中，孔子不仅严格要求学生，而且特别重视以身作则。"子帅以正，孰敢不正"③、"其身正不令而行，其身不正虽令不从"、"不能正其身，如正人何"④等论述，尽管本身是对当权者而言，但这些要求不仅适用于当时的教师，而且适用于今天以为人模范为职志的教育工作者。

二、孟子⑤、荀子⑥的教育思想

孔子之后，儒家内部分为八派，其中最有影响的是孟子之儒和荀子之儒两派，孟子、荀子分别为其代表人物。从宋代开始，孟子被视作儒家嫡传，尊为"亚圣"，《孟子》也被列为经书；荀子则名落诸子。二人各有侧重地承传、发展了孔子的教育思想，在教育史上都有其重要地位。

---

① 《论语·阳货》。
② 《论语·述而》。
③ 《论语·颜渊》。
④ 《论语·子路》。
⑤ 孟子（约前372—前289），名轲，字子舆，战国中期鲁国邹邑人。幼年丧父，被慈母三迁、断机之教；稍长"受业于子思之门人"，后人把子思、孟子学说并称思孟学派。孟子以"得天下英才而教育之"为人生旨趣，一生大部分时间从事教育活动。"周游列国"往往"后车数十乘，从者数百人"；在齐"受上大夫之禄"，讲学于稷下；晚年归里，专事讲学、著述。孟子突出德育理论，为后世"心学"教育渊源。《孟子》为研究其思想的主要资料。
⑥ 荀子（约前313—前238），名况，字卿，战国末期赵国人。其家世和早年经历不详，但研习儒学造诣颇深；讲学稷下曾"三为祭酒"，享有"善为学"的声誉，在学者中"最为老师"，是战国百家争鸣的集大成者，引导教育走向政治化；后逃谗适楚，客居兰陵，讲学、著述而终。《荀子》为研究其思想的主要资料。

(一) 论教育的作用

1. 对社会发展的作用

孟子从新兴统治阶级的长远利益出发，提出了"民贵君轻"①的著名观点，认为民心向背乃政权安危所系，统治者的首要任务是"行仁政"、"得民心"。为此，他不仅继承了孔子的"富而后教"思想，并使之具体化。提出首先应"制民恒产"，使每家有"五亩之宅，树之以桑，五十者可以衣帛矣；鸡豚狗彘之畜，无失其时，七十者可以食肉矣；百亩之田，勿夺其时，八口之家可以无饥矣"；再"驱而之善"、"治礼义"，"谨庠序之教，申之以孝悌之义，颁白者不负戴于道路矣"，进而实现"王者"之治②。而且通过教育与政治比较，"善政不如善教之得民也，善政民畏之，善教民爱之，善政得民财，善教得民心"③，从而发展了孔子"从教即为政"的观点，进一步肯定了教育的重要性。

荀子生活的战国后期，已开始出现封建大一统的趋势。荀子的有关思想反映了这一时代要求。他指出："不教诲，不调一，则入不可以守，出不可以战；教诲之，调一之，则兵劲城固，敌国不敢婴也。"④ 突出了教育为集权统治服务的社会作用。他还强调统治者应"明礼义以化之，起法正以治之，重刑罚以禁之，使天下皆出于治、合于善也。是圣王之治而礼义之化也"⑤。主张"礼法"并举，以建立

---

① 《孟子·尽心下》："民为贵，社稷次之，君为轻。"
② 《孟子·梁惠王上》。
③ 《孟子·尽心上》。
④ 《荀子·强国》。
⑤ 《荀子·性恶》。

新的统治秩序,使"政教习俗,相顺而后行"①。

2. 对人的发展的作用

孔子"性相近,习相远"的经典命题,既表述了教育在人的发展中的作用,又引生出后世有关教育理论的分歧,并推动了人们认识的深化。

孟子持"性善",认为人具有先验的、内在的善端。他举例:"今人乍见孺子将入于井,皆有怵惕恻隐之心——非所以内交于孺子之父母也,非所以要誉于乡党朋友也,非恶其声而然也",进而证明人皆有恻隐之心、羞恶之心、辞让之心、是非之心。并指出:"恻隐之心,仁之端也;羞恶之心,义之端也;辞让之心,礼之端也;是非之心,智之端也。人之有是四端也,犹其有四体也"②;"仁义礼智非由外铄我也,我固有之也"③。

但他又认为,人受到环境的不良影响会"放其良心"。如"富岁子弟多赖,凶岁子弟多暴,非天之降才尔殊也,其所以陷溺其心者然也"。所以教育的作用就在于"求其放心","学问之道无他,求其放心而已矣"④,通过存心养性,将天性中固有的"善端"扩而充之,使人成为具有仁、义、礼、智的君子、圣贤甚至大丈夫;反之,"饱食、暖衣、逸居而无教,则近于禽兽"⑤。

荀子持"性恶",认为"凡人有所一同:饥而欲食,寒而欲暖,劳而欲息,好利而恶害,是人之所生而有也,是

---

① 《荀子·大略》。
② 《孟子·公孙丑上》。
③ 《孟子·告子上》。
④ 同上。
⑤ 《孟子·滕文公上》。

无待而然者也,是禹、桀之所同也"①。他以人的生理欲求为性恶的本源,进而指出:"今人之性,生而有好利焉,顺是,故争夺生而辞让亡焉;生而有疾恶焉,顺是,故残贼生而忠信亡焉;生而有耳目之欲,有好声色焉,顺是,故淫乱生而礼义文理亡焉。"②同时又认为要使人性向善,"必将有师法之化、礼义之道,然后出于辞让,合于文理,而归于治",故"善者伪也"③。即用礼义法度和道德规范"由伪化性",使人最终成为士、君子乃至圣人。

他注重环境对人的影响,指出"蓬生麻中,不扶自直;白沙在涅,与之俱黑","故君子居必择乡,游必就士,所以防邪僻而近中正也"④。但又更强调人的主观努力,认为圣人是靠"求之而后得,为之而后成,积之而后高,尽之而后圣";反之,"纵性情而不足问学,则为小人矣"⑤。

孟子的"性善"论和荀子的"性恶"论都程度不同地陷入了先验论的窠臼,但他们的研究无疑又比"性相近"的笼统认识要细密、充分得多;孟子由"性善"强调教育的可能性,荀子由"性恶"强调教育的必要性,从不同角度突出了教育的作用,也是对"习相远"认识的丰富和发展;此外,他们的研究也启迪了后世教育家对有关问题的探讨。

(二)论教育的目的与内容

1."明人伦",造就"大丈夫"

孟子追溯了夏、商、周三代的教育,指出古代设立学

---

① 《荀子·荣辱》。
② 《荀子·性恶》。
③ 同上。
④ 《荀子·劝学》。
⑤ 《荀子·儒效》。

校都是以"明人伦"为教育目的,强调今后兴办教育也必定应当继续加以效法。"学则三代共之,皆所以明人伦也。人伦明于上,小民亲于下。有王者起,必来取法。"① 在肯定"明人伦"教育目的的同时,孟子还提出了具体的培养目标,即造就君子、圣贤且最推崇"大丈夫",并阐述了"大丈夫"的标准:"居天下之广居,立天下之正位,行天下之大道;得志与民由之,不得志独行其道;富贵不能淫,贫贱不能移,威武不能屈,此之谓大丈夫。"②

"人伦"的具体内容为"父子有亲,君臣有义,夫妇有别,长幼有序,朋友有信"③,实质是维护上下尊卑的社会秩序和道德观念。对此,孟子进一步指出:"居下位而不获于上,民不可得而治也;获于上有道,不信于友,弗获于上矣;信于友有道,事亲弗悦,弗信于友矣";可见"获于上"必先"信于友","信于友"必先"事亲悦",以至"人人亲其亲,长其长,而天下平"④。因而可以说,孟子的教育内容是以"孝悌"为基础、"五伦"为基本内容。孟子的教育内容与其培养目标互为表里,"明人伦"是内核,君子、圣贤、大丈夫为载体。

2. 造就礼法并用的大儒、圣人

荀子把当时的儒者分三等:(1)俗儒,也称贱儒、腐儒、陋儒,他们"术缪学杂",行为同于世俗"而不知恶",媚权贵"以欺愚者而求衣食";(2)雅儒,他们能"法后王,一制度",虽"知不能类"但"知之曰知之,不知曰不

---

① 《孟子·滕文公上》。
② 《孟子·滕文公下》。
③ 《孟子·滕文公上》。
④ 《孟子·离娄上》。

知",一旦被举用"则千乘之国安";(3)大儒,他们能"法先王,统礼义,一制度","以浅持博,以古持今,以一持万",一旦被举用"则百里之地,久而后三年,天下为一"①。他还把当时的学者分为士、君子、圣人,认为"上为圣人,下为士、君子"②。可见荀子以培养雅儒或士、君子为基本目标,以造就大儒或圣人为最高理想。

荀子是先秦儒家的"传经大师",《诗》、《书》、《礼》、《乐》、《春秋》是其主要教育内容。他指出:"学恶乎始?恶乎终?曰:其数则始乎诵《经》,终乎读《礼》;其义则始乎为士,终乎为圣人。"③"《诗》言是其志也,《书》言是其事也,《礼》言是其行也,《乐》言是其和也,《春秋》言是其微也"④;其中,"《礼》者,法之大分、类之纲纪也,故学至乎《礼》而止矣"⑤。由此可见,荀子主张造就能融会贯通儒家学说,并能礼法并用的圣人、大儒。

(三)论道德教育

1. 重"内发"以"复性"

孟子以人生而具有"善端"或道德观念的萌芽必须加以保存、培养和发展,进而建构了他的德育方法论。

存心寡欲——存养人内在的善性,重在限制外向的物欲。孟子认为:"养心莫善于寡欲。其为人也寡欲,虽有不存焉者,寡矣;其为人也多欲,虽有存焉者,寡矣。"⑥

---

① 《荀子·儒效》。
② 同上。
③ 《荀子·劝学》。
④ 《荀子·儒效》。
⑤ 《荀子·劝学》。
⑥ 《孟子·尽心下》。

持志养气——锻炼意志，培养情感和勇气。孟子指出："天将降大任于是人也，必先苦其心志，劳其筋骨，饿其体肤，空乏其身，行拂乱其所为，所以动心忍性，曾益其所不能"①；并以志"帅"气，最终养成"浩然之气"②。

反求诸己——凡事首先反省自己，提高自身修养水平，然后才能进而争得民心。即："爱人不亲，反其仁；治人不治，反其智；礼人不答，反其敬——行有不得者皆反求诸己，其身正而天下归之"③；"仁者如射，射者正己而后发；发而不中，不怨胜己者，反求诸己而已矣"④。

改过迁善——既知耻改过，同时又见善则迁。孟子提倡"闻过则喜"，"人不可以无耻，无耻之耻，无耻矣"⑤；作为君子，"告之以有过，则喜。……大舜有大焉，善与人同，舍己从人，乐取于人以为善。自耕稼、陶、渔以至为帝，无非取于人者。取诸人以为善，是与人为善者也"⑥。

不难看出，孟子侧重发挥了孔子的君子"求诸己"、"躬自厚而薄责于人"、"见不贤而内自省"及"过则勿惮改"等思想，又格外强调"内发"——存养、扩充内在固有的善性，由本性的复归以至达到完善的理想人格，从而形成了从道德起源到道德修养及其具体方法的一套较完整的德育理论。

---

① 《孟子·告子下》。
② 《孟子·公孙丑上》："何谓浩然之气？"孟子曰："难言也。其为气也，至大至刚，以直养而无害，则塞于天地之间。其为气也，配义与道；无是，馁也。是集义所生者，非义袭而取之也。"
③ 《孟子·离娄上》。
④ 《孟子·公孙丑上》。
⑤ 《孟子·尽心上》。
⑥ 《孟子·公孙丑上》

2. 重"外铄"以"成性"

荀子以人生而具有诸多恶习或"欲"必须加以节制、转化和消除,进而建构了他的德育方法论。

明道制欲 即加强对道德的理性认识,进而提高道德的自觉性。孟子指出:"心不可以不知道,心不知道,则不可道而可非道"[①],"君子博学而日参省乎己,则知明而行无过矣"[②];而对不合乎"道"的欲望,则应自觉地放弃它,"不可道而离之","欲虽不可去,求可节也"[③]。

对症施教 即针对不同的个性实施相应的教育。如:"血气刚强,则柔之以调和","勇毅猛戾,则辅之以道顺","狭隘褊小,则廓之以广大","卑湿重迟贪利,则抗之以高志","庸众驽散,则劫之以师友","愚款端悫,则合之以礼乐,通之以思索"[④] 等,以此治气和养心。

礼乐教育 荀子认为"乐行而志清,礼修而行成……移风易俗,天下皆宁,美善相乐",即通过"乐"陶冶情志、"礼"成人德行,进而形成良风美俗,使国泰民安、美与善达到和谐统一;但强调明辨"正声"、"奸声","奸声感人而逆气应之"致"乱生","正声感人而顺气应之"致"治生",做到"乐中平则民和而不流,乐肃庄则民齐而不乱"[⑤]。

积善成德 荀子认为君子与常人并无本性差异,他们不过是在后天实践中"防邪僻而近中正",不断"积善"、

---

① 《荀子·解蔽》。
② 《荀子·劝学》。
③ 《荀子·正名》。
④ 《荀子·修身》。
⑤ 《荀子·乐论》。

"除害",最终由"成德"而"成人"。即不断"除其害者以持养之,使目非是无欲见也,使耳非是无欲闻也,使口非是无欲言也,使心非是无欲虑也",通过"积善成德,而神明自得,圣心备焉"①。

不难看出,荀子侧重伸张了孔子重视礼乐教化和"友其士之仁者"以助养成圣德及"见贤思齐"等思想,并特别注重"外铄"——发挥、利用环境的积极影响,由外向内不懈地"化性",以最终塑造"中道"的理想人格,从而形成了从道德起源到道德修养及其具体方法的一套较完整的德育理论。

(四) 论教学过程与教学方法

1. "内向"重思的教学观

孟子善于因材施教、启发引导,强调学贵有恒、循序渐进。而其突出特点是:

重视主观思考 孟子认为"万物皆备于我"②,而"耳目之官不思,而蔽于物。物交物,则引之而已矣。心之官则思,思则得之,不思则不得也"③。他在学思关系上夸大了"思"的理性认识作用,忽视了"耳目"的感性认识作用;但他由此得出"尽信《书》则不如无《书》"④的看法,已隐含有独立思考的价值。

提倡自求自得 孟子主张发挥学生的主观能动性,强调"君子深造之以道,欲其自得之也。自得之,则居之安;居之安,则资之深;资之深,则取之左右逢其原,故君子

---

① 《荀子·劝学》。
② 《孟子·尽心上》。
③ 《孟子·告子上》。
④ 《孟子·尽心下》。

欲其自得之也"①；"求则得之，舍则失之，是求有益于得也，求在我者也"②。

教学方法多样化　为适应重在学生自得，孟子指出"教亦多术矣"，一切因人而异。不但包括"如时雨化之者"、"成德者"、"达财（才）者"、"答问者"、"私淑艾者"③以及"易子而教"④，而且"予不屑之教诲也者，是亦教诲之而已矣"⑤，这种"不教之教"可能促使学生反躬自省从而有所得益。

2."外向"重行的教学观

荀子善于适时施教、谨顺其身，强调虚壹而静、积微有恒。而其突出特点是：

注重学习，善假于物　荀子认为只有经过学习，才能认识和利用自然。指出："吾尝终日而思矣，不如须臾之所学也；吾尝跂而望矣，不如登高之博见也。登高而招，臂非加长也，而见者远；顺风而呼，声非加疾也，而闻者彰。假舆马者，非利足也，而致千里；假舟楫者，非能水也，而绝江河。君子生非异也，善假于物也。"⑥

解蔽救偏，兼陈中衡　荀子认为教学中"凡人之患，蔽于一曲，而暗于大理"，圣人知此弊端偏向的危害，故提倡"无欲无恶，无始无终，无近无远，无博无浅，无古无

---

① 《孟子·离娄下》。
② 《孟子·尽心上》。
③ 同上。
④ 《孟子·离娄上》。
⑤ 《孟子·告子下》。
⑥ 《荀子·劝学》。

今，兼陈万物而中县衡焉"①。即把事物的各个方面或各种情况都展示开来，再加以比较权衡作出适中或适当的选择、判断，最终达到正确认识客观事物、全面掌握知识的目的。

落实于行，学以致用　荀子把教学过程或认识过程具体化为闻、见、知、行四个环节，并把行视为最终目的。指出"不闻不若闻之，闻之不若见之，见之不若知之，知之不若行之。学至于行之而止矣。行之，明也，明之为圣人。……闻之而不见，虽博必谬；见之而不知，虽识必妄；知之而不行，虽敦必困。不闻不见，则虽当，非仁也，其道百举而百陷也"②。

(五) 论教师的地位与条件

1. 教师的地位

尊师重教是儒家的传统。孟子引《尚书·泰誓》"天降下民，作之君，作之师，惟曰其助上帝宠之"③，将君师并提且明确其责任是帮助上帝护卫人民；又强调"后稷教民稼穑，树艺五谷；五谷熟而民人育；……圣人有忧之，使契为司徒，教以人伦"，肯定了在人民具备起码生存条件的基础上，还应由教师施以"人伦之教"，使人不致"近于禽兽"④。

荀子主张君师并称，尊师从师。他指出"天地者，生之本也；先祖者，类之本也；君师者，治之本也"⑤，把教师与天地君亲并列；其弟子甚至把能否尊师提到关系国家兴

---

① 《荀子·解蔽》。
② 《荀子·儒效》。
③ 《孟子·梁惠王下》。
④ 《孟子·滕文公上》。
⑤ 《荀子·礼论》。

亡的高度,"国将兴,必贵师而重傅;……国将衰,必贱师而轻傅"①。他认为"师"是"礼法"的化身,"故有师法者,人之大宝也;无师法者,人之大殃也"②;但他主张"师云而云"③,其弟子将其推至极端,"言而不称师谓之畔,教而不称师谓之倍"④,又显然不足取。上述思想对后世"师道尊严"的形成,既产生了积极的作用又有其消极影响。

2. 教师的条件

荀子专门论述了教师的条件:"师术有四,而博习不与焉。尊严而惮,可以为师;耆艾而信,可以为师;诵说而不陵不犯,可以为师;知微而论,可以为师";即具有除"学识广博"而外的上述四项条件的人,才能担任教师和肩负教育的重任,使"弟子通利则思师"⑤。

三、《大学》、《中庸》、《学记》的教育思想

《大学》、《中庸》、《学记》出自《礼记》。《礼记》汇集了《仪礼》各篇的传解和思孟学派阐述儒家礼教的作品,其中不少篇章论及教育。上述三篇基本概括了先秦儒家的教育思想,其中若干观点成为了我国古代教育理论发展的新起点。

(一)《大学》、《中庸》的教育思想

1.《大学》的教育思想

《大学》主要论述了大学教育的目的及实现这一目的的

---

① 《荀子·大略》。
② 《荀子·儒效》。
③ 《荀子·修身》。
④ 《荀子·大略》。
⑤ 《荀子·致士》。

步骤，即通常归结的"三纲领"与"八条目"。

《大学》篇首直陈主旨："大学之道，在明明德，在亲民，在止于至善"，指出了大学教育的目的依次为：发扬善性→亲爱人民→达到"至善"的最高境界，即"三纲领"。"至善"的具体内容为："为人君止于仁，为人臣止于敬，为人子止于孝，为人父止于慈，与国人交止于信"；其实质是君臣父子上下有别等封建伦理纲常。这也是我国整个封建教育的宗旨和核心。

围绕如何实现上述目的，《大学》融个人、家庭、国家为一体详细阐论了八个步骤："古之欲明明德于天下者，先治其国；欲治其国者，先齐其家；欲齐其家者，先修其身；欲修其身者，先正其心；欲正其心者，先诚其意；欲诚其意者，先致其知；致知在格物。物格而后知至，知至而后意诚，意诚而后心正，心正而后身修，身修而后家齐，家齐而后国治，国治而后天下平。自天子以至于庶人，壹是皆以修身为本。"即：格物→致知→诚意→正心→修身→齐家→治国→平天下。在此"八条目"中，格物、致知属于知识教育，是"修己"的基础；诚意、正心、修身属于道德教育，是由"修己"而"治人"的关键，其中修身又是中心环节；齐家、治国、平天下属于政治教育，是教育的最终目的（治人）。

由于《大学》未对格物、致知的本义及如何落实详加说明，导致了后人的认识分歧。宋明程朱学派主张格万物、知天理，强调读经书、道问学；陆王学派主张格吾心、知心性，强调静省思、尊德性；并由此形成了教育思想的两大流派。

2.《中庸》的教育思想

《中庸》着重阐述了儒家以"中庸"为道德行为最高标

准的思想，同时也首次系统论述了学习过程。

《中庸》开宗明义指出："天命之谓性，率性之谓道，修道之谓教。"即：人性得之于天命，顺着这种天性自然发展就是道，教育就是将道加以修明、扩充并推广于大众的过程；并从"学"的角度把这一过程由知至行分为"博学之，审问之，慎思之，明辨之，笃行之"五个环节。即：广博猎取知识→审慎察考真伪是非→认真分析思考→辨明知识的异同与内在联系，达到知的目的→努力付诸实践，使知行统一。

《中庸》虽然主张教育是率性修道，但又认为能否达到"诚"或"至诚"的境界，还取决于个体的主观努力——"尊德性而道问学"，因而指出落实上述过程的关键在于"有弗学，学之弗能，弗措也；有弗问，问之弗知，弗措也；有弗思，思之弗得，弗措也；有弗辨，辨之弗明，弗措也；有弗行，行之弗笃，弗措也"；并强调，在学习过程中只要具有"人一能之己百之，人十能之己千之"的锲而不舍精神，就能"虽愚必明，虽柔必强"。

朱熹认为，由《大学》可见古人"为学次第"[①]，由《中庸》可见古人"为学之序"[②]。也可以说，《大学》从宏观探讨了"近道（大学之道）"过程的次序，《中庸》从微观探讨了"道问学（学习）"过程的次序，二者相互呼应。朱熹还将此两篇与《论语》、《孟子》合为《四书》，与《五经》并列。

（二）《学记》的教育思想

《学记》是先秦时期最完整、最成熟的教育专论，有人

---

① 《四书章句集注·大学章句》。
② 《白鹿洞书院揭示》。

称它是中国和世界教育史上"最早出现的自成体系的教育学专著"①。郭沫若、高时良分别在《十批判书》、《学记评注》中认为,它的作者是孟子的弟子乐正克②。《学记》的内容广及教育的作用与目的、教育制度、教学内容与原则、教学方法等。这里我们侧重剖析教育的作用和教学原则两个方面。

1. 论教育的作用

《学记》开篇直言:"发虑宪,求善良,足以謏闻,不足以动众;就贤体远,足以动众,未足以化民。君子如欲化民成俗,其必由学乎!""玉不琢,不成器;人不学,不知道。是故古之王者,建国君民,教学为先。《兑命》曰:'念终始典于学'。其此之谓乎!"

两段论述不但直接引前人的认识为据,而且通过比较"发虑宪、求善良"、"就贤体远"与"由学化民"的效果,以及用"琢玉成器"为譬喻,从教育的必要性和可能性两个角度明确揭示了教育的作用:化民成俗、其必由学和建国君民、教学为先,把教育提升到"居先"的地位和视为治理天下不可偏离的"正途"。同时,《学记》在末尾还再次强调统治者必须"务本",即切不可忘记教育在"建国君民"和"化民成俗"中的作用,致力于此就是抓住了"源"或抓住了根本。

《学记》在教育作用认识上的理论飞跃,已大大超越了封建社会教育发展的实际可行性。因为在生产力落后的小

---

① 郭齐家:《中国教育思想史》,教育科学出版社1987年版,第105页。
② 《十批判书》,人民出版社1954年版,第138页;《学记评注》,人民教育出版社1982年版,第124页。

农经济状态下，不论是统治者还是庶民百姓，首先看重的是"仓廪实"和"衣食足"，而后才能言及礼义荣辱，即先富后教。但上述理论新声作为后世表述教育作用的经典依据，启迪着有识之士和有作为的统治者对教育的重视。

2. 论教学原则

教学相长原则　《学记》提出："学然后知不足，教然后知困。知不足，然后能自反也；知困，然后能自强也。故曰：教学相长也。《兑命》曰：'教学半'，其此之谓乎！"这段论述通过教学中"学→知不足→自反"及"教→知困→自强"以达"教学相长"这样的逻辑分析图式揭示这一原则，使人们的认识由教与学既区别又联系的"分而合"层面，上升为二者相辅相成的既矛盾又统一的规律性认识层面。

豫、时、孙、摩原则　《学记》提出："禁于未发之谓豫，当其可之谓时，不陵节而施之谓孙，相观而善之谓摩。此四者，教之所由兴也。"这段论述按施教的准备、时机、过程和发挥群体作用的逻辑线索，阐明了教学成功离不开充分的准备、尤其要防患于未然，应依据学生的年龄与心理特征及时、适时施教，教学过程要循序渐进、不可"躐等"，学生之间应通过相互观摩、切磋，以增进学业、养成德行的基本规律。

善喻原则　《学记》提出："道而弗牵，强而弗抑，开而弗达。道而弗牵则和，强而弗抑则易，开而弗达则思。和易以思，可谓善喻矣。"认为优秀的教师总是善于引导学生而不是牵着他们走，进而使师生和悦、教学关系和谐；严格要求并鼓励学生但不施加压力，从而使他们充满进取信心；开个端倪却不全盘托出，以发掘学生独立思考的潜力。这一原则既在理论上深化了孔子"启发教学"的思想，又初步具有教师主导作用与学生主体作用相结合、传授知识与发展智力相结合的辩证思想。

长善救失原则　《学记》提出："学者有四失，教者必知之。……或失则多，或失则寡，或失则易，或失则止。此四者，心之莫同也。知其心，然后能救其失也。教也者，长善而救其失者也。"这段论述以教学中"学生→有四失→心莫同"要求"教师→知四失→知其心"以达"长善而救其失"为逻辑分析图式，既从区分外部表现到认识内在心理差异探讨了因人施教的具体要领，又突出了因人施教重在"长善救失"；不但初步勾勒了"多"与"寡"、"易"与"止"各有利弊又相互转化的辩证关系，而且展示了"失得救，善则长"的教学艺术。

第二节　秦汉时期的教育思想

一、董仲舒[①]的教育思想

（一）论教育的作用

万民为善靠教育　董仲舒融合了先秦儒家的"人性"观，进而肯定了教育对"人"的发展的重要性。他把"人性"视为"生之自然之资"，即受命于天的素质，认为"天

---

①　董仲舒（前179—前104），字宽夫，广川人。自幼刻苦习儒至"三年不窥园"；长于《春秋》公羊学和《易经》阴阳学。中年"下帷讲诵"，景帝时任《春秋》博士。武帝诏举贤良，应征名冠群儒，三篇对策深受赏识；先后出相江都易王和胶西王。晚年致仕归里，"以修学著书为事"。他一生以授徒讲学为主，有"汉代孔子"之称；著述宏富，但今仅存《春秋繁露》、《举贤良对策》等。

两有阴阳之施","人亦有"贪仁之性"①；又认为人接受上天阴阳之施的程度不同，"性"也各有差异，包括至善的"圣人之性"、纯恶的"斗筲之性"以及位于二者之间的"万民之性"或"中民之性"；并强调"圣人之性不可以名性，斗筲之性又不可以名性，名性者，中民之性"②。由此，他着力研究教育与万民的关系、与"万民之性"的关系。董仲舒指出："性如茧如卵，卵待复而为雏，茧待缫而为丝，性待教而为善。……天生民性，有善质而未能善，于是为之立王以善之，此天意也。民受未能善之性于天，而退受成性之教于王。王承天意，以成民之性为任者也。"③可见，性待教而为善；或曰：万民为善靠教育。

董仲舒

《春秋繁露》

治国以教化为大务　董仲舒继承了儒家重教化、轻刑

---

① 《春秋繁露·深察名号》。
② 《春秋繁露·实性》。
③ 《春秋繁露·深察名号》。

罚的治国思想，并结合阴阳学说、"天人感应"理论加以发挥。他指出："天道之大者在阴阳。阳为德，阴为刑；刑主杀而德主生。是故阳常居大夏而以生育养长为事；阴常居大冬而积于空虚不用之处。以此见天之任德不任刑也。天使阳出布施于上而主岁功，使阴入伏于下而时出佐阳；阳不得阴之助，亦不能独成岁。终阳以成岁为名，此天意也。王者承天意以从事，故任德教而不任刑。刑者不可任以治世，犹阴之不可任以成岁也。为政而任刑，不顺于天，故先王莫之肯为也。"① 以此为理论依据，董仲舒进而阐述了教育在国家安定和社会发展中的作用，"夫万民之从利也，如水之走下，不以教化堤防之，不能止也。是故教化立而奸邪皆止者，其堤防完也；教化废而奸邪并出，刑罚不能胜者，其堤防坏也。古之王者明于此，是故南面而治天下，莫不以教化为大务"②。为落实这一"大务"，他进一步提出了罢黜百家、独尊儒术，兴太学、置明师，重选举、广取士三大文教建议，被武帝采纳并作为文教政策的主要内容。

(二) 论德育内容与原则、方法

董仲舒继承了孔子"君君、臣臣、父父、子子"③的政治伦理观，又吸收黄老之学"主阳臣阴，上阳下阴，男阳女阴，父阳子阴"④的思想，在我国历史上第一个明确把封建道德的主要内容概括为三纲五常。

所谓"三纲"，即君为臣纲、父为子纲、夫为妻纲。董仲舒以"凡物必有合"为出发点，认为事物必有上下、左

---

① 《汉书·董仲舒传》。
② 同上。
③ 《论语·颜渊》。
④ 《经法·道法》。

右、前后、表里等等,"物莫无合,而合各有阴阳",阴合于阳,阳尊阴卑,"君臣父子夫妇之义,皆取诸阴阳之道"。即君为阳、臣为阴,父为阳、子为阴,夫为阳、妻为阴。阴不能"独行",只能依附于阳;并指出"天之亲阳而疏阴……天为君而复露之,地为臣而持载之;阳为夫而生之,阴为妇而助之;春为父而生之,夏为子而养之,秋为死而棺之,冬为痛而丧之。王道之三纲,可求于天"①。

所谓"五常",即仁、义、礼、智、信。他指出:"夫仁谊礼知信五常之道,王者所当修饬也;五者修饬,故受天之佑,而享鬼神之灵,德施于方外,延及群生也。"②董仲舒把君臣、父子、夫妇与天地、阴阳、四时相比附,把修饬五常之道看作王者的重任,将社会伦理与自然法则合一,视之为天意的体现、王道的支柱,建构了我国古代封建伦理道德教育内容的体系框架。

其德育原则、方法要者有:

正我安人——以仁安人,以义正我。"仁之法在爱人,不在爱我;义之法在正我,不在正人。我不自正,虽能正人,弗予为义;人不被其爱,虽厚自爱,不予为仁。"③

必仁且智——德智兼求,以智辅德。"仁而不智,则爱而不别也;智而不仁,则知而不为也。故仁者所以爱人类也,智者所以除其害也。"④

重义轻利——注重道义,不计功利。"天之生人也,使人生义与利。利以养其体,义以养其心。……体莫贵于心,

---

① 《春秋繁露·基义》。
② 《汉书·董仲舒传》。
③ 《春秋繁露·仁义法》。
④ 《春秋繁露·必仁且智》。

故养莫重于义。……人有义者，虽贫能自乐也；而大无义者，虽富莫能自存。"① "正其谊不谋其利，明其道不计其功。"②

经权结合——坚持原则，辅以权变。"天以阴为权，以阳为经；……天之显经而隐权。"③ 经是原则，绝对不可改变；表现在社会伦理道德规范上，经的具体形式就是三纲五常。权是灵活性，在"小德"的范围内可以权变，以此维护"大德"或曰"正经"。如"男女授受不亲"是儒家道德之"经"；而"嫂溺援之以手"，于仁却是相宜之"权"。

（三）论教学原则与方法

董仲舒以儒家经学，尤其是以他所神学化的经学为教学内容。其教学原则、方法要者有：

"圣化"之功——施教艺术，出神入化。"善为师者，既美其道，有慎其行，齐时蚤晚，任多少，适疾徐，造而勿趋，稽而勿苦，省其所为，而成其所湛，故力不劳而身大成。此之谓圣化，吾取之。"④

内视反听——内省体察，体会天意。"事各顺于名，名各顺于天"⑤，"道莫明于省身之天"⑥，"内视反听，故独明圣者知其本心"⑦。

---

① 《春秋繁露·身之养莫重于义》。
② 《汉书·董仲舒传》。
③ 《春秋繁露·王道通三》。
④ 《春秋繁露·玉杯》。
⑤ 《春秋繁露·深察名号》。
⑥ 《春秋繁露·为人者天》。
⑦ 《春秋繁露·同类相动》。

多连博贯——融会贯通，由博反约。"今《春秋》之为学也，道往而明来者也……故为《春秋》者，得一端而多连之，见一空而博贯之，则天下尽矣"①，"太节则知暗，太博则业厌"②，因此，应重在掌握儒家的一贯之道。

强勉专一——努力有恒，专心专精。"事在强勉而已矣。强勉学问，则闻见博而知益明"③；"目不能二视，耳不能二听，手不能二事。一手画方，一手画圆，莫能成。……是故君子贱二而贵一。"④

二、王充⑤的教育思想

（一）论人性及教育的作用

王充持"人性"有善有恶论，"论人之性，定有善有恶"。"人之善恶，共一元气；气有少多，故性有贤愚"。"其善者，固自善矣；其恶者，故可教告率勉，使之为善"。人性可变，其关键"在化不在性"⑥，"化"的动力来自教育和环境的不同影响。

王充列举大量事实论证教育和环境在人的个性形成与变化中的巨大作用：一是自然可变，人性亦可变。"譬犹练丝，染之蓝则青，染之丹则赤"；"蓬生麻间，不扶自直，

---

① 《春秋繁露·精华》。
② 《春秋繁露·玉杯》。
③ 《汉书·董仲舒传》。
④ 《春秋繁露·天道无二》。
⑤ 王充（27—约97），字仲任，会稽上虞人。八岁入书馆，二十岁左右入太学；认为"俗儒守文，多失其真"，主张独立研究，博采众家，反对盲从一家之言。曾任郡县小吏，因不合世俗，罢官归里，后专事讲学著述。他著作虽多，但现仅存《论衡》。
⑥ 《论衡·率性》。

白纱入缁,不练自黑";"夫人之性,犹蓬纱也,在所渐染而善恶变矣"①。二是施予教育,人性亦可变。指出:孔门弟子"未入孔子之门时,闾巷常庸无奇",如子路为"戴鸡佩豚,勇猛无礼"之徒;这些人经孔子"引而教之","皆任卿相之用,被服圣教,文才雕琢,知能十倍,教训之功而渐渍之力也"②。三是环境可变,人性亦可变。如齐人舒缓,秦人傲慢,楚人急躁,燕人憨直,若使"四国之民,更相出入,久居单处,性必变易";并以"孟母之徙宅"说明只要人们"追近君子,而仁义之道数加于身"③,就能成为品德优良之人。

当然,王充也十分重视受教育者的主观努力,指出:"智能之士,不学不成,不问不知"④,人"不患性恶,患其不服圣教,自遇而以生祸也"⑤;并主张对少数不接受教育的人防禁以法,"是故,王法不废学校之官,不除狱理之吏;欲令凡众见礼义之教,学校勉其前,法禁防于后"⑥。即治理国家应以教化为主,在重视教育作用的同时辅以法治。

(二) 论教育目标

王充把人才按能力由低到高分为五等。一是文吏自幼学习律令、簿书,长大为吏,"以理事为力"⑦,"舞文巧

---

① 《论衡·率性》。
② 同上。
③ 同上。
④ 《论衡·实知》
⑤ 《论衡·率性》。
⑥ 同上。
⑦ 《论衡·效力》。

法，徇私为己，"勉赴权利"①，这种刀笔之吏是最下等的人才。二是儒生"能说一经"②，但往往鹦鹉学舌，不能通览古今，"不能当剧"③，这种人才世间比比皆是，不足为贵。三是通人"通书千篇以上，万卷以下，弘畅雅闲，审定文读，而以教授为人师者"④，他们博学但欠精思，不能著文论说。四是文人"好学勤力，博学强识"，能"采掇传书以上书奏记"⑤。五是鸿儒"能精思著文连结篇章"，并"兴论立说"具有独创精神，这种人才为"世之金玉"⑥、超奇之才。

对五等人才，王充认为：文吏以事胜，儒生以节优，"二者长短，各有所宜"⑦，而"通人胜儒生，文人逾通人，鸿儒超文人"⑧。上述以培养鸿儒为最高理想的多层次教育目标论，体现了王充重知——"人有知学则有力"⑨、贵用——不徒诵读，"贵其能用"⑩、倡创——"苟有不晓解之问，追难孔子，何伤于义？诚有传圣业之知，伐孔子之说，何逆于理"⑪等思想。

（三）论教学与学习

王充重实知、知实、实能、实用，其教学思想也因此

---

① 《论衡·程材》。
② 《论衡·超奇》。
③ 《论衡·程材》。
④ 《论衡·超奇》。
⑤ 同上。
⑥ 同上。
⑦ 《论衡·程材》。
⑧ 《论衡·超奇》。
⑨ 《论衡·效力》。
⑩ 《论衡·超奇》。
⑪ 《论衡·问孔》。

而显特色。

知物由学 指出:"天地之间,含血之类,无性知者";"人才有高下,知物由学,学之乃知,不问不识";"所谓圣者,须学以圣"①。

广闻博见 指出:"人目不见青黄曰盲,耳不闻宫商曰聋,鼻不知香臭曰痈;……人不博览者,不闻古今,不见事类,不知然否,犹目盲、耳聋、鼻痈者也;儒生不览,犹为闭暗,况庸人无篇章之业,不知是非,其为闭暗甚矣!"②

以心原物 指出:"夫以耳目论,则以虚象为言;虚象效,则以实事为非。是故是非者不徒耳目,必开心意。"③

效验有证 指出:"事莫明于有效,论莫定于有证"④,"凡论事者,违实不引效验,则虽甘义繁说,众不见信"⑤。

贵通贵用 指出:"凡贵通者,贵其能用之也,即徒诵读,读诗讽术虽千篇以上,鹦鹉能言之类也。衍传书之意,出膏腴之辞,非俶傥之才,不能任也。"⑥

---

① 《论衡·实知》。
② 《论衡·别通》。
③ 《论衡·薄葬》。
④ 同上。
⑤ 《论衡·知实》。
⑥ 《论衡·超奇》。

第三节　魏晋至隋唐时期的教育思想

一、颜之推①的教育思想

(一) 论教育的作用与目的

颜之推继承了孔子、董仲舒等人的人性观，进而提出"上智不教而成，下愚虽教无益，中庸之人，不教不知也"②，认为教育的作用在于提高"中庸之人"的能力。针对当时的社会现状，他特别强调士大夫子弟受教育的重要性，并主张通过实学教育，培养对国家实际有用的人才。

颜之推认为，实学教育的最基本目的是学有一艺之长以自资。他指出："父兄不可常依，乡国不可常保，一旦流离，无人庇阴，当自求诸身耳"，因而"人生在世，会当有业"，"有学艺者，触地而安"，作为文士则应能"讲议经书"③；倘若一味清谈，空守章句，缺乏任事的实际能力，不能维护士族自身的地位，就是教育的危机。实学教育的最高目的在于修身求进，以利行施用、应世经务。他指出："夫所以读书学问，本欲开心明目，利于行耳。"④ 学是为了行，获取知识能力旨在应用于行；而利行施用又主要在利

---

① 颜之推 (531—约595)，字介，琅邪临沂人。出身于士族家庭，少承儒学家传又博览群书，被后世誉为6世纪后期"最通博最有思想的学者"。青年入仕为官，终为隋学士，自述"三为亡国之人"。为"整齐门内，提撕子孙"，著《颜氏家训》；此书被誉为我国封建社会第一部完整的家庭教科书，也是研究其教育思想的主要依据。

② 《颜氏家训·教子》。

③ 《颜氏家训·勉学》。

④ 同上。

于"行道"、利于"应世经务",这种"道"、"务"自然是儒家之道和封建伦理纲常。他进而指出:"古之学者为己,以补不足也;今之学者为人,但能说之也。古之学者为人,行道以利世也;今之学者为己,修身以求进也"[①]。这种修身求进的思想渊源于"古之学者为己",强调学以补益自己道德修养之不足。

从学有一艺之长以便触地而安到修身求进以行道利世,是颜之推对教育目的在修己、治人两个阶段的不同要求,体现了儒家"穷则独善其身,达则兼济天下"的处世哲学。为培养实用人才,颜之推提出了六种人作为具体的教育目标,即朝廷之臣、文史之臣、军旅之臣、藩屏之臣、使命之臣和兴造之臣。他认为这六种人都是治国之才,国家都应培养,但只靠儒学教育是不能成就的,而要有专门学校,使人接受专才教育,各人专精一职。颜之推的教育目标屏弃了传统儒家抽象的"圣人"、"君子"等观念,甚至比王充的教育目标具体,更符合社会发展的需要和体现教育的社会作用,同时也反映了他对当时涌现的分科专业教育的肯定。

(二)论家庭教育

及早施教　主张儿童教育应及早进行,越早越好。因为"人生小幼,精神专利,长成已后,思虑散逸,固须早教,勿失机也"[②]。甚至主张"胎教"。指出古代"圣王有胎教之法:怀子三月,出居别宫,目不邪视,耳不妄听,音声滋味,以礼节之";"凡庶纵不能尔,当及婴稚,识人颜

---

① 《颜氏家训·勉学》。
② 同上。

色，知人喜怒，便加教诲，使为则为，使止则止。比及数岁，可省笞罚"。否则错失时机，等到"骄慢已习，方复制之，捶挞至死而无威，忿怒日隆而增怨，逮于成长，终为败德"。并引孔子"少成若天性，习惯如自然"的名言为据，说明应当"教儿婴孩"①。他还以自己的亲身经历说明年幼学习，模仿性大，记忆力强，读书效果好。"吾七岁时，诵《灵光殿赋》，至于今日，十年一理，犹不遗忘；二十之外，所诵经书，一月废置，便至荒芜矣。"② 认为不仅行为品德应及早培养，学习文化知识也不宜迟。

严慈结合　主张教子应把勤于督训与真诚慈爱统一起来。父母的爱子之情宜内涵于心，外表应严肃庄重。"父母威严而有慈，则子女畏慎而生孝矣"，"父子之严，不可以狎；骨肉之爱，不可以简。简则慈孝不接，狎则怠慢生焉"，不可"无教而有爱"，更不能"恣其所欲，宜诫翻奖，应诃反笑"③。他还强调父母对子女要一视同仁，不能偏心偏宠。指出"人之爱子，罕亦能均；自古及今，此弊多矣。贤俊者自可赏爱，顽鲁者亦当矜怜；有偏宠者，虽欲以厚之，更所以祸之"④。

以身为范　认为儿童往往非常信任自己亲近、敬重的人，并乐意听其教诲、顺其指点。"同言而信，信其所亲；同命而行，行其所服。"⑤ 因而父母兄长作为儿童的第一任教师，教育他们必须以身为范。"夫风化者，自上而行于下

---

① 《颜氏家训·教子》。
② 《颜氏家训·勉学》。
③ 《颜氏家训·教子》。
④ 同上。
⑤ 《颜氏家训·序致》。

者也,自先而施于后者也;是以父不慈则子不孝,兄不友则弟不恭。"① 上行下效,先施后学,自然仿效,无需强制。所以作为居上而先施的父母兄长,必须加强自身修养,使自己的言行足以表率小幼。颜之推著《颜氏家训》"以整齐门内,提撕子孙"②,也包含有以身示范的底蕴。

慎重交游 认为儿童"人在年少,神情未定,所与款狎,熏渍陶染,言笑举动,无心于学,潜移暗化,自然似之",正因其可塑性极大,所以他很注意环境习染对子女的影响,强调慎重地为子女选择师友,使之处于良好的教育环境。"是以与善人居,如入芝兰之室,久而自芳也;与恶人居,如入鲍鱼之肆,久而自臭也。墨子悲于染丝,是之谓矣。君子必慎交游焉。"③ 要求子女追随效法明达君子,一言一行善取于人。

端正语言 鉴于当时方言盛行,"九州之人,言语不同","著述之人,楚夏各异",认为儿童时期应重视语言教育,并强调学好通用语言。指出:某些贵胄子弟年幼时未受到正确的语言教育,以致成年后语音不准、语言不正,"见王侯外戚,语多不正,亦由内染贱保傅,外无良师友故耳"。并认为教育子女学习标准语言是父母的重要责任。他说:"吾家儿女,虽在孩稚,便渐督正之;一言讹替,以为己罪矣。云为品物,未考书记者,不敢辄名"④,一事一物,未经考查,不敢随便称呼,唯恐以讹传讹,给子女留下不良影响。

---

① 《颜氏家训·治家》。
② 《颜氏家训·序致》。
③ 《颜氏家训·慕贤》。
④ 《颜氏家训·音辞》。

注意体育和知稼穑艰难 慨叹文学之人居承平之世，只知"保俸禄之资"不知有"耕稼之苦"和"劳役之勤"，士大夫平日养尊处优，"皆尚褒衣博带，大冠高履，出则车舆，入则扶持，郊郭之内，无乘马者"；这些人难以应世经务，一遇动乱则"肤脆骨柔，不堪行步，体羸气弱，不耐寒暑，坐死仓猝"。以此提醒父母关心子女的身体健康，以免重蹈文弱书生的覆辙。他还强调教育子女懂得农事之难，营生不易。"古人欲知稼穑之艰难，斯盖贵谷务本之道也"，"三日不粒，父子不能相存"，"安可轻农事而贵末业哉"[①]。

我国自古注重家庭教育和儿童教育。如《礼记》尤其是其中《内则》篇已有较多家庭教育、儿童教育的论述。但《颜氏家训》则是系统论述这一问题的第一本著作，被后人视为家教规范。尽管该书以士大夫教育为中心，意在鼓励其子弟续承家业，若干观点如强调体罚的作用等实不足取，但就教育学术发展而言却有不少理论值得肯定。及早施教的主张使早期教育理论出现了系统化的萌芽；以身为范的主张应用身教原则于家庭教育；慎重交游的主张体现了对教育环境影响的具体重视；严慈结合的主张初步蕴含了辩证的教育思想；端正语言的主张突出了儿童掌握规范用语的重要性；注意体育和知稼穑艰难的主张则是对前人已有正确认识的回归。

[①] 《颜氏家训·涉务》。

二、韩愈①的教育思想

（一）论教育的作用

韩愈继承、发展了先秦儒家的人性观，提出了具有新意的"性三品"说或曰"性情论"。他认为"性也者，与生俱生也"；而性有三品："上焉者，善焉而已矣；中焉者，可导而上下也；下焉者，恶焉而已矣"；性由仁、义、礼、智、信构成，并认为"上焉者之于五也，主于一而行于四；中焉者之于五也，一不少有焉，则少反焉，其于四也混；下焉者之于五也，反于一而悖于四"②。同时又认为除此五常之性外，人还有来自后天的"情"，"情也者，接于物而生也"；情由喜、怒、哀、惧、爱、恶、欲构成，也分为三品："上焉者之于七也，动而处其中；中焉者之于七也，有所甚，有所亡，然而求合其中者也；下焉者之于七也，亡与甚，直情而行者也。"③并且还认为性与情既有区别又有联系，两者的倾向是一致的，"性之于情视其品"，"情之于性视其品"④。

以此性情理论为依据，韩愈阐述了教育在人的发展中

---

① 韩愈（768—824），字退之，河南南阳人。三岁而孤，先后由兄嫂抚育。自幼学儒，尤精古文；二十五岁中进士，但"三试于吏部不成，十年犹布衣"。三十五岁由节度使张建封推荐始为推官，后官至吏部侍郎。在教育方面，先任四门博士，再两为国子博士，终迁国子祭酒；曾建议恢复国子监生徒，主张严选教官，坚持每日会讲制度，积极整顿国学，被贬时亦大力兴办州学。他注重以身作则，建立良好学风，教学也堪称楷模，学生皆以韩门弟子为荣。《师说》、《进学解》为其教育代表作。
② 《原性》。
③ 同上。
④ 同上。

的作用。一是由于中品之人可"导而上下",故后天的教育作用重大。二是上品之人"就学而愈明",故"上者可教"[1],教育能促使其善性发扬光大。三是下品之人"畏威而寡罪",故"下者可制"[2],除以强制性教育使其畏威外,还应济以刑威补教化之不足。

与董仲舒的"性三品"说比较,韩愈把性与情分离、剖析,既发展了儒家的人性论,构筑了通向宋明理学"存天理、灭人欲"的理论津梁,又丰富了古代的心理学思想;董仲舒的理论重在美化圣人、帝王之性,为其教化万民提供理论根据,韩愈的理论则明显较少这种神化色彩,而较充分地肯定了教育在人的发展中的作用。

(二)论尊师重道

韩愈在提出"学所以为道"的教育宗旨的同时,针对当时儒学不振,世人不重师道"耻学于师"的现象,慨叹"师道之不传也久矣"而作《师说》,试图通过宣扬尊师重道,恢复和捍卫儒家道统。

教师的重要——古之学者必有师。"古之圣人,其出人也远矣,犹且从师而问焉;今之众人,其下圣人也亦远矣,而耻学于师。是故圣益圣,愚益愚;圣人之所以为圣,愚人之所以为愚,其皆出于此乎。"[3]

教师的职责——传道、授业、解惑。第一是传道,即传授儒家的伦理道德纲常;第二是授业,即讲授"六艺经传"等儒家经典及"古文";第三是解惑,即解除学生学"道"受

---

[1] 《原性》。
[2] 同上。
[3] 《师说》。

"业"过程中出现的疑惑,"人非生而知之者,孰能无惑?惑而不从师,其为惑也,终不解矣"①。如为师只知"授之书而习其句读",不传道不解惑,则是"小学而大遗"②。

教师的标准——道之所存,师之所存。"生乎吾前,其闻道也,固先乎吾,吾从而师之;生乎吾后,其闻道也,亦先乎吾,吾从而师之。吾师道也,夫庸知其年之先后生于吾乎?是故无贵无贱,无长无少,道之所存,师之所存也。"③

师生关系——相互为师,教学相长。主张"圣人无常师",推崇孔子"三人行必有我师"的观点,进而认为"弟子不必不如师,师不必贤于弟子,闻道有先后,术业有专攻,如是而已"④。

(三)论治学态度与方法

《进学解》这篇文字优美、充满激情的教育散文,以师生对话的形式讽喻当时吏治不明,同时也较集中地体现了韩愈有关治学态度与方法的基本观点。

治学态度:精业成行。"国子先生晨入太学,招诸生立馆下,诲之曰:'业精于勤,荒于嬉;行成于思,毁于随。方今圣贤相逢,治具毕张,拔去凶邪,登崇俊良。占小善者率以录,名一艺者无不庸。爬罗剔抉,刮垢磨光。盖有幸而获选,孰云多而不扬?诸生业患不能精,无患有司之不明;行患不能成,无患有司之不公。'"⑤

---

① 《师说》。
② 同上。
③ 同上。
④ 同上。
⑤ 《进学解》。

治学方法：一是勤勉博学。"口不绝吟于六艺之文，手不停披于百家之编"，"焚膏油以继晷，恒兀兀以穷年"；"贪多务得，细大不捐"，"俱收并蓄，待用无遗"。二是多思求精。"沉浸酿郁，含英咀华"，"纪事者必提其要，纂言者必钩其玄"；力求学勤"由其统"，言多"要其中"，文奇"济于用"，行修"显于众"。三是自成一家。反对"踵常途之促促，窥陈编以盗窃"；提倡"师古圣贤人"应"师其意不师其辞"，能"自树立，不因循"①，"抒意立言，自成一家新语"②。

第四节 宋元明清时期的教育思想

一、朱熹③的教育思想

（一）论教育的作用与目的

朱熹重视教育对人性的作用。他从"理"一元论出发，认为"理也者，形而上之道也，生物之本也"④，又说"性

---

① 《答刘正夫书》。
② 《旧唐书·韩愈传》。
③ 朱熹（1130—1200），字元晦、仲晦，号晦庵、晦翁等，生于福建尤溪。幼承庭训，受二程理学熏陶，后兼及佛老。十八岁中举人，十九岁登进士，曾先后任泉州同安主簿、知南康军、知漳州、知潭州等职；六十五岁曾为宁宗侍讲，旋因党争而结束仕途。及其后五十余年，除断续为官约十年仍时时重教兴学外，其他时间皆专心教学与著述，包括整顿治内州县学，复兴白鹿洞、岳麓等书院，长期讲学于武夷精舍，建考亭竹林精舍并扩大为沧州精舍；著作等身，其中《四书章句集注》、《小学》、《朱子语类》、《白鹿洞书院揭示》等与教育密切相关。
④ 《朱文公文集》卷五十八。

只是理,以其在人所禀,故谓之性"①,即"性即理";"性"的具体内涵为"仁、义、礼、智之理而已"②。他又认为"天地之间,有理有气","气也者,形而下之器也,生物之具也"③,并承传二程等人的观点,把人性分为"天命之性"和"气质之性"两种;前者又称"道心",系禀受"天理"而成,故浑厚至善;后者又称"人心",系由"理"与"气"相杂而成,由于"气"有清明、浑浊之别,故"气质之性"有善有恶。朱熹指出"禀气之

朱熹

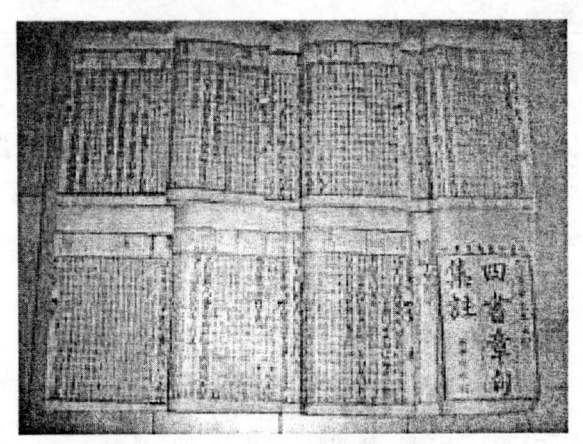

清咸丰木刻版《四书章句集注》

---

① 《朱文公文集》卷五十九。
② 《朱子四书或问》卷十四。
③ 《朱文公文集》卷五十八。

清者为圣为贤，如宝珠在清冷水中；禀气之浊者为愚为不肖，如宝珠在浊水中"，教育的作用就在于对人性去恶扬善，恢复人的"本然之性"，"所谓明明德者，是就浊水中揩拭此珠也"①。同时，他把三纲五常等封建伦理和等级名分制度视为"天理"，把人的物质需求视为"人欲"，是一切罪恶的根源，进而要求"学者须是革尽人欲，复尽天理，方始是学"，圣贤教人的根本任务就是"明天理、灭人欲"②。

与其对教育作用的认识相联系，朱熹认为教育的目的在于"明人伦"。"古之圣王，设为学校，以教天下之人。……必皆有以去其气质之偏，物欲之蔽，以复其性，以尽其伦而后已焉。"③ 正是基于此，他强调"父子有亲，君臣有义，夫妇有别，长幼有序，朋友有信"为"人之大伦"④。在《白鹿洞书院揭示》中也将上述"五伦"列为"教之目"置于首位，指出"学者学此而已"；并且重视社会教化，为政亦不忘以明人伦、正风俗为先务。

（二）论"小学"与"大学"教育

朱熹依据古代教育经验和人的年龄与心理特征，把学校教育划分为小学和大学两个既有区别、又有联系的阶段，并分别提出了各自相应的任务、内容和方法。

关于小学教育。朱熹指出：8—15岁"自王公以下，至于庶人之子弟，皆入小学"⑤。小学教育的任务是打造"圣

---

① 《朱子语类》卷四。
② 《朱子语类》卷十三。
③ 《朱文公文集》卷十五。
④ 《孟子集注·滕文公章句上》。
⑤ 《大学章句序》。

贤坯璞","古者小学已自养得小儿子这里定,已自是圣贤坯璞了"。其内容须以"教事"为主,"学其事"、"学其文"。"小学是事,如事君、事父、事兄、处友等事,只是教他依此规矩去做"①,当"教之以洒扫、应对、进退之节,礼乐、射御、书数之文"②。

在方法上,朱熹强调:一要及早施教、先入为主。儿童"人之幼也,知思未有所主",对人伦道德"必使其讲而习之于幼稚之时,使其习与知长,化与心成,而无扞格不胜之患也"③。二要形象生动,寓教于乐。不仅讲授课本要注重激发兴趣,还要通过历史故事、圣人格言、组织歌舞活动及编写诗歌等形式,使儿童乐闻乐学。三要有章可循,养成习惯。首创以《须知》、《学则》的形式培养儿童的道德行为习惯,使儿童的言行举止都有章可循,通过照着规矩"学其事"而知其然,进而养成习惯、自成方圆。

朱熹特别重视小学教育并编写了多种童蒙教材。这些教材可略分三类。第一类是必读书籍。如《小学》以古圣先贤的嘉言懿行为内容,共六卷分内、外篇,内篇含《立教》、《明伦》、《敬身》、《稽古》四篇,外篇含《嘉言》、《善行》两篇,是我国封建社会后期颇有影响的蒙学教材。第二类是指导性书籍。如《童蒙须知》对儿童应知易行之事莫不详细标明,内容包括"衣服冠履"、"言语步趋"、"洒扫涓洁"、"读书写字"以及"杂细事宜"等方面,对培养儿童良好的生活、学习习惯多有指导价值。第三类是辅

---

① 《朱子语类》卷七。
② 《大学章句序》。
③ 《小学书题》。

导性书籍。如《武夷棹歌》、《训蒙诗》借助诗歌韵语表述"天理"和普通常识，使儿童乐于吟诵进而收到潜移默化之效。上述三类教材，对元明清三代的蒙学产生了重要影响。

关于大学教育。朱熹指出：15岁后"自天子之元子、众子，以至公、卿、大夫、元士之适子，与凡民之俊秀，皆入大学"①。大学教育的任务是在小学"圣贤坯璞"的基础上"点出些精彩"或"加光饰"，为国家造就圣贤之才。其内容的重点是"穷其理"，即重在探究"事物之所以然"，"使之知所以修身、齐家、治国、平天下之道，而待朝廷之用也"②。

在方法上，他强调通过"博学之，审问之，慎思之，明辨之，笃行之"，达到"穷理以致其知，反躬以践其行"。其突出的成功经验有三点值得重视：（1）提倡自学。"读书是自家读书，为学是自家为学，不干别人一线事，别人助自家不得③。"（2）提倡争鸣。如淳熙八年（1181）他邀请陆九渊赴白鹿洞书院讲学，听讲者"莫不竦然动心"，朱熹称赞其"切中学者隐微深痼之病"④，并将其讲稿刻石为记。此举与"鹅湖之会"皆传为学界美事。（3）提倡创新。认为"前辈固不敢妄议，然论其行事之是非何害？固不可凿空立论，然读书有疑，有所见，自不容不立论"⑤；他赞赏张载"濯去旧见，以来新意"的观点，提出"学者不可只管守以前所见，须除了，方见新意"⑥。

---

① 《大学章句序》。
② 《朱文公文集》卷七十五。
③ 《朱子语类》卷一一九。
④ 《朱文公文集》卷八十一。
⑤ 《学规类编》。
⑥ 《朱子语类》卷十一。

朱熹把学校教育分为小学与大学两个相对独立的教育阶段，又强调这两个阶段具有内在联系，根本目标是一致的。"学之大小固有不同，然其为道则一而已。是以方其幼也，不习之于小学，则无以收其放心，养其德性，而为大学之基本。及其长也，不进之于大学，则无察其义理，措之事业而收小学之成功。是则学之大小所以不同，特以少长所习之异宜，而有高下、深浅、先后、缓急之殊，非若古今之辨、义利之分，判然如薰莸冰炭之相反而不可以相入也。今使幼学之士，必先有以自尽乎洒扫应对进退之间，礼乐射御书数之习，俟其既长，而后进乎明德亲民，以止于至善，是乃次第之当然，又何为而不可哉。"①

（三）论读书方法

朱熹一生既重视读书，又重视指导弟子读书。"为学之道，莫先于穷理；穷理之要，必在于读书"②，并积累了大量宝贵的经验。他去世后，弟子门人荟萃其生前有关语录，归纳为六条，谓之"朱子读书法"。兹逐条简要述析。

循序渐进　"读书之法，当循序而有常"，主张"先读《大学》以定其规模，次读《论语》以立其根本，次读《孟子》以观其发越，次读《中庸》以求古人之微妙处"③。"以二书言之，则通一书而后及一书；以一书言之，篇章文句、首尾次第，亦各有序而不可乱也。量力所至而谨守之。字求其训，句索其旨。未得乎前，则不敢求乎后；未通乎此，则不敢志乎彼。如是则志定理明，而无疏易陵躐之患矣。"④

---

① 《小学辑说》。
② 《程氏家塾读书分年日程》卷三。
③ 《学规类编》。
④ 《程氏家塾读书分年日程》卷三。

这条读书法肯定读书有序、不可颠倒，注重量力性、计划性，强调打好基础、反对急于求成。但按部就班既有其利，亦有其弊，故不宜绝对化。

熟读精思 "大抵观书，须先熟读，使其言皆若出于吾之口；继之精思，使其意皆若出于吾之心，然后可以有得尔。"① "读书之法，读一遍了又思量一遍，思量一遍又读一遍。读诵者所以助其思量，常教此心在上面流转。若只是口里读，心里不思量，看如何也记不仔细。"② 他推崇"古人诵书，亦记遍数"之法，提倡"遍数已足，而未成诵，必欲成诵；遍数未足，虽已成诵，必满遍数"③。这条读书法发展了前人学思结合的思想，重视了学习的巩固性。但过分强调读书遍数则未免刻板；后人把读书变成机械背诵以至呆读死记，恐怕有的即受此影响。

虚心涵泳 "读书须是虚心，方得圣贤说一字是一字。自家只平著心去秤停他，都使不得一毫杜撰。学者看文字，不必自立说，只记前贤与诸家说便了。今人读书，多是心下先有个意思了，却将圣贤言语来凑他底意思。其有不合，便穿凿之使合。"④ "读书之法无他，惟是笃志虚心，反复详玩，为有功耳。近见学者，多是卒然穿凿，便为定论，或即信所传闻，不复稽考。所以日诵圣贤之书，而不识圣贤之意，其所诵说，只依据自家见识杜撰成耳，如此岂复有长进。"⑤ 这条读书法反对先入为主、穿凿附会、轻信传闻、

---

① 《朱子大全·读书之要》。
② 《朱子语类》卷十。
③ 《程氏家塾读书分年日程》卷三。
④ 同上。
⑤ 《学规类编》。

卒下定论，是合理的，体现了治学的客观性要求。但他认为圣贤之书全是天理，容易导致对书本的迷信；也可见他提倡读书存疑、创新的主张具有明显的局限性。

切己体察　"学者读书，须要将圣贤言语体之于身"①，"从容乎句读文义之间，而体验乎操存践履之实，然后心静理明，渐见意味。不然，则虽广求博取，日诵五车，亦奚益于学哉！"② 这条读书法实质上是儒家传统的治学方法，含有联系实际的意蕴。但这种实际的范围不但十分有限，而且目的在于明"理"、落实所谓圣贤言语。

着紧用力　"宽著期限，紧著课程。为学要刚毅果决，悠悠不济事。且如发愤忘食，乐以忘忧……直要抖擞精神，如救火治病然，如撑上水船，一篙不可放缓。"③ 这条读书法强调了读书既要有只争朝夕的主动进取精神，又不能急功近利求速效，以形象深刻的比喻说明了读书应有不进则退的紧迫感和踏实、扎实的学风。

居敬持志　"读书之法，莫贵乎循序而致精，而致精之本，则又在于居敬而持志，此不易之理也"；"读书须收敛此心，这便是敬"④，"读书须将心贴在书册上，逐句逐字，各有着落，方始好商量。大凡学者须是收拾此心，令专静纯一，日用动静间，都无驰走散乱，方始看得文字精审。如此，方是有本领"⑤。"书不记，熟读可记；义不精，

---

① 《程氏家塾读书分年日程》卷三。
② 《学规类编》。
③ 《程氏家塾读书分年日程》卷三。
④ 同上。
⑤ 《朱子语类辑略》。

细思可精。惟有志不立，真是无着力处。"① 这条读书法提倡持志有恒、坚持不懈，精神专一、全神贯注。但过分强调"专静纯一"，不仅忽视了"主动"从而受到明末清初启蒙主义教育家的抨击，而且对"两耳不闻窗外事，一心只读圣贤书"不良学风的形成也有直接的影响。

六条"朱子读书法"，真知与谬误交织。如认真剥离，其精华仍有益于我们今天读书、治学。

二、王守仁②的教育思想

（一）论教育的作用与目的

王守仁重视教育对人的发展的作用，但他不赞成朱熹将"理"与"心"相区分，而认为"理"并不在心外，"心外无物，心外无事，心外无理，心外无义，心外无善"③，"万事万物之理，不外于吾心"④，即"理在本心"或曰"心即理"；并认为这种"理"就是良知，"吾心之良知，即所谓天理也"⑤。作为"天理"的"良知"，它"不待虑而知，

---

① 《性理精义》。
② 王守仁（1472—1528），字伯安，浙江余姚人；因曾在阳明洞读书、讲学，自称阳明子，后世称阳明先生；出身于世宦大家，自幼立志读书学圣贤；二十一岁中举人，二十八岁中进士。入仕后多次镇压农民起义，曾平定宁王叛乱，官至兵部尚书。他深感"破山中贼易，破心中贼难"，故格外重视教育；除去世前六年专事讲学外，其他时间均边从政边从教。包括建龙岗书院，主讲文明书院，修复濂溪、白鹿洞书院，并通过官府倡建学校，广办社学，制订民约乡规等；王门弟子遍布全国，"王学"远传日本。著述甚丰，后人辑成《王文成公全书》三十八卷；教育著作主要有《传习录》、《训蒙大意示教读刘伯颂等》、《教约》等。
③ 《王文成公全书》卷四。
④ 《王文成公全书》卷三。
⑤ 《王文成公全书》卷二。

不待学而能","良知之在人心,无间于圣愚","随你如何,不能泯灭",却又"不能不昏蔽于物欲"①。因而教育的作用就在于"致良知"、"明其心"。"君子之学,以明其心,其心本无昧也,而欲为之蔽,习为之害,故去蔽与害而明复。"② 在王守仁看来,无论是"致良知"还是"明其心",其实质都是"存天理,灭人欲","减得一分人欲,便是复得一分天理"③。

与其对教育作用的认识相联系,王守仁认为教育的目的就是"明人伦"或曰通过"致良知"学为圣贤。他指出"圣贤之学,明伦而已。……人伦明于上,小民亲于下,家齐国治而天下平矣。是故明伦之外无学矣"④;"学者学圣人,不过是去人欲而存天理耳"⑤。凡此论述,基本系思孟学派理论的延伸。但其中的精华在于:王守仁认为人人都可以致良知,都能够学为圣贤,"学"和"道"就应是人人都能享受和都可以有为的神圣事业,绝非某个"圣贤"可得而私之。他说:"夫道,天下之公道也;学,天下之公学也。非朱子可得而私也,非孔子可得而私也";"求之于心而非也,虽其言之出于孔子,不敢以为是也,而况其未及孔子者乎!求之于心而是也,虽其言之出于庸常,不敢以为非也,而况其出于孔子者乎"⑥!这种倡导学术为天下公有和反传统的批判精神,对明中期及其后的封建专制教育是一次有力的

① 《王文成公全书》卷二。
② 《王文成公全书》卷七。
③ 《王文成公全书》卷一。
④ 《王文成公全书》卷七。
⑤ 《王文成公全书》卷一。
⑥ 《王文成公全书》卷二。

冲击,对发展人的自我意识和解放个性有着深远的启蒙意义。

(二)论儿童教育

批判传统儿童教育的弊端　"近世之训蒙稚者,日惟督以句读课仿,责其检束,而不知导之以礼;求其聪明,而不知养之以善。鞭挞绳缚,若待拘囚",致使儿童"视学舍如囹狱而不肯入,视师长如寇仇而不欲见,窥避掩覆以遂其嬉游,设诈饰诡以肆其顽鄙,偷薄庸劣,日趋下流",这种教育是将儿童"驱之于恶,而求其为善也,何可得乎!"①

儿童教育必须顺应儿童性情　"大抵童子之情,乐嬉游而惮拘检,如草木之始萌芽,舒畅之则条达,摧挠之则衰痿",故"今教童子,必使其趋向鼓舞,中心喜悦,则其进自不能已;譬之时雨春风,沾被卉木,莫不萌动发越,自然日长月化",反之"冰霜剥落,则生意萧索,日就枯槁矣"②。

以"歌诗"、"习礼"、"读书"为内容　"宜诱之歌诗,以发其志意","非但发其志意而已,亦所以泄其跳号呼啸于咏歌,宣其幽抑结滞于音节也";"导之习礼,以肃其威仪","非但肃其威仪而已,亦所以周旋揖让而动荡其血脉,拜起屈伸而固束其筋骸也";"讽之读书,以开其知觉","非但开其知觉而已,亦所以沉潜反复而存其心,抑扬讽诵以宣其志也"。总之,对儿童进行"歌诗"、"习礼"和"读书"教育,"皆所以顺导其志意,调理其性情,潜消其鄙吝,默化其粗顽,日使之渐于礼义而不苦其难,入于中和而不知其故"③。

---

① 《王文成公全书》卷二。
② 同上。
③ 同上。

以班次教学为主，程序上注重动静搭配　"每学量童生多寡，分为四班。每日轮一班歌诗，其余皆就席敛容肃听。每五日则总四班递歌于本学。每朔望集各学会歌于书院"；歌诗的班次也是习礼的班次，"每间一日则轮一班习礼，其余皆就席敛容肃观。习礼之日，免其课仿。每十日则总四班递习于本学。每朔望则集各学会习于书院"①。书院、社学的这种"会歌"、"会习"的教学组织形式，练习与观摩、比赛结合，注重了儿童的兴趣，有利于提高教育效果。至于"每日功夫，先考德；次背书、诵书；次习礼或作课仿；次复诵书、讲书；次歌诗。凡习礼歌诗之教，皆所以常存童子之心，使其乐习不倦，而无暇及于邪僻"②。这一程序把动的课程如"习礼"、"歌诗"安排在静的课程如"诵书"、"讲书"之间，注意了儿童的身心调节，与一味主张"静坐读书"的传统学习方式相比，无疑是一大进步。

"随人分限所及"，量力施教　"人的资质不同，施教不可躐等"③；"学校之中，惟以成德为事，而才能之异，或有长于礼乐，长于政教，长于水土播植者，则就其成德，而因使益精其能于学校之中"④；"我辈致知，只是各随分限所及。……与人论学，亦须随人分限所及"，如种树"灌溉之功，皆是随其分限所及；若些小萌芽，有一桶水在，尽要倾上，便浸坏他了"⑤，"授书不在徒多……量其资禀能二百字者，止可授以一百字，常使精神力量有余，则无厌苦

---

① 《王文成公全书》卷二。
② 同上。
③ 《王文成公全书》卷一。
④ 《王文成公全书》卷二。
⑤ 《王文成公全书》卷三。

之患，而有自得之美"①。

三、明末清初的启蒙教育思想

明末清初是中国封建社会大动荡的时期。明前期商品经济的发展孕育了明中叶出现的资本主义萌芽，"王学"的反传统倾向冲击着禁锢思想的雷池，（意）利玛窦（R. Matteo）等西方传教士的东来揭开了西学东渐的序幕，社会矛盾的尖锐与接踵而至的政权更迭，凡此均促使了有识之士深沉的思索，引发了思想和学术领域的民主思潮与启蒙教育思想。黄宗羲（1610—1695）、顾炎武（1613—1682）、王夫之（1619—1692）、颜元（1635—1704）等人是当时进步的启蒙教育思想的杰出代表。

（一）批判理学教育的理论基础

"存天理，灭人欲"是宋明理学的实质及其教育理论的基础，启蒙教育思想家对此进行了初步的理论批判。

王夫之提出了人性"日生日成"的论断，"性者生理也，日生则日成也。……未成可成，已成可革"②；进而认为"天理"就在"人欲"之中，"终不离人而别有天，终不离欲而别有理也。……随处见人欲，即随处见天理"③。当然，他主张理欲统一、理在欲中并不是赞成纵欲，而是强调依据"天理"适当满足"人欲"，即"节欲"。"夫仁者天理之流行，推其私而私皆公，节其欲而欲皆理者也。"④ 上述观点尽管尚未超越封建道德的藩篱，但他反对理学家冷

---

① 《王文成公全书》卷二。
② 《尚书引义》卷三。
③ 《读四书大全说》卷八。
④ 《读四书大全说》卷十八。

酷、虚伪的禁欲主义,则反映了资本主义萌芽时期重视人性复归的某些合理要求。

颜元驳斥理学家"皆有与贼通气处"①。他针对朱熹把人性分为两部分的理论,提出"形性不可分",认为气质之性就是本然之性,"气即理之气,理即气之理";"恶"从外来,不是本性所有,"恶者,引蔽习染也"②,教育的作用就在于"习善"、"预远其引蔽习染"③。他还抨击宋儒承袭汉儒把"义"与"利"和"理"与"欲"对立起来,指出"'正其谊,不谋其利',过矣!宋人喜道之,以文其空疏无用之学"④,"世有耕种,而不谋收获者乎?""宋儒之学不谋食,能无饥乎?"并继承和发展了南宋事功学派的思想,明确提出了"正其谊以谋其利,明其道而计其功"⑤的命题,使中国古代对于义、利和理、欲关系的认识接近科学。

(二)抨击科举,改革学校教育

启蒙教育思想家对科举禁锢思想、败坏学风和左右学校教育的弊端进行了无情揭露,并提出了具有近代民主色彩的教育改革主张。

顾炎武抨击科举诱使"天下之人,唯知此物可以取科名,享富贵,此之谓学问,此之谓士人,而他书一切不观"⑥;侥幸中举者不过是死背请人猜测代拟答卷之人,入

---

① 《存人编》卷二。
② 《存性编》卷一。
③ 《存人编》卷二。
④ 《四书正误》卷一。
⑤ 同上。
⑥ 《日知录·十八房》。

场仅默写而已，进而认为八股之害甚于焚书坑儒①。颜元也深刻指出"八股行而天下无学术，无学术则无政事，无政事则无治功，无治功则无升平矣。故八股之害，甚于焚坑"②。黄宗羲抨击"科举之弊，未有甚于今日矣"③，八股取士"以一先生之言为标准"④，科举日盛而人才日绌，大声疾呼改革科举，并强调"学校之盛衰，关系天下之盛衰"⑤，进而提出了"公其非是于学校"的独特主张。他认为："学校，所以养士也。然古之圣王，其意不仅此也，必使治天下之具皆出于学校，而后设学校之意始备。……盖使朝廷之上，闾阎之细，渐摩濡染，莫不有诗书宽大之气；天子之所是未必是，天子之所非未必非，天子亦遂不敢自为非是，而公其非是于学校。"⑥这段论述在重申学校"养士"职能的基础上，突出强调了学校的"议政"职能——"公其非是于学校"以及使"治天下之具皆出于学校"，其基本精神是反对封建君主专制。这一观点既是对先秦"民贵君轻"思想的发展，又是对学校职能理论的创新，既反映了启蒙思想家要求国家决策民主化的强烈愿望，又为近代资产阶级议会思想在我国滋生奠其始基。

为实现学校的议政职能，黄宗羲不仅主张普及学校、使人人能受教育，而且提出了富有浓厚民主色彩的理想化措施：（1）民主推选教官。太学祭酒"推择当世大儒，其

---

① 《日知录·拟题》。
② 《颜习斋先生言行录》卷下。
③ 《南雷文约》卷三。
④ 《南雷文约》卷一。
⑤ 《南雷文约》卷四。
⑥ 《明夷待访录·学校》。

重与宰相等，或宰相退处为之"；郡县学官由"郡县公议，请名儒主之。……不拘已仕未仕也。其人稍有干于清议，则诸生得共起而易之"，其下五经师、兵法、历算、医、射各师，"皆听学官自择"；地方提学亦由民众"择名儒"为之，"然学官不隶属于提学，以其学行名辈相师友也"①。
(2) 民主施教议政。"每朔日，天子临幸太学，宰相、六卿、谏议皆从之；祭酒南面讲学，天子亦就弟子之列；政有缺失，祭酒直言无讳"；"郡县朔望……学官讲学，郡县官就弟子列，北面再拜，师弟子各以疑义相质难；其以簿书期会不至者罚之；郡县官政事缺失，小则纠绳，大则伐鼓号于众"②。

（三）培养经世致用的实用人才

启蒙教育思想家批判理学家空谈心性、徒事口笔而致人才尽、圣道亡、乾坤降，进而提出培养能挽救民族危亡和具有治理社会能力的实用人才。

顾炎武认为，要复兴民族、拯救斯民，学校应培养"明道救世"的人才。"君子之为学也，非利己而已也，有明道淑人之心，有拨乱反正之事，知天下之势之何以流极而至于此，则思起而有以救之。"③ 主张以实学代时文、语录及诗词，教学生研究社会实际问题，掌握治国平天下的工具，包括律、书、算、医等科学和艺术；反之，"既不出户，又不读书，则是面墙之士，虽子羔、原宪之贤，终无济于天下"④。

颜元主张教育要培养"为天地造实绩"的"圣人"或

---

① 《明夷待访录·学校》。
② 同上。
③ 《亭林文集·与潘次耕札》。
④ 《亭林文集·与人书（一）》。

"圣贤"。他以能否勤奋实践作为划分圣人、庸人的标准，"圣人是肯做工夫庸人，庸人是不肯做工夫圣人"①，不仅与理学家标榜的"圣人"迥然不同，而且无疑在唤起封建桎梏中的民众觉醒。颜元认为，圣贤的特征是能"斡旋乾坤，利济苍生"②，"生存一日，当为生民办事一日"③，能"为天地造实绩"④，"学须一件做成便有用，便是圣贤一流。……各专一事终身不改，便是圣；……各专一事不必多长，便是贤"⑤，"如六艺不能兼，终身止精一艺可也"⑥。这些观点反映了颜元对商品经济发展后对社会分工需求的初步认识，也体现了当时新兴市民阶层的政治、经济追求。

（四）提倡实学，重视自然科学与技艺教学

为培养经世致用的实用人才，启蒙教育思想家在无情驳斥理学空疏、导致"股肱惰而万事荒，爪牙亡而四国乱，神州荡覆，宗社丘墟"⑦的同时，在教育内容方面提出了以"重实"为共同特点的主张。

黄宗羲的教育内容广及经学、史学和文学，而重视传授天文、数学、地理等自然科学知识又是其显著特点；其弟子陈䚮得益于他的教授而撰成《勾股术》，成为当时浙西最杰出的数学家。顾炎武在注重发掘经学、史学的实用价值的同时，也重视传授"天文、地理、兵农、水土及一代

---

① 《颜习斋先生言行录》卷上。
② 《颜习斋先生言行录》卷下。
③ 《颜习斋先生年谱》。
④ 《存学编》卷一。
⑤ 《颜习斋先生言行录》卷下。
⑥ 《存学编》卷一。
⑦ 《日知录·夫子之言性与天道》。

典章之故"等"当世之务"①。王夫之强调"习天人治乱、礼乐、兵刑、农桑、学校、律历、吏治之理",排斥"浮辞靡调"而"登士于实学",使学子成为"可用之士"②。

颜元根据"救弊之道在实学不在空言"和"学则真学"③的基本思想,规划了一套空前丰富的教育内容。他提出"复明周、孔六德、六行、六艺;而于六艺尤致意焉,谓是六德之作用,六行之材具"④,"先之以六艺……艺精则行实,行实则德成矣"⑤。颜元强调"六艺之学"并非真心复古,而是假托古制以实施自己的主张。他晚年规划的漳南书院"教育计划",就是对其"实学"、"真学"内涵的最明确、最有力的说明:第一斋"文事",课礼、乐、书、数、天文、地理等科;第二斋"武备",课黄帝、太公以及孙、吴五子兵法,并攻守、营阵、陆水诸战法,射御、技击等科;第三斋"经史",课十三经、历代史、诰制、章奏、诗文等科;第四斋"艺能",课水学、火学、工学、象数等科;为示"吾道之敌对"、"吾道之广",另暂设"理学斋":课静坐,编著程朱陆王之学;"帖括斋"课八股举业。"俟积习正",则关闭之。⑥由上可见,颜元的教育内容不但与理学教育有着本质的区别,而且在广度和深度上都大大超越了古圣先贤的教育内容。它包容经、史、礼、乐,还把诸多门类的自然科技和军事知识与技艺正式列入教育计

① 《亭林余集·三朝纪事阙文序》。
② 《船山遗书·噩梦》。
③ 《存学编》卷三。
④ 《习斋记余》卷一。
⑤ 《四书正误》卷三。
⑥ 《习斋记余》卷二。

划，并且实行分科施教，这在当时实系"石破天惊"的改革；它不仅蕴含了近代课程设置的萌芽，也将我国古代的教育内容理论推进到一个崭新的发展阶段。

（五）倡行"主动"、"习行"的教育方法

启蒙教育思想家强烈批驳理学家的"主静"、"空谈"之学，认为"爱静空谈之学久，必至厌事，厌事必至废事，遇事即茫然"①，并针锋相对地倡行"主动"、"习行"的教育方法。

王夫之斥责"陆子静出而宋亡"②，赞赏《周易》提倡的"天行健君子以自强不息"的主动精神，"天下日动而君子日生，天下日生而君子日动。动者道之枢、德之牖也"③；并强调"与其专言静也，无宁言动"，"天下之不能动者，未有能静者也"，"天下之能静者，未有不自动得者也"④。在"主动"的同时王夫之更重视力行，认为在学、问、思、辨、行五者之中，"第一不容缓则莫如行"，"学以求知之，求知之者，因将以力行之也。能力行焉，而后见闻讲习之非虚，乃学之实也"⑤；并且强调"行可兼知，而知不可兼行"，君子之学不可"离行以为知"⑥。

颜元尖锐地批判历代"主静"教育虚妄无实，"晦圣道误苍生"⑦，又旗帜鲜明地指出"一身动则一身强，一家动则一家强，一国动则一国强，天下动则天下强"⑧。在教学

---

① 《颜习斋先生年谱》。
② 《船山遗书·张子正蒙注》。
③ 《船山遗书·周易外传》。
④ 《船山遗书·诗广传》。
⑤ 《船山遗书·四书训义》。
⑥ 《船山遗书·尚书引义》。
⑦ 《习斋记余》卷三。
⑧ 《颜习斋先生言行录》卷下。

中，他强调躬行实践，"读书无他道，只须在'行'字著力"①，认为"讲之功有限，习之功无已"，故为学为教应"用力于讲读者一二，加功于习行者八九"②。他还特别看重农事劳动和体育运动，"君子之处世也……甘艰苦劳动，斯可以无失矣"③，"常动则筋骨竦，气脉舒"④，"养生莫善于习动。夙兴夜寐，振起精神；寻事去作，行之有常，并不困疲，日益精壮"，反之"静息将养，便日就惰弱"⑤。颜元的教育方法充分体现了"以实学代虚学，以动学代静学，以活学代死学"⑥的基本特点，对我国近代，尤其是"五四"以后教育方法的改革，无疑是具有启蒙意义的先声。

第五节 晚清时期的教育思想

一、张之洞⑦的教育思想

张之洞是晚清最著名的洋务派政治家、教育家。面对

---

① 《颜习斋先生言行录》卷上。
② 《存学编》卷一。
③ 《颜习斋先生年谱》。
④ 《颜习斋先生言行录》卷下。
⑤ 《颜习斋先生言行录》卷上。
⑥ 《清代学术概论》。
⑦ 张之洞（1837－1909），字孝达，号香涛，晚年号抱冰，直隶南皮人。咸丰二年中解元，同治二年为探花。先后任湖北、四川学政，两广、湖广总督以至军机大臣兼管学部等要职，毕生倾力于办教育与办企业。创办的新式学堂包括工业、农业、商业、军事、师范及妇幼六个方面，共几十所；在推进留学教育、废除科举制度、建立近代学制等方面的贡献，在清末也首屈一指；被誉为清末"第一个通晓学务之人"。去世后谥"文襄公"，著述编为《张文襄公全集》，《劝学篇》是其教育思想的主要代表作。

列强凌辱、国势衰微的形势,他反对因循守旧,大力推行洋务,改革教育,体现了爱国和进步的倾向;但又维护传统纲常名教,疑惧资本主义,主张点滴改良,表现出封建保守性。他为清王朝尽忠竭力,却因重视西学,尤其是积极发展近代新教育而在客观上造就了一批封建制度的掘墓人。

张之洞

(一)《劝学篇》的主要教育思想

1.《劝学篇》简介

《劝学篇》成书于 1898 年春。当年 7 月黄绍箕将此书进呈,大受清廷最高统治者赞赏,得以广为刊布,据统计先后印两百万册以上。(美)渥内基(S·W·Bridge)将其译英,以《中国的唯一希望》为名于 1900 年在美国出版,耶稣会传教士也将其译为法文出版。

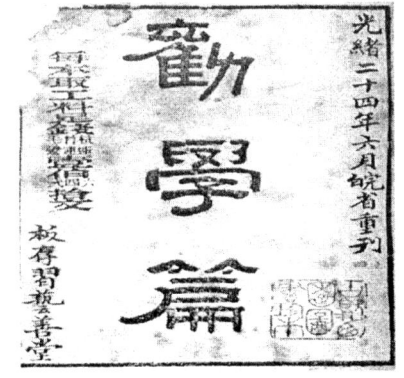

张之洞的《劝学篇》

该书分"内篇"和"外篇"两大部分。"内篇"由九篇文章构成,中心思想是"务本以正人心"[①],即强调以孔孟之道和三纲五常为本,要

---

① 《劝学篇·序》。

求人们自觉维护封建制度。"外篇"由十五篇文章构成,中心思想是"务通以开风气"[1],即在不妨碍封建道统的前提下,学习西方文化并对中国传统文化加以局部改造。"务本"与"务通"两个中心,又构成了中体西用思想的完整理论框架。

2. 中体西用的理论内涵

中学为体　张之洞认为,中学即中国传统的"四书五经、中国史事、政书地图"[2],这是一切学问的根本;所有学生应"先以中学固其根柢,端其识趣",然后才能学习西学,否则将"强者为乱首,弱者为人奴,其祸更烈于不通西学者矣"[3]。

在为体的中学中,他认为核心是"三纲",这是"五伦之要,百行之原,相传数千年,更无异义,圣人所以为圣人,中国所以为中国,实在于此"[4]。他强调"三纲",直接的目的是反对民权学说和男女平等,所谓"知君臣之纲,则民权之说不可行","知夫妇之纲,则男女平权之说不可行"[5];实质是维护清王朝的封建专制统治,即以"尊朝廷,卫社稷为第一义"[6]。

西学为用　张之洞认为,西学包括"西政、西艺、西史"三类,并着重分析了西政和西艺。"学校、地理、度支、赋税、武备、律例、劝工、通商,西政也;算、绘、

---

[1]《劝学篇·序》。
[2]《劝学篇·设学》。
[3]《劝学篇·循序》。
[4]《劝学篇·明纲》。
[5] 同上。
[6]《劝学篇·同心》。

矿、医、声、光、化、电，西艺也。"① 强调：今日学者必先通中学，"然后择西学之可以补吾阙者用之，西政之可以起吾疾者取之"，"今欲强中国、存中学，则不得不讲西学"②。即学习西学是为"强中国"、"存中学"服务的，实质仍然是维护清王朝的封建专制统治。

值得注意的是，张之洞对西学的认识与早期洋务派首领相比，其内容范围扩大且更加具体和具有理论意味；把"学校"列为西政之首，与他毕生重视教育有关，又表现了他不敢触及西方资本主义政体的局限性。

3. 中体西用思想的教育意义

由进步趋向保守 在中国学习西方的初始阶段，中体西用具有显著的积极意义。这是因为要尽快回应西方文化的强烈冲击和解决传统文化与异质文化的尖锐冲突，当时除了中体西用之外，似不可能有更适当的思想模式或价值观。从实际结果看，正是由于有了这种价值取向的指导，西方文化的一部分先是西文、再是西艺、后是西政，才得以引入我国并产生前述的诸多教育改革。这些改革给僵化的封建教育打开了缺口，造就了封建统治的异己力量，为封建制度的解体添加了催化剂。另一方面，当资产阶级维新派提出实行君主立宪制、学习西方已接触到西政的实质时，中体西用论者在"体"上不敢求变通，在"用"上不敢越雷池，则反映了中体西用思想的保守性。

正负面影响共存 从正面影响看，中体西用既在一定程度上否定了沿袭数千年的传统教育，又在客观上保存了

---

① 《劝学篇·设学》。
② 《劝学篇·循序》。

传统教育的某些合理成分，突出了民族教育的主体地位，进而也在一定程度上维系了整个民族的凝聚力。同时，这一思想也为以后一系列的教育改革探索提供了研究课题，促使若干进步的教育家进行超越中体西用价值观的理论尝试，为民国时期教育理论的丰富和发展提供了重要的理论背景。另一方面，正由于中体西用思想是晚清政府教育改革的理论指导，因而不仅当时的办学宗旨、教育内容及行政管理等都体现了较浓厚的封建性，而且也为民国初年复古教育思潮死灰复燃埋下了"祸根"。

（二）其他教育主张

1. 论新式学堂的办理

广兴学堂 认为"非育才不能图存，非兴学不能育才"[①]，"育才要指，自宜多设学堂"[②]；主张"各省各道各府各州县皆宜有学，京师省会为大学堂，道府为中学堂，州县为小学堂。……府县有人文盛物力充者，府能设大学，县能设中学，尤善"[③]。并提倡因陋就简，利用各地书院、善堂、祠堂、庙宇等场所及其经费兴学，以及鼓励地方官绅捐资办学。

办学原则 "学堂之法约有六要"[④]：一是"新旧兼学"，既学"四书五经"及中国的历史、政治、地理，又学西政、西艺、西史，"不使偏废"。二是"政艺兼学"，但"小学堂先艺而后政，大中学堂先政而后艺"。三是"宜教

---

① 舒新城：《中国近代教育史资料》上册，人民教育出版社1961年版，第59页。
② 同上，第56页。
③ 《劝学篇·设学》。
④ 同上。

少年",因成人才性精力减退功课难以合格,且成见已深难于虚受,以致事倍功半。四是"不课时文",即不能教授八股制艺。五是"不令争利",主张取消"膏火费"并要学生"纳金学堂",对成绩优良的学生"酌予奖赏",鼓励学生节俭向学。六是"师不苛求",开办新式学堂之初选择教师不宜苛刻,并应立足于自己培养师资。

2. 论师生管理

张之洞注重学堂的内部管理,强调"管理必求认真",并特别重视对人——教师和学生的管理。

教师管理 选择教师应以"学行兼优"为标准,包括"深通教育理法"、"学问精博"、"品行端洁,足称经师人师之选"[①]。教师的职责包括讲授辅导、晓义纳规、严斥异端三个主要方面,"为教员者,于讲授功课时务须随时指导,晓之以尊亲之义,纳之于规矩之中,一切邪说诐词,严拒力斥"[②]。

学生管理 认为造士应以品行为先,强调"各学堂尤重在考核学生品行"。主张借鉴传统"积分法",用量化手段分言语、容止、行谊、处事、交际、出游六项,对学生品行"随处稽察,第其等差"[③];并规定:学生不准干预国家政治及本学堂事务,妄上条陈;不准离经叛道,妄发狂言怪论。

3. 论师范教育

强调首重师范 张之洞早在撰写《劝学篇》时就已强

---

① 《请奖纪钜维等片》,《张文襄公全集》卷七十。

② 舒新城:《中国近代教育史资料》上册,人民教育出版社1961年版,第199页。

③ 同上,第202页。

调师范愈多，学堂则不患无师①。1902年在湖北论及开办新学堂时，也把发展师范列为第一条。再后又在《学务纲要》中指出，师范学堂"为各项学堂之本源，兴学入手之第一义"，应首先急办师范学堂；如无师范教员可请，应"速派人到外国学师范教授管理各法"②。他还强调师范教育的独立地位，使之在癸卯学制中自成系统；并于1907年掌管学部后奏准颁发了《女子师范学堂章程》等，为我国女子教育、女子师范教育正式列入学制的开端。总之，他认为师范教育为"群学之基"，办学之"先务"。

创办师范学堂　要者有：1902年在武昌创办湖北师范学堂；1903年在江宁设立三江师范学堂；1904年在武昌改两湖高等学堂为两湖（总）师范学堂，并开办我国第一所教师进修学堂"湖北师范传习所"；1905年改湖北武备学堂为武师范学堂，培训各武备学堂教员，并在武昌开办支郡师范学堂分府录取学生。张之洞办师范教育除坚持以中体西用为指导外，其特点是：重视教育类课程，体现师范性；附设小学堂，以利师范生实习；规定师范生享受免费待遇，以使人羡慕；西学课程注意聘请外籍教师以提高质量，并提倡中外教师"互换知识"。此外还重视选送学生留学师范，经他倡导，一时间有不少学生赴日本宏文学院师范科学习。

尊崇教师职业　张之洞重视师范教育还体现在注重从精神上鼓励教师，从物质上保证教师。每逢学堂开学，如

---

① 《劝学篇·设学》。
② 舒新城：《中国近代教育史资料》上册，人民教育出版社1961年版，第200—201页。

他到校则必同地方官员与师生一道先敬孔子牌位,然后率领地方官员向教师行叩首礼;多次上疏朝廷请求奖励有成就的教职员,呼吁为他们加官晋级;在物质上优先保证教师,包括有较宽敞的住房及较丰厚的经济收入等。

二、康有为①、梁启超②的教育思想

康有为和梁启超都是我国近代著名的思想家、教育家。他们目睹晚清日益加剧的民族危机,发起和领导了维新运动,并通过维新教育培养维新人才。与当时众多有识之士一样,他们也主张广兴学校、改革科举和发展留学教育,但其教育思想又有新的特点;他们的教育思想本身具有较明显的一致性,但在理论认识和论证分析上则各有千秋。

(一) 论教育的作用与宗旨

1. 教育的作用

康、梁都非常强调教育的作用,把教育视为改良政治、救亡图存和振兴国家的重要手段。

---

① 康有为(1858—1927),原名祖诒,字广厦,号长素,广东南海人。少年深受传统封建教育,青年起接触西方文明和早期改良主义思想,走上向西方寻求真理之路。"百日维新"前,多次上书光绪恳请变法,创办万木草堂等培养维新骨干,撰写《新学伪经考》、《孔子改制考》以构筑维新变法的理论体系。1895年5月发起"公车上书"要求迁都、拒和、变法,其后积极组织学会、创办报刊以至促成"百日维新"。维新失败后避难海外,成为保皇派。《大同书》为其教育理想的代表作。

② 梁启超(1873—1929),字卓如,号任公、饮冰室主人,广东新会人。自幼饱读经史典籍,青年起开始学习西学并拜康有为为师。其后组织参与"公车上书",主笔《时务报》,掌教时务学堂,大力宣传维新变法。戊戌政变后逃往日本,宣传保皇,渐趋保守。1920年后专注于教育和著述,执教于北京大学等校,任清华学校国学研究院导师,培养了不少著名学者;著述甚丰且多收入《饮冰室合集》,内含不少教育专论。

康有为认为,历史的发展是由"据乱世"到"升平世"再到"太平世";西方列强和日本实行立宪政体、开"升平世"先声,它们富强的原因"不在炮械军器,而在穷理劝学"和"才智之民多"[1];进而认定,"欲任天下之事,开中国之新世界,莫亟于教育"[2]。

梁启超指出:"世界之运,由乱而进于平,胜败之原,由力而趋于智,故言自强于今日,以开民智为第一义"[3],"今日欲伸民权,必以广民智为第一义"[4],显然认为开民智包括科学与民主启蒙两个相辅相成的重要方面;"智恶乎开,开于学;学恶乎立,立于教",进而强调,中国欲"亡而存之,废而举之,愚而智之,弱而强之,条理万端,皆归本于学校"[5]。

2. 教育的宗旨

康有为重视教育的工具价值,始终坚持把教育作为培养维新变法人才的主要手段;所办万木草堂等以"激厉气节,发扬精神,广求智慧"为教育宗旨[6]。

梁启超则更为理性地认为,教育这一极其复杂的活动不但应有宗旨,而且不能笼统地以"开民智"代替之,因而先后在《新民说》、《论教育当定宗旨》等文中对此作出了回答。他是近代中国较早注意这一问题的教育家。

梁启超批评中国传统教育的最大缺点,是培养出来的

---

[1] 《公车上书》。
[2] 《南海康先生传》。
[3] 《变法通议·学校总论》。
[4] 《上陈宝箴书论湖南应办之事》。
[5] 《变法通议·学校总论》。
[6] 《南海康先生传》。

人缺乏国家观念,具有"一个人的资格"但无"一国国民之资格"①,进而提出培养"新民"的新教育宗旨。他认为,教育的目标在于"养成一种特色之国民"或"新民",能团结一起"以自立竞存于列国之间,不徒为一人之才与智也"②;这种新民必须具有新的道德、思想、精神及新的特性和品质,如"公德"、"国家思想"、"权利义务"、"自由"、"自治"、"自尊"、"合群"、"尚武"等等③。显然,他所肯定的新民是具有资产阶级的政治信仰、思想观念和道德修养,能适应资本主义发展所需要的人才。

(二)《大同书》中的教育理想

1. 完整的学校体系

康有为在1884年开始构思、1913年首次刊布、1935年才全文公开出版的《大同书》中指出,大同社会"最重学校",其前后衔接的、完整的学校体系包括:

人本院:已怀孕的妇女进入人本院,使胎儿接受胎教。

育婴院:婴儿在人本院到6个月,断乳后进入育婴院,接受学前教育至5岁;这一阶段的任务是"养儿体,乐儿魂,开儿知识";教师"女保"应选慈祥、强健、敏慧、耐心的女子。

小学院:学习期限为6-10岁。这一阶段的任务是"以育德为先","以养体为主,而开智次之";教师"女傅"应选"德性仁慈、威仪端正、学问通达、诲诱不倦"的女子。

中学院:学习期限为11-15岁。这一阶段应打好"一

---

① 《新民说》。
② 《论教育当定宗旨》。
③ 《新民说》。

生之学根本",任务除养体、开智外又以育德为重;教师不论男女,"惟才德是视"。

大学院:学习期限为16-20岁。这一阶段的任务"专以开智为主",学习的专业可以是政治、法律或教育、哲学,也可以是贸易、种植或一技、一能,"各听自由,各从所好";教师不论男女,"择其专学精深奥妙、实验有得者为之"。学生毕业发给证书,并向各行各业推荐他们;高才生或有发明、著作的学生,经教师推荐后特给学士衔,并另加三年俸禄以"成其绝学"。

2. 受教育权利平等

《大同书》把理想世界描绘成"无邦国,无帝王,人人平等,天下为公"的大同社会,人人"道德一而教化同"。

在这种"人类尽为平等"的社会里,每个社会成员都可以享受从出生到20岁的公费教育,以使人人都能成为"有用之美才"、"有德之成人"。他还针对封建社会男尊女卑的事实,强调男女平等、各自独立,女子在政治、经济和文化教育上享有与男子相同的权利,不能有任何限制。

(三)梁启超论儿童与女子教育

1. 儿童教育

梁启超继承、吸收了中外进步的儿童教育思想,撰写了《论劝学》等文。指出"人生百年,立于幼学"[①],强调儿童教育是人生的重要起点。认为中国传统的私塾不顾儿童的生理、心理特点和兴趣爱好,强行灌注《大学》、《中

---

① 《论幼学》。

庸》等古籍,"知其必不能解,而犹然授之,是驱其子弟,使以学为苦而疾其师也";师长对儿童随意体罚,使儿童"视黉舍如豚笠之苦,对师长若狱吏之尊"①。指出这种封建教育如不改革,不仅可以亡国,甚至足以灭种。进而主张仿效西方,为儿童开办新式学校,包括设置幼稚园和实施八年(6—13岁)义务制小学教育②。

在教育内容上,他主张丰富多彩,包括语文、算学、外语、音乐、体操等;在教学程序上,主张先识字,次辨训,次造句,次成文,不可躐等;在教学方法上,强调让儿童乐闻、乐知,如教天文地学浅理要像"演戏法",教古今杂事要像"说鼓词",多用歌谣、俗语,使儿童易上口、易理解;在教材上,建议为儿童新编蒙学课本,包括识字、文法、歌诀等一套七本,并陈述了这些课本各自的教学方法。基于梁启超对儿童教育阶段在教材教法方面的贡献,一些教育史著作称其为我国近代最早提倡各科教材教法的教育家。

2. 女子教育

梁启超继承、发展了康有为男女一切平等的思想,强烈抨击"妇人无才即是德"是"实祸天下之道"③,在《论女学》等文中大力提倡女子教育。

他指出:美国是"女学最盛者,其国最强";英、法、德、日等国是"女学次盛者,其国次强";中国"积弱之本,则必自妇人不学始",中国"欲强国必由女学"④。并认

---

① 《论幼学》。
② 《教育政策私议》。
③ 《论女学》。
④ 同上。

为如果妇女有了知识，便可就业，各能自养；从家庭看，"上可相夫，下可教子，近可宜家，远可善种"[①]。所以必须提倡女子教育，兴办女子学校。在教育内容上，农、商、医、律、格致、制造等学科，女学与男学均应相同；也可根据妇女需要，开设纺织、绘画等科，以及设置师范科培养师资。女子学成之后，发给文凭，并具有与男子同样的就业机会和权利。

康、梁主张解放妇女、男女平权的思想，是维新教育思想的重要组成部分和基本特色；在封建观念仍然盛行的清末，这些思想无疑吹起了时代的新风。

第六节 民国时期的教育思想

民国时期在走向现代新教育的过程中，涌现了不少著名的教育家。其中包括在幼儿教育理论和实践中建树突出的陈鹤琴，在平民教育和乡村教育方面贡献卓著的晏阳初、梁漱溟，在职业教育中不懈探索的黄炎培，在发展资产阶级现代教育方面名重一时的胡适、蒋梦麟，在探索无产阶级教育理论上斩荆劈路的李大钊、杨贤江，等等。在这众多著名的教育家中，蔡元培、陶行知尤为突出且各具特色。

---

① 《倡设女子学堂启》。

第六章 教育思想

一、蔡元培①的教育思想

(一) 和谐发展的教育方针

1912年4月,教育总长蔡元培发表《对于教育方针之意见》,首次提出了军国民教育、实利主义教育、公民道德教育、世界观教育和美感教育"五育"并举的教育方针;并以(德)康德(I. Kant)的哲学思想为基础,结合中国古代教育和西方教育的有关理论加以阐述。

蔡元培

军国民教育即体育,虽非理想社会的教育,"在他国已有道消之兆",但中国因"强邻交逼,亟图自卫,而历年丧失之国权,非凭借武力,势难恢复",故"今日所不能不采者也"②。实利主义教育即智育,"以人民生计为普通教育之中坚。其主张最力者,至以普通学术,悉寓于树艺、烹饪、裁缝及金、木、土工之中";中

---

① 蔡元培(1868—1940),字鹤卿,号孑民,浙江山阴人。自幼饱读经史,二十六岁登进士,后授翰林院编修。维新运动失败后弃官南下从事新教育,掌教绍兴中西学堂、南洋公学,创办爱国女校、爱国学社,发起组织中国教育会并任会长,广泛宣传民主革命思想。1907—1916年,除短暂首任南京临时政府教育总长外,留学德国又赴法组织勤工俭学会、华法教育会。1917年初出长北京大学,锐意改革,成效斐然。南京政府成立后,担任国民政府常务委员、大学院院长、中央研究院院长等职;九一八事变后与宋庆龄等组织中国民权保障同盟,积极主张抗日并推动国共合作。在香港病逝后,毛泽东致唁电称其为"学界泰斗,人世楷模"。

② 陈学恂:《中国近代教育文选》,人民教育出版社1983年版,第322页。

国地宝未发,实业幼稚,民困国贫,故实利主义教育"亦当务之急者也"①。公民道德教育即德育。"何谓公民道德?曰法兰西之革命也,所标揭者,曰自由、平等、亲爱。道德之要旨,尽于是矣";并以孔孟的道德规范与之比附:自由者"富贵不能

蔡元培的北京大学校长委任状

淫,贫贱不能移,威武不能屈"是也,"古者盖谓之义",平等者"己所不欲,勿施于人"是也,"古者盖谓之恕",亲爱者"己欲立而立人,己欲达而达人"是也,"古者盖谓之仁";"三者诚一切道德之根源,而公民道德教育之所有事者也"②。

蔡元培承传康德的二元论,认为"世界有二方面,如一纸之有表里:一为现象,一为实体"③。政治家以追求现象世界的幸福为目的,军国民教育、实利主义教育和公民道德教育则"为隶属于政治之教育"④。教育家"则立于现象世界,而有事于实体世界者也。故以实体世界之观念为其究竟之大目的,而以现象世界之幸福为其达于实体观念

---

① 陈学恂:《中国近代教育文选》,人民教育出版社1983年版,第322页。
② 同上,第323页。
③ 同上,第324页。
④ 同上,第326页。

之作用"①,所以必须进行世界观教育,由此也才能使人进入所谓实体世界的精神境界,获得最大的自由和发展,实现教育的终极目标。而如何进行世界观教育呢?其途径在于美感教育,因为美感"介乎现象世界与实体世界之间",是教育家"欲由现象世界而引以到达于实体世界之观念"的"津梁";世界观教育和美感教育"为超轶政治之教育"②。

上述五育,不可偏废。其关系"譬之人身:军国民主义者,筋骨也,用以自卫;实利主义者,胃肠也,用以营养;公民道德者,呼吸机循环机也,周贯全体;美育者,神经系也,所以传导;世界观者,心理作用也,附丽于神经系,而无迹象之可求。此即五者不可偏废之理也"③。

1912年7月,全国临时教育会议多数代表认为蔡元培首倡的世界观教育"陈义过高"、不易理解,致未将其列入大会通过的教育宗旨。此后蔡元培本人也较少论及世界观教育,而着力倡导美育,并多次公开宣传"以美育代宗教说"。1920年12月,蔡元培在新加坡作了《普通教育和职业教育》的演讲,明确提出实施体、智、德、美四育以"养成健全的人格";并强调"这四育是一样重要",应"使四育平均发展"④。

蔡元培提出的教育方针,在理论上是直接针对并否定

---

① 陈学恂:《中国近代教育文选》,人民教育出版社1983年版,第324页。
② 同上,第326页。
③ 同上,第327页。
④ 高平叔:《蔡元培教育论著选》,人民教育出版社1991年版,第316—319页。

封建教育的。这正如他在《全国临时教育会议开会词》中所说："君主时代之教育方针，不从受教育者本体上着想"，而是利用一种方法，驱使受教育者去适应"一个人主义"或"一部分人主义"；民国的教育方针，"应从受教育者本体上着想"，使之通过教育具有相应的能力并为社会尽相应的责任[①]。这一观点直接体现了资产阶级的民主、平等精神，反映了资产阶级的民权思想。其次，蔡元培的教育方针不论"五育"还是"四育"，其核心是强调和谐发展以培养学生健全的人格，这是对封建社会追求"仕途利禄"的教育目的的全面否定，在中国教育史上具有划时代的意义，对新一代人才的培养有着重要的影响。

蔡元培所提教育方针的局限性，表现在其理论基础持"二元论"混淆了物质与意识的关系。如他在论述德育的作用时，认为若不"教之以公民道德"，不但会造成贫富悬殊，而且会酿成"资本家与劳动家血战之悲剧"[②]；在论述美育的作用时，师承康德的美学理论，认为美育是由现象世界进入实体世界的"津梁"[③]。

（二）思想自由、兼容并包

这是蔡元培改革北京大学时提出的办学原则，也是他改革高等教育和发展科学研究的指导思想。他出长北京大学，

---

① 高平叔：《蔡元培教育论著选》，人民教育出版社1991年版，第15页。
② 陈学恂：《中国近代教育文选》，人民教育出版社1983年版，第323页。
③ 同上，第326页。

在第一次演讲中就明确指出:"大学者,研究高深学问者也。"① 次年他在《北京大学月刊》"发刊词"中又指出:"大学者,'囊括大典,网罗众家'之学府也",认为各种学术派别在大学内并存甚至相互对立,是"思想自由之通则"和"大学之所以为大"的体现②。

基于这一指导思想,他主张允许有不同学术观点的人同时在大学任教,聘请教员须以学术造诣为主,并据此对北京大学进行改革。表现在当时不仅聘请了不少思想新进乃至信仰马克思主义的著名学者,也聘请了一些思想虽然保守但确有真才实学之人。他认为,这些人才难得,不可求全责备;各学派对峙、争鸣,既利于学术发展又使学生有自由选择的余地。但对于不称职者,不论国别和依仗何种权势,也坚决裁减辞退。也是基于这一指导思想,他强调学生应抱定"为求学而来"的宗旨,不能把大学作为做官发财的"终南捷径"③。表现在:努力更新北京大学的学风,提倡并亲自发起若干学术团体,鼓励学生自由研究学术,开展辩论、演讲和创办刊物;允许学生参加爱国政治活动,以及不干涉陈独秀、李大钊、鲁迅等人在学生中宣传新思想,乃至宣扬第一次世界大战的胜利"是社会主义的胜利"、"是世界劳工阶级的胜利","是列宁……的功业,是马客士(Marx)的功业"④,等等。

思想自由与兼容并包是蔡元培改革、发展中国高等教

---

① 陈学恂:《中国近代教育文选》,人民教育出版社1983年版,第333页。
② 同上,第354页。
③ 同上,第333页。
④ 李大钊:《Bolshevism的胜利》,《新青年》第五卷第五号。

育的一贯主张。他在 1937 年 12 月《我在教育界的经验》一文中总结一生办教育的经验时仍强调:"我对于各家学说,依各国大学通例,循思想自由原则,兼容并包。无论何种学派,苟其言之成理,持之有故,尚不达自然淘汰之运命,即使彼此相反,也听他们自由发展。"① 这一主张反映了蔡元培的资产阶级民主主义思想,它既使资产阶级学术文化、教育思想在大学占有了一席之地,在高等教育领域为传播资本主义开辟了道路,又为研究、宣传马克思主义提供了重要的场所;既使儒家学说在一个学派的意义上得以继续研究,又有利于在思想上、政治上回击封建主义的复辟。事实也证明,北京大学之所以成为当时新文化运动的中心,成为五四运动的发祥地和马克思主义首先传播的阵地,蔡元培的上述主张是起了重要作用的。另一方面,这一主张也反映了蔡元培的资产阶级自由主义理想,因为在阶级社会里教育要脱离政治事实上是不可能的,思想自由与兼容并包也只具有相对的意义和在局部范围内实施。

(三) 学术分校、文理沟通

这是蔡元培发展我国高等教育、加强学术研究的又一重要主张。他认为,一个民族或国家要在世界上占有一席之地,必须重视发展教育,而要办好普通教育必先办好高等教育,高等学校应以学术研究为基础。为此,他主张学术分校、文理沟通。

学术分校的根据是学理与应用有所区别。他说:"学与

---

① 高平叔:《蔡元培教育论著选》,人民教育出版社 1991 年版,第 710 页。

术可分为二个名词，学为学理，术为应用。"①"学与术虽关系至为密切，而习之者旨趋不同。文、理，学也。虽亦有间接之应用，而治此者以研究真理为的，终身以之。所兼营者，不过教授著述之业，不出学理范围。法、商、医、工，术也。直接应用，治此者虽亦可有永久研究之兴趣，而及一程度，不可不服务于社会；转以服务时之所经验，促其术之进步。与治学者之极深研几，不相侔也。"②但他又认为："学必借术以应用，术必以学为基本，两者并进始可"③，"学为基本，术为支干，不可不求其相应"④；并有针对性地指出，一国之中练习技术的人多而研究科学的人少，技术"也是无源之水，不能会通改进，发展终属有限"，故强调"不可忽视学理"⑤。基于学理与应用的区别，蔡元培将当时的高等学校分为两类，即"治学者"可谓之"大学"，"治术者"可谓之"高等专门学校"⑥。

蔡元培在肯定高等专门学校应重视"归集资料，实地练习"，以使之突出应用、"高"名副实的基础上，着重致力于把北京大学办成真正的文理科综合性大学，成为学理研究的中心。为此，他进一步主张文理沟通，治学者不可"局守一门"。他批评"治文学者，恒蔑视科学，而不知近世文学，全以科学为基础"；"治自然科学者，局守一门，

---

① 高平叔：《蔡元培教育论著选》，人民教育出版社1991年版，第329页。
② 同上，第136页。
③ 同上，第329页。
④ 同上，第136页。
⑤ 同上，第330页。
⑥ 同上，第137页。

而不肯稍涉哲学，而不知哲学即科学之归宿"；"治哲学者，以能读古书为足用，不耐烦于科学之实验，而不知哲学之基础不外科学"①，文科学生"视自然科学为无用，遂不免流于空疏"，理科学生"视哲学为无用，而陷于机械的世界观"②。为落实上述主张，他在北京大学采取了如下措施：(1)将工科调入北洋大学，并打破文、理、法三科界限，取消学长制；变科为系，全校设14个系，各系设系主任。(2)改年级制为选科制，规定：每周一课时，学完一年为一个单位；本科生应学80单位，其中必修科目和选修科目各占一半，修满即可毕业；选修科目可兼选其他系的课程。(3)组织各种学术团体，开设各种学术讲座，鼓励学生于专精之余旁涉多种学理，使师生"交换知识"，"以祛其褊狭之意见"③。

蔡元培对"学术"的剖析以及主张"学理"与"应用"应该"并进"、"相应"的观点，既明确了两者各有侧重又注意了其内在联系，是有理论价值的；它比当时欧洲不少大学囿于传统成见、重学轻术，以及国人学习西方仅及皮毛、重术轻学，均高出一筹。在实践上既促使了北京大学不断提高科研质量，也对全国高等学校产生了积极影响；既刺激了部分大学不断组织力量、提高学术水平，又促使了大批单科大学的发展。但他把高等学校截然分为"治学

---

① 高平叔：《蔡元培教育论著选》，人民教育出版社1991年版，第171页。

② 北京大学新潮社1920年10月编印《蔡孑民先生言行录》（上），第29页。

③ 高平叔：《蔡元培教育论著选》，人民教育出版社1991年版，第171页。

者"与"治术者"两类,在理论上又难与"并进"、"相应"的思想契合;文理沟通的主张有一定的意义,但又忽视了大学内部文、理、工、法、商诸科多层次、多角度的相互渗透,实践上也使综合大学难以真正综合并全面实现"学理"与"应用"的"并进"和"相应"发展。

（四）崇尚自然、发展个性

这是蔡元培针对封建教育无视学生特点,违反自然,束缚个性而提出的教育主张。他抨击旧教育是"教者预定一目的,而强受教者以就之"①,阻碍了学生的个性自由发展;呼吁新教育"应从受教育者本体上着想"②,根据学生的兴趣和个性特点施教,促使他们自然、自由地发展,并明确指出:"教育者,与其守成法,毋宁尚自然;与其求划一,毋宁展个性。"③

为实施上述主张,他提倡:一要开展教育实验研究。包括运用仪器、图画、言语、文字等研究学生在感觉、表象、注意、想象、意志等方面的差异,以知其"性质之动静,资禀之锐钝"和"身心发达之程序",再选择相宜的教学方法去帮助他们学习,并主张"随时试验,随时改良"④。二要运用启发式,不搞注入式。他说:"我们教书,并不是象注水入瓶一样,注满了就算完事。最要是引起学生读书的兴味……最好使学生自己去研究,教员竟不讲也可以,

---

① 高平叔:《蔡元培教育论著选》,人民教育出版社1991年版,第154页。
② 同上,第15页。
③ 同上,第155页。
④ 同上,第154-155页。

等到学生实在不能用自己的力量了解功课时,才去帮助他。"① 三要因材教学。他认为学生个性各异,"有的近文学,有的喜算术",各人于各科学习的快慢也不一致,故应因材施教,尤其是"遇有特别的天才的,总宜施以特别的教练";同时学生也应"自省",对困难的课目须格外用功,对特别喜欢的课目不妨多学些;"总之,教授求学,两不可呆板"②。四要养成自动、自学、自觉的学习习惯。他指出:"在学校,不能单靠教科书和教习。课堂功课固然要紧,自动自习,随时注意,自己发见求学的门径和学问的兴趣,更为要紧"③;强调"学校教育注重学生健全的人格,故处处要使学生自动",教师不应"要学生圆就圆,要学生方就方",只有发挥学生的主动性、积极性,才能使其全面和谐地发展④。

蔡元培崇尚自然、发展个性的教育思想,是以其体智德美和谐发展、培养学生"健全人格"的教育目的为理论基础的。它反映了蔡元培的资产阶级民主主义的政治立场,就其自由主义教育理论是由这一立场引申出的。就反对封建教育、解放学生个性而言,它具有明显的进步性和积极的社会意义,但在阶级社会中又有其不现实性。就教育理论与实践看,蔡元培提倡教育教学应以实验研究为先导,对推动我国教育研究的科学化功不可没;但"尚自然"、"展个性"思想本身却在一定程度上忽视了教师的主导作用

---

① 高平叔:《蔡元培教育论著选》,人民教育出版社1991年版,第316-317页。
② 同上,第317页。
③ 同上,第286页。
④ 同上,第318-319页。

以及有计划地向学生传授系统知识的重要性,这是他受(法)卢梭(J. J. Rousseau)"自然教育"理论,受(俄)托尔斯泰(L. N. Tolstoy)"自由学校"主张,尤其是受杜威儿童中心主义影响的结果。

二、陶行知①的教育思想

(一) 生活教育论

生活教育论是我国近现代教育史上具有国际影响的、重要的教育理论。它是陶行知在教育改革实践中逐渐认识到教育既必须与中国的社会现实相结合,又必须为民族革命服务的基础上逐步形成的。这一理论是陶行知教育思想的主体,它包括下述三个理论板块。

"生活即教育"是生活教育论的本体论。陶行知指出:"教育的根本意义是生活之变化。

陶行知

---

① 陶行知(1891—1946),原名文濬,后改名知行、行知,安徽歙县人。少年曾断续求学于私塾和经馆,后入崇一学堂、汇文书院(金陵大学)读书;1914年赴美,师承杜威、孟禄等教育家。1917年修完博士学位课程后回国,执教南京高师并致力于宣传西方教育理论。20世纪20年代开始从事平民教育、乡村教育,并以晓庄师范(晓庄学校)为主要基地试验生活教育理论,30年代前期在上海推行普及教育运动,提倡"科学下嫁"、创办"工学团"、推广"小先生制",试图为中国教育寻觅新路。30年代后期积极投身抗日,相继发起国难教育、战时教育和全面教育运动,并创办著名的育才学校;抗战胜利后及时发起民主教育运动,并与李公朴等创办重庆社会大学。去世后,毛泽东在悼词中称其为"伟大的人民教育家"。

生活无时不变,即生活无时不含有教育的意义。因此,我们可以说'生活即教育'。"① 他还认为,过好的生活就是受好的教育,过坏的生活就是受坏的教育;过认真的生活就是受认真的教育,过马虎的生活就是受马虎的教育;过合理的生活就是受合理的教育,过不合理的生活就是受不合理的教育。总之,生活具有教育的意义,"过什么生活,便是受什么教育"②。其

育才学校

次,陶行知肯定和向往的"生活",不是落后的生活而是健康的、高尚的生活,不是愚昧的生活而是科学的、艺术的生活,不是腐化的生活而是劳动的、改造社会的生活。总之,他所追求的是向前、向上的现代生活。换言之,"要拿好的生活来改造坏的生活,拿前进的生活来引导落后的生活",针对抗战任务而言,"要拿抗战的生活来克服妥协的生活",进而"打倒日本帝国主义"、创造一个"自由平等的新中国"与"和平互助的新世界"③。再次,陶行知认为,生活与教育的关系一方面是"生活决定教育","教育要通

---

① 《生活教育》,《陶行知全集》第2卷,第633页。
② 董宝良:《陶行知教育论著选》,人民教育出版社1991年版,第390页。
③ 同上,第506—508页。

过生活才能发出力量而成为真正的教育"①。即生活是教育的中心，是教育存在的前提和归宿，健康、科学、艺术、劳动、民主构成的和谐的生活才可能导致和谐、民主的教育。另一方面"教育就是生活的改造"②。即不但改造社会生活，用教育的力量"来达民之情，顺民之意……是要解放人类的"③，以及通过传播科学技术和与生产劳动相结合而具有经济功能，"引导人产生新价值的力量"④；而且改造个人生活，"使人天天改造，天天进步，天天往好的路上走"⑤，鼓舞青少年投身于征服自然、改造社会和建设新中国的洪流中去。总之，生活决定教育，教育改造生活，二者相互促进。

"社会即学校"是生活教育论的领域论。陶行知批评"学校即社会"的主张是"鸟笼式"的教育观，"就好象把一只活泼泼的小鸟从天空里捉来关在笼里一样"⑥。由于这种"鸟笼"与外界、与社会生活隔绝，因而学生只能是"读死书，死读书，读书死"，毕业之后"足也瘫了，手也瘫了，脑子也用坏了，身体的健康也没有了，大学毕业就进棺材"⑦。为此，他主张"开笼放鸟"，使学校与整个国家、与整个社会和人民大众的生活实际相联系。其次，陶行知依据"生活即教育"的基本原理进一步指出："整个的

---

① 董宝良：《陶行知教育论著选》，人民教育出版社1991年版，第549页。
② 同上，第273页。
③ 同上，第296页。
④ 同上，第359页。
⑤ 同上，第50页。
⑥ 同上，第294页。
⑦ 同上，第400页。

社会是生活的场所，亦即教育之场所。因此，我们又可以说'社会即学校'。"① 并认为把社会作为教育的场所，失去的只是"鸟笼"，得到的则是"伟大无比的森林"②，也就是"要把笼中的小鸟放到天空中去，使它能任意翱翔，是要把学校的一切伸张到大自然里去"③。再次，陶行知主张在社会这所"伟大学校里，人人可以做我们的先生，人人可以做我们的同学，人人可以做我们的学生。随手抓来都是活书，都是学问，都是本领"④，通过利用社会的力量促使学校进步，以培养出真善美的"活人"和"现代人"，又再由这些人去推动社会进步，对社会作出更大的贡献，体现学校的力量，以期发挥学校与社会"互济的效用"⑤。

"教学做合一"是生活教育论的方法论。这一方法论的含义是："教的方法根据学的方法；学的方法根据做的方法。事怎样做便怎样学，怎样学便怎样教。教与学都以做为中心。在做上教的是先生，在做上学的是学生。"⑥ 其基本特征包括：(1) "做"是教与学的中心，但"做"不是盲目的行动，而是"在劳力上劳心"；它不但要求"手到心到"，而且要求"奉头脑作总司令"、"用心以制力"，才能由此获得真理并进而"征服自然势力，创造大同社会"⑦。(2) 以"做"为中心并不排斥书本知识，他指出："教学做

---

① 董宝良：《陶行知教育论著选》，人民教育出版社1991年版，第390页。
② 同上，第464页。
③ 同上，第294页。
④ 同上，第391页。
⑤ 同上，第425—426页。
⑥ 同上，第349页。
⑦ 同上，第227—228页。

合一的理论不是不要书；它要用的书的数目之大，比现在的教科书要多得多。它只是不要纯粹以文字来做中心的教科书"①；书只是一种工具，"一种生活的工具，一种'做'的工具"②，强调"行是知之始"、"重知必先重行"③。（3）"以教人者教己"，即做先生必须先做学生，因为先做学生才能获得"可为人师"的本领；他提倡人人先要有"即知即传"、敢为人师的志向和勇气，再应有"可为人师"的本领，因为"以教人者教己"效力宏大，"为学而学不如为教而学之亲切。为教而学必须设身处地，努为使人明白；既要努力使人明白，自己便自然而然的格外明白了"④。

（二）创造教育论

陶行知坚持生活教育论和献身教育，归根到底是为中国教育探寻新路，以进而"创造幸福的新中国，新世界"⑤。从这个意义上说，陶行知的创造教育论可视为其生活教育论的理论升华。

重视"创造"是陶行知的一贯思想，"创造"是生活教育论的核心。早在陶行知回国初期，他就多次强调科学创造，指出教育革新的方法一是"观察"，二是"试验"⑥，并提倡设立"试验的学校"，"试验教育"既要培养"会试验的教育家"又要培养"会试验的国民"⑦，进而通过平民教

---

① 董宝良：《陶行知教育论著选》，人民教育出版社1991年版，第358页。
② 同上，第350页。
③ 同上，第285页。
④ 同上，第230页。
⑤ 同上，第682页。
⑥ 同上，第23页。
⑦ 同上，第45页。

育"创造一个四通八达的社会"①。陶行知开始试验生活教育理论之后,更加注重"创造"或以"创造的教育"作为生活教育的核心。他认为,在打倒传统旧教育的同时必须提倡创造的教育,而创造的教育就是以生活为教育、以社会为学校、学校和社会打成一片,即创造教育是生活教育的重要内容;他同时又指出:"行动是老子,思想是儿子,创造是孙子"②,换言之,"'行动'是中国教育的开始,'创造'是中国教育的完成"③,或曰"做的最高境界就是创造"④,即"创造新中国、新世界"是中国教育改革的目标。就创造教育而言他又强调:"手和脑在一块儿干,是创造教育的开始;手脑双全,是创造教育的目的"⑤,即创造教育的实质是培养"真善美的活人"⑥。在晚年,陶行知更加注重创造教育,不仅撰写了《创造宣言》、《创造的儿童教育》和《创造的社会教育论纲》等创造教育专论,而且大多数教育论著都论及了创造教育问题,尤其是儿童创造能力的培养;他晚年主要致力于育才学校的创办,不但在《育才三方针》中规定"向着创造生活前进"是其核心⑦,在致育才学校全体师生的《最后一封信》中又以"为科学创造而学习"和大家共勉⑧;他一生创办的最后一所学校是重庆社

---

① 董宝良:《陶行知教育论著选》,人民教育出版社1991年版,第127页。
② 同上,第383页。
③ 同上,第385页。
④ 同上,第389页。
⑤ 同上,第383页。
⑥ 同上,第583页。
⑦ 同上,第588页。
⑧ 同上,第649—650页。

会大学,并强调创造新世界是社会大学"主要的功课","社会大学之道"首先要明白人民的四个大德,即觉悟、联合、解放和创造①。凡此可见,创造教育理论在陶行知教育思想中占有非常重要的地位。

陶行知认为,教师的成功和最大快乐是"创造出值得自己崇拜的人"②。这样的人应当具有下述创造能力:一是"治学"能力,即自动、自学和自得的治学能力;二是思维能力或认识能力,即观察、分析、综合、推理和判断的能力;三是"治事"能力,即手脑并用、能言能行,善待人、会办事的能力。陶行知关于创造能力的思想有两个重要特点:一是强调治事能力的培养。他认为,改造社会和改造自然都需要集中团体、民众的创造能力,这就必须善于待人办事,因而治事能力是更好地发挥个体的创造能力的前提;同时,旧式书生往往缺少治事能力,而这种能力正是新时代的创造者应有的素质。二是强调高尚的创造理想。即创造的目的不是为个人升官发财,而是要"为老百姓造福利","为整个国家民族谋幸福","为整个人类谋利益"③。换言之,创造教育重在培养既有高尚的创造理想又有高强的创造能力的革命者和开拓者。

陶行知在坚持第一流的教育家要"敢探未发明的新理"、"敢入未开化的边疆"④和创造"真善美的活人"的同时,主张创造教育应首先从儿童抓起。他撰写了《创造的

---

① 董宝良:《陶行知教育论著选》,人民教育出版社1991年版,第630页。
② 同上,第583页。
③ 同上,第536-537页。
④ 同上,第47页。

儿童教育》[①]和《民主教育》[②]等文章，提出培养儿童的创造能力需要"六大解放"：一是解放儿童的眼睛，即敲碎封建的"有色眼镜"，使大家能看清事实真相，也就是要让学生多观察、多了解实际生活。二是解放儿童的头脑，即使头脑从迷信、成见、曲解、幻想中解放出来，撕掉"精神的裹头布"才能让创造性思想"突围而出"。三是解放儿童的双手，他抨击封建教育不许孩子动手，"动手要打手心"，以至枪毙了"中国的爱迪生"，进而号召中国的教育工作者学习爱迪生的母亲，让儿童"有动手的机会"，使之手脑并用。四是解放儿童的嘴，他指出："发明千千万，起点是一问"，儿童有了言论自由，特别是问的自由，才能自由地"对宇宙发问"、"充分发挥他的创造力"。五是解放儿童的空间，即把孩子从大、小"鸟笼"中解放出来，让他们接触大自然、大社会的一切，"与万物为友，并且向中外古今三百六十行学习"，因为"创造需要广博的基础。解放了空间，才能搜集丰富的资料，扩大认识的眼界，以发挥其内在之创造力"。六是解放儿童的时间，他认为旧学校占据了学生的全部时间，儿童受着"督课"、"赶考"的"双重夹攻"，失去了学习人生的机会和创造的欲望，失去了身体的健康乃至忘记了对民族和人类的责任，因而必须解放儿童的时间，使他们不仅有空玩玩，而且有时间想问题、谈国事、干点对老百姓有益的事情。总之，"有了这六大解放，创造力才可以尽量发挥出来"。

---

① 董宝良：《陶行知教育论著选》，人民教育出版社1991年版，第592-598页。

② 同上，第623-624页。

小 结

本章主要介绍的是中国教育史上各个历史时期著名教育家的教育思想和教育名篇名著中的教育理论，以及它们之间的批判继承和发展关系。

孔子、孟子和荀子是春秋战国时期的教育思想家。其中，孔子首创儒学和私学，修订"六书"，提出了一整套的教育理论和教学方法，对古代文化教育的发展作出了重大的贡献。孟子持"性善论"观点，提出了"大丈夫"的理想人格，"明人伦"的教育目的，以及施行"仁政"等观点。荀子持"性恶论"观点，提出了培养礼法并用的圣人、大儒的教育目的等观点。此外，这一时期还积累了许多诸如《大学》、《中庸》、《学记》等论述教育问题的著作，奠定了中国古代教育思想的基础。

董仲舒和王充是汉代儒学的代表人物。董仲舒从人性有别出发，论述了教育的作用及三纲五常的政治伦理观。王充持"人性"有善有恶的观点，论证了教育和环境对人的发展的影响，并由此把人才按能力由低到高分为五等，提出了独具特色的教学思想，显示出其强烈的批判精神。

颜之推和韩愈是魏晋至隋唐时期的教育家。颜之推继承了孔子、董仲舒等人的人性观，主张实学教育和家庭教育，强调了教育的社会性等。韩愈提出了"性三品"论，较为充分地肯定了教育在人的发展中的作用，并阐释了其著名的师道观。

朱熹和王守仁作为宋、明著名的教育家，对教育作用的认识各有特色，但都重视教育，尤其是童蒙教育，前者在读书方法、后者在儿童教育理论上尤有创见，对我国封建社会后期以至近代教育都产生了重要的影响。而颜元、王夫之、黄宗羲、顾炎武等是都明末清初出现的启蒙教育思想家。他们抨击科举对思想的禁锢，主张改革学校制度，培养经世致用的实用人才等。

张之洞是晚清著名的洋务派教育家。其《劝学篇》阐述了"中体西用"的基本原则和一系列的教育主张，试图一改传统的教育模式。而康有为和梁启超继张之洞之后发起、领导了维新运动，提出了对当时教育改革的设想，加速了中国传统教育的解体，推动了中国教育的近代化。

蔡元培和陶行知是民国时期著名的教育家。蔡元培提出了"五育"并举的教育方针；在赴任北京大学校长后，以思想自由、兼容并包为原则改革北京大学，促进了中国高等教育的发展。而陶行知一生致力于为中国寻找民族教育的新路，"生活教育"理论集中体现了他在教育目的、教育内容、教育方法等方面的思想，是其教育思想的核心。

附录

近三十年来中国教育史论文选目

为帮助读者进一步学习、思考本书所及专题，笔者以中国人民大学《复印报刊资料（G1）.教育学》为基本选材范围，以年份先后为序，选录了 1982—2011 年部分论文题目，以供参考。在此，首先向有关作者表示衷心感谢！

1. 刘实《略论我国书院的教学与刻书》，《浙江师范学院学报》1982 年第 1 期。

2. 辛安亭《孔子的社会生活教育》，《甘肃教育》1982 年第 1—2 期。

3. 尹旦侯《王夫之教育思想初探》，《湖南师范学院学报》（哲社版）1982 年第 1 期。

4. 陈本铭《关于陶行知的教育思想和活动的评价》，《福建师范大学学报》（哲社版）1982 年第 1 期。

5. 陈隆高《关于评价陶行知教育思想的几个问题》，《杭州师范学院学报》（社科版）1982 年第 1 期。

6. 陈增辉《王守仁教学法简述》，《上海教育》1982 年第 2 期。

7. 谭玉轩《教育要为革命需要培养人才——董必武同

志在民主革命时期的教育实践活动》,《教育研究》1982年第2期。

8. 特格舍《清朝蒙古族教育史梗概》,《内蒙古社会科学》1982年第2期。

9. 程德林《王安石教育思想浅探》,《江西师范学院学报》1982年第2期。

10. 周德昌《论梁启超的教育思想》,《学术研究》1982年第2期。

11. 侯振彤《试论天津近代教育的开端》,《天津师范学院学报》1982年第2期。

12. 罗佐才《孔子论发展学生的思维能力》,《上海师范大学学报》(哲社版)1982年第2期。

13. 毛礼锐《唐代科技教育》,《高教战线》1982年第3期。

14. 雷昌《徐特立教育思想简论》,《北京师范大学学报》1982年第3期。

15. 赖志奎《浅析苏维埃的教育方针和政策》,《江西社会科学》1982年第3期。

16. 张腾霄《学习徐特立同志的教育哲学思想》,《中州学刊》1982年第3期。

17. 詹启东《〈学记〉中的教学原则述评》,《上饶师专学报》(社科版)1982年第3期。

18. 程方平《近代史上倡导新学的教育家——张之洞》,《贵阳师范学院学报》(社科版)1982年第3期。

19. 何国华《李大钊论道德和共产主义道德教育》,《上海师范大学学报》(哲社版)1982年第3期。

20. 武衡《学习徐特立同志关于科学教育的指导思

想》,《教育研究》1982年第4期。

21. 郑涵慧《张载及其陕籍后学的教育思想》,《人文杂志》1982年第4期。

22. 杨鑫辉《试论孔子的教育心理思想》,《江西师范学院学报》1982年第4期。

23. 周德昌《论朱熹的教学法思想》,《天津师范学院学报》1982年第4期。

24. 陈志明《徐特立的科学教育实践与理论》,《湖南师范学院学报》(哲社版)1982年第4期。

25. 董纯才《学习老解放区教育经验的体会》,《教育研究》1982年第5期。

26. 周国光《论颜元的教育思想》,《贵州社会科学》1982年第5期。

27. 黎赫《杨贤江的教育本质观》,《辽宁师范学院学报》1982年第5期。

28. 董宝良《试论陶行知与杜威在教育思想上的联系和区别》,《华中师范学院学报》(哲社版)1982年第6期。

29. 张孝亮《陕甘宁边区教育基本经验初探》,《教育研究》1982年第7期。

30. 谢济堂《浅谈第二次国内革命战争时期的苏区教育》,《历史教学》1982年第10期。

31. 每文《明代教育制度试探》,《北方论丛》1983年第1期。

32. 赖志奎《徐特立在中央苏区的教育实践和教育观》,《湖南师院学报》(哲社版)1983年第1期。

33. 周德昌《荀子教育思想探微》,《华南师范大学学报》(社科版)1983年第1期。

34. 张嘉沧《王廷相教育思想述论》,《河南师范大学学报》(社科版) 1983年第1期。

35. 李惠成《试谈〈学记〉德育的方法论》,《延边大学学报》(社科版) 1983年第1期。

36. 林乙烽《清末民初的女子教育》,《徐州师范学院学报》1983年第2期。

37. 靳乃铮《谈正确对待我国古代教育遗产问题》,《教育研究》1983年第3期。

38. 陈月清《洋务运动时期与明治维新时期教育改革之比较》,《文史哲》1983年第3期。

39. 钱远镕《孟子的教育思想》,《武汉师范学院学报》(哲社版) 1983年第3期。

40. 洪石荆《管子教育思想初探》,《安徽师范大学学报》(哲社版) 1983年第3期。

41. 甘京林《论孔子的道德教育思想》,《上海师范大学学报》(哲社版) 1983年第3期。

42. 陶愚川《论中国教育史之研究》,《齐鲁学刊》1983年第5期。

43. 周洪宇《陶行知与马克思主义》,《历史知识》1983年第5期。

44. 骆怀东《试论陈嘉庚先生的兴学动机》,《福建论坛》1983年第5期。

45. 孙传华《陶行知的人才学思想》,《学术研究》1983年第5期。

46. 赵一民、郭令吾《对我国古代教育遗产必须给予正确评价》,《教育研究》1983年第9期。

47. 刘重来《我国古代的"大学校长"》,《百科知识》

1983年第11期。

48. 汪长慰《略谈中国近代学校体育的形成》,《华中师范学院学报》(哲社版)1984年第1期。

49. 林乙烽《我国近代职业教育初探》,《扬州师范学院学报》(社科版)1984年第2期。

50. 刘季平《论陶行知教育思想》,《教工》1984年第3期。

51. 王炳照《批判地继承古代道德教育思想遗产》,《北京师范大学学报》1984年第3期。

52. 羽佳《试论孔子培养人才的思想和方法》,《兰州学刊》1984第4期。

53. 张如珍《我国历史上几次大的教育改革》,《西北师范大学学报》(社科版)1984年第4期。

54. 孔智华《人类教育并非起源于劳动》,《华东师范大学学报》(教科版)1984年第4期。

55. 陈之任等《孔子的自学成才思想初探》,《齐鲁学刊》1984年第5期。

56. 李文奎《徐特立与师范教育》,《山东师范大学学报》(哲社版)1984年第5期。

57. 程合印《我国近代师范教育及其社会影响》,《河南大学学报》(哲社版)1984年第6期。

58. 胡德海《教育起源问题刍议》,《华东师范大学学报》(教科版)1985年第2期。

59. 赵荣昌《教育起源于"人类教育的前身"说值得商榷》,《华东师范大学学报》(教科版)1985年第2期。

60. 张慎恒《毛泽东的早期教育思想》,《厦门大学学报》(哲社版)1985年第4期。

61. 高时良《教育的历史研究方法述略》,《教育评论》1985年第5期。

62. 陈桂生《也谈人类教育的起源问题》,《华东师范大学学报》(教科版)1986年第2期。

63. 刘光《陶行知为什么自称新武训》,《社会科学战线》1986年第3期。

64. 刘卓《论武训精神的复合结构》,《齐鲁学刊》1986年第3期。

65. 桑新民《论教育的起源和划分教育发展阶段的内在根据》,《教育研究》1986年第10期。

66. 曹恩迪《陶行知教育思想的发展及其生活教育理论述评》,《辽宁教育学院学报》(社科版)1987年第1期。

67. 郁中秀《〈大学〉篇的德育思想》,《上海师范大学学报》(哲社版)1987年第1期。

68. 张健《陶行知教育思想研究的几个问题》,《教育论丛》1987年第2期。

69. 何国华《孙中山教育思想初探》,《江西教育科研》1987年第3期。

70. 程大琥《教育起源于以劳动创造为核心的人生的发展》,《华东师范大学学报》(教科版)1987年第3期。

71. 白莉民《中国传统文化与直观性教学原则》,《华东师范大学学报》(教科版)1988年第1期。

72. 陈信泰、王学义《教育起源于社会生活的需要》,《山东教育科研》1988年第2期。

73. 蔡振生《中国教育史研究的历史回顾与反思》,《北京师范大学学报》1988年第3期。

74. 马兆掌《教育起源问题的再探讨》,《华东师范大学学报》(教科版)1989年第1期。

75. 蔡振生《近代译介西方教育的历史考察》,《北京师范大学学报》1989年第2期。

76. 刘兆伟《中国古代教育管理思想考略》,《锦州师范学院学报》(哲社版)1989年第2期。

77. 易慧清《"五四"时期北京大学的教育改革》,《东北师范大学学报》1989年第3期。

78. 王建军《论中国教育史的评价尺度》,《华南师范大学学报》(社科版)1989年第3期。

79. 梁树人、苏耀荣《试论陶行知的乡村教育观》,《陕西师范大学学报》(哲社版)1989年第3期。

80. 胡国枢《陶行知教育思想》,《人民日报》1989年4月7日。

81. 范兆琪《鲁迅教育思想探析》,《福建论坛》1989年第4期。

82. 宋学亮《"生活教育"理论在教育哲学上的重大意义》,《东岳论丛》1989年第5期。

83. 郝志伦《论"教"之传统文化义蕴》,《教育研究》1990年第3期。

84. 董远骞《中国近代教育研究方法的精华》,《浙江教育科学》1990年第3期。

85. 方式光《论陈嘉庚教育思想的特点》,《广东社会科学》1990年第3期。

86. 李宗远《略谈恽代英的教育观点与教育哲学》,《青海师范大学学报》(哲社版)1990年第3期。

87. 胡国枢《中国近代两次扫除文盲的启示》,《人民日报》1990年4月16日。

88. 立早《张百熙与中国近代教育》,《湘潭大学学报》(社科版)1990年第4期。

89. 张礼恒《袁世凯与中国近代教育》,《山东医科大学学报》(社科版)1990年第4期。

90. 常焕章、朱慈华《李大钊教书育人思想管窥》,《史学月刊》1990年第5期。

91. 沈小碚《中外教育评估制度发展史简述》,《山东师范大学学报》(社科版)1990年第5期。

92. 韩忠富《简评"中学为体,西学为用"的教育思想》,《东疆学刊》1991年第1期。

93. 李晓燕《古代教育法规发展之考察》,《教育研究与实验》1991年第1期。

94. 袁征《宋代小学的课程和教材》,《河北学刊》1991年第2期。

95. 黎敏青《康有为与万木草堂》,《岭南学刊》1991年第2期。

96. 吴定初《毛泽东的教学思想体系探析》,《教育理论与实践》1991年第2期。

97. 燕良轼《我国古代因材施教的基本理论与实践》,《黑河学刊》1991年第2期。

98. 赵正林《简论蔡元培的完全人格教育》,《山西师范大学学报》(社科版)1991年第3期。

99. 萧景阳《儒家德育思想与方法的历史借鉴》,《广东民族学院学报》(社科版)1991年第3期。

100. 陈元晖《中国教育学七十年》,《北京师范大学学报》1991年第5期。

101. 周洪宇《试论陶行知的终生教育思想》,《中国教育学刊》1991年第5期。

102. 周洪宇《生活教育研究如何深入》,《华中师范大学学报》(哲社版)1991年第6期。

103. 周洪宇《欧美陶行知研究概况》,《国外社会科学》,1991年第10期。

104. 吴玉琦《试论中国教育史学科建设的马克思主义方向》,《东北师范大学学报》1992年第2期。

105. 范安平、吕福松《毛泽东普及教育思想探论》,《上饶师专学报》1992年第2期。

106. 石中英《试论陶行知教育哲学的几对基本范畴》,《教育研究与实验》1992年第2期。

107. 傅岩《试论〈周易〉中的教育思想》,《徐州师范学院学报》1992年第2期。

108. 萧鸣政《试论孔子的形成性教育评价思想》,《古籍整理研究学刊》1992年第4期。

109. 张腾霄《新民主主义教育理论的形成和发展》,《中国人民大学学报》1992年第5期。

110. 黄新宪《中国考试的历史发展及其主要特色》,《中国教育学刊》1992年第6期。

111. 蕲阳侠《浅析私学与中华文化的传衍》,《华中师范大学学报》(哲社版)1992年第6期。

112. 韦善美《雷沛鸿对中国现代教育的贡献》,《教育评论》1993年第2期。

113. 叶存洪《蒋介石教育思想述评》,《江西教育学院学报》(社科版)1993年第3期。

114. 许全兴《孔夫子与毛泽东:古今伟大"教员"》,《孔子研究》1993年第4期。

115. 伍德勤《佛教与中国古代教育》,《阜阳师范学院学报》(社科版) 1993 年第 4 期。

116. 陈祖兴《毛泽东教育思想的体系和本质》,《江苏高教》1993 年第 6 期。

117. 黄伟《陶行知生活教育思想与中西文化》,《教育研究》1993 年第 11 期。

118. 杨昌勇《论〈周易〉的教育社会学思想》,《齐鲁学刊》1994 年第 1 期。

119. 谭佛佑《先秦纵横家的教育思想述评》,《贵州师范大学学报》(社科版) 1994 年第 2 期。

120. 阎国华《试论维新教育思潮的历史地位和影响》,《河北大学学报》(哲社版) 1994 年第 2 期。

121. 瞿卫星《张謇教育经济学思想》,《教育与经济》1994 年第 3 期。

122. 吴畏、李正心《毛泽东和中国的传统教育》,《教育研究》1994 年第 4 期。

123. 桂勤《从〈劝学篇〉比较福泽谕吉与张之洞的人才观》,《比较教育研究》1994 年第 4 期。

124. 别必亮《论我国古代分斋教学制度》,《高等师范教育研究》1994 年第 4 期。

125. 韩延明《蔡元培教学改革思想及现实启迪》,《高等教育研究》1994 年第 4 期。

126. 金忠明《戴震与实学教育思潮》,《孔子研究》1994 年第 4 期。

127. 崔永东《朱熹的道德教育思想评析》,《辽宁教育学院学报》1994 年第 4 期。

128. 李华兴、张元隆《孙中山的教育思想》,《上海师范大学学报》（哲社版）1994年第4期。

129. 张传燧《中图传统学习理论浅论》，《教育理论与实践》1994年第5期。

130. 何立高《中国古代科场预防舞弊之措施》《贵州文史丛刊》1994年第5期。

131. 吴定初《中国教育科研起源论》，《四川师范大学学报》（社科版）1995年第1期。

132. 彭武文、田景荣《历代教育轴心南移及经济动因考察》，《中南民院学报》（哲社版）1995年第1期。

133. 莫雁诗《论历代状元的录取与科举考试制度的关系》，《广西大学学报》（哲社版）1995年第1期。

134. 陈杏年《抗战时期国民政府的教育政策论略》，《徐州师范学院学报》1995年第2期。

135. 夏军《略论抗日战争时期我国教育文化事业的损失》，《徐州师范学院学报》1995年第2期。

136. 程斯辉《蔡元培与近代教育领域的反腐倡廉》，《华中理工大学学报》（社科版）1995年第2期。

137. 周洪宇《中国现代生产教育诸主张之比较与评价》，《华中师范大学学报》（哲社版）1995年第3期。

138. 林嘉声《道家和道教对中国教育的正面效应初探》，《福建论坛》1995年第3期。

139. 俞启定《论中国古代的师道观》，《高等师范教育研究》1995年第3期。

140. 李忠康《略论党在抗日根据地的教育政策》，《山西师范大学学报》（社科版）1995年第3期。

141. 张腾霄《从方法论谈孔子的教育思想》，《中国人民大学学报》1995年第5期。

142. 俞启定《关于如何看待传统教育精华和糟粕的思考》,《北京师范大学学报》(社科版) 1995 年第 5 期。

143. 郭齐家《论中国传统教育的基本特征及其现代价值》,《北京师范大学学报》(社科版) 1995 年第 5 期。

144. 刘占华《托尔斯泰与先秦诸子教育思想的比较研究》,《辽宁师范大学学报》1995 年第 5 期。

145. 熊贤君《民国前期关于"男女同学"的激烈争论》,《民国春秋》1995 年第 6 期。

146. 柳芳《试评胡适关于学生素质培养的论述》,《教育评论》1995 年第 6 期。

147. 樊浩《"大学之道"与道德教育的文化原理》,《教育研究》1996 年第 1 期。

148. 赵东玉《先秦诸子师道观管窥》,《齐鲁学刊》1996 年第 1 期。

149. 郭洪纪《儒学的教育伦理与官师治教体制的承传》,《山西师范大学学报》(社科版) 1996 年第 1 期。

150. 黄新宪《传统考试文化利弊考》,《山东教育科研》1996 年第 3 期。

151. 刘海峰《论科举的智力测验性质》,《厦门大学学报》(哲社版) 1996 年 3 期。

152. 王建军《论中国教科书的近代化》,《教育研究》1996 年第 4 期。

153. 雷学华《中国封建社会的民族教育》,《中南民族学院学报》(哲社版) 1996 年第 4 期。

154. 陈蕴茜《论教育对近代中国知识分子群体转型的影响》,《江海学刊》1996 年 5 期。

155. 许梦瀛《老子的教育思想》,《河南师范大学学报》(哲社版) 1996 年 5 期。

156. 张世欣《试论"法自然"的道家德育思想》，《浙江师范大学学报》1996 年 5 期。

157. 朱小蔓、朱曦《中国传统的情感性道德教育及其模式》，《教育研究》1996 年 9 期。

158. 燕国薪《中国教育一百年》，《党政论坛》1996 年 9 期。

159. 于述胜、于建福《论中国传统教育哲学更新转换中的几个问题》，《教育研究》1996 年 9 期。

160. 李勤、陈立志《抗日战争期间日本帝国主义对中国高等教育的破坏》，《华中理工大学学报》(社科版) 1997 年第 1 期。

161. 霍益萍《抗战前十年我国关于大学若干问题的讨论》，《江苏高教》1997 年第 1 期。

162. 张建仁《孔子教育思想二重性管窥》，《新疆师范大学学报》(哲社版) 1997 年第 1 期。

163. 王春南《抗战期间出国留学管理》，《学海》1997 年第 2 期。

164. 李友唐《谈庚子赔款和清华学堂》，《北京社会科学》1997 年第 3 期。

165. 赵叶珠《近代中国女子高等教育的产生及启示》，《江苏高教》1997 年第 3 期。

166. 刘杰浅《谈中国近现代的女子留学教育》《西南师范大学学报》(哲社版) 1997 年第 3 期。

167. 王如才、李德恩《乡村教育运动的历史回顾与前瞻》，《山东教育科研》1997 年第 4 期。

168. 余子侠《晚清经世致用教育思潮论析》，《学习与探索》1997年第6期。

169. 陈汉才《试论陶行知的中西文化教育观》,《华南师范大学学报》(社科版)1997年第6期。

170. 吴琼《论中国教会女子高等教育的早期发展》,《教育评论》1997年第6期。

171. 冯卫斌《民国时期小学课程改革浅探》,《安徽教育学院学报》(哲社版)1998年第1期。

172. 李浩《论唐代关中士族的家族教育》,《西北大学学报》(哲社版)1998年第2期。

173. 王晓秋《戊戌维新与京师大学堂》,《北京大学学报》(哲社版)1998年第2期。

174. 夏军《杜威实用主义理论与中国乡村建设运动》,《民国档案》1998年第3期。

175. 苗体君《蔡元培与中国近代教育》,《青海师专学报》(社科版)1998年第3期。

176. 宋恩荣《梁漱溟在中国教育现代化进程中的思考》,《华东师范大学学报》(教科版)1998年第4期。

177. 顾冠华《师道·师责·师谊——中国传统教育中的教师》,《辽宁高等教育研究》1998年第5期。

178. 吴洪成《试论近代中国新式小学的兴起》,《西南师范大学学报》(哲社版)1999年第1期。

179. 蔡惠芝《西南联大的民主管理初探》,《云南师范大学学报》(哲社版)1999年第3期。

180. 刘海峰《"科举学"的世纪回顾》,《厦门大学学报》(哲社版)1999年第3期。

181. 白明凤《孔子因材施教的思想对普及义务教育的启示》,《广西教育学院学报》1999年第4期。

182. 钟坤杰《科举考试与素质教育》,《曲靖师专学报》1999年第5期。

183. 许梦瀛《孟子对孔子教育思想的继承与发展》,《河南师范大学学报》(哲社版)2000年第1期。

184. 孙培青《中国教育传统研究与教育改革》,《河北师范大学学报》(教科版)2000年第1期。

185. 孙宏安《隋唐算学——最早的数学专科学校》,《中学数学教学参考》2000年第1—2合期。

186. 郑若玲《科举学:考试历史的现实观照》,《厦门大学学报》(哲社版)2000年第4期。

187. 宋恩荣、熊贤君《日本侵华教育与中国教会教育比较研究》,《河北师范大学学报》(教科版)2000年第4期。

188. 张亚群《论清末留学教育的发展》,《华侨大学学报》(哲社版)2000年第4期。

189. 张烨、刘煜《建立书院式的新型民办高校——从书院的兴衰看我国民办高校的"生存空间"》,《现代大学教育》2001年第3期。

190. 陈全英《论儒家教育思想中的"悟"及对现代教育的启示》,《宁波大学学报》(教科版)2001年第4期。

191. 金保华《留日学生与近代义务教育》,《山西师范大学学报》(社科版)2001年第4期。

192. 韩凤山《唐宋官学师德建设的举措》,《江西社会科学》2002年第1期。

193. 郭齐家《中国传统教育思想精华与当今素质教育》,《江南大学学报》(人文社科版)2002年第1期。

194. 屠棠《陶行知教育思想的现代价值(上、下)》,

《南京晓庄学院学报》2002年第1-2期。

195. 姚远峰《论人性及其教育的价值导向》,《教育理论与实践》2002年第3期。

196. 孙邦华《〈万国公报〉对西方近代教育制度的植入》,《北京师范大学学报》(人文社科版)2002年第3期。

197. 吴冬梅《浅析中国近代科学教育中科学精神缺失之原因》,《济南大学学报》(社科版)2002年第3期。

198. 张炳生《陶行知师范教育思想与我国师范教育现代化》,《南京晓庄学院学报》2002年第3期。

199. 姜惠莉《谈我国古代启发式教学》,《教育实践与研究》2002年第3期。

200. 秦裕芳、何长辉《创新：陶行知教育思想的灵魂》,《南京晓庄学院学报》2002年第3期。

201. 刘清华《"科举学"与"考试学"》,《湖北招生考试》2002年第4期。

202. 田正平、朱宗顺《传统教育资源的现代转化——晚清书院嬗变的历史考察》,《厦门大学学报》(哲社版)2002年第5期。

203. 郝锦花、王先明《清末民初乡村精英离乡的"新学"教育原因》,《文史哲》2002年第5期。

204. 李定仁、赵昌木《论书院的教学特点及其现实意义》,《高等教育研究》2002年第6期。

205. 雷钧《京师同文馆对我国教育近代化的意义及其启示》,《现代教育科学》2002年第7期。

206. 胡世刚《张之洞的师范教育观述评》,《江西社会科学》2002年第7期。

207. 李少成《老子教育思想阐释与分析批判》,《广州大学学报》（社科版）2002年第8期。

208. 李金芬《孔子因材施教给现代教育的启示》，《云南教育》2002年第17期。

209. 薛玉琴、刘正伟《清末地方自治与近代义务教育的兴起》，《历史教学》2003年第1期。

210. 苗春德《论20世纪上半叶"乡村教育"运动的基本特点》，《河南大学学报》（社科版）2003年第1期。

211. 陈延斌《试论明清家训的发展及其教化实践》，《齐鲁学刊》2003年第1期。

212. 于述胜《中国的教育传统与教育创新》，《华东师范大学学报》（教科版）2003年第1期。

213. 黄仁贤《梁启超的〈新民说〉与近代公民教育理念的形成》，《教育评论》2003年第1期。

214. 于述胜《宋明理学的"本体—工夫"之辨——兼论其教育哲学内涵及理论深化》，《北京师范大学学报》（社科版）2003年第2期。

215. 张亚群《清末奖励科名考试的实施与变革》，《高等教育研究》2003年第2期。

216. 苟渊《论近代高等教育变革的传统思想背景》，《现代大学教育》2003年第2期。

217. 李兵、宋宙红《论庆历兴学对北宋书院发展的影响》，《集美大学学报》（教科版）2003年第3期。

218. 张金福《中国近代大学人文教育与科学教育位序演变的考察》，《西南师范大学学报》（人文社科版）2003年第3期。

219. 陈谷嘉、黄沅玲《论中国古代书院的教育理论及人文精神》，《湖南大学学报》（社科版）2003年第3期。

220. 周月《胡适的教育思想及其实践探析》,《北京教育学院学报》2003年第4期。

221. 刘海峰《中国科举史上的最后一科乡试》,《厦门大学学报》(哲社版)2003年第5期。

222. 王贺元、张耀萍《民国时期留日学生的学科专业特点分析》,《煤炭高等教育》2003年第5期。

223. 戴永新《〈周易〉的学校教育思想探微》,《聊城大学学报》(社科版)2003年第6期。

224. 刘虹、张秀坤《王国维、蔡元培美育思想之比较——兼论王国维、蔡元培的人文教育精神》,《教师教育研究》2003年第6期。

225. 邓岳敏、张亚群《探析民国时期大学设置标准的演变》,《交通高教研究》2003年第6期。

226. 刘海峰《知今通古看科举》,《教育研究》2003年第12期。

227. 于述胜《道家教育智慧的现代启示》,《陕西师范大学学报》(哲社版)2004年第1期。

228. 刘虹《〈癸卯学制〉百年简论》,《河北师范大学学报》(教科版)2004年第1期。

229. 顾明远《论中国传统文化对中国教育的影响》,《杭州师范学院学报》(社科版)2004年第1期。

230. 陈山榜《颜元课程改革思想探析》,《河北师范大学学报》(教科版)2004年第1期。

231. 周谷平、应方淦《近代中国教会大学的学位制度》,《浙江大学学报》(人文社科版)2004年第1期。

232. 李才栋《从早期江南三书院看书院教育、科举制度的互动关系》,《江西教育学院学报》(社科版)2004年第

2期。

233. 朱海龙、胡晶君《张之洞与癸卯学制》,《大连民族学院学报》2004年第2期。

234. 王建《陈独秀教育思想探析》,《同济大学学报》(社科版)2004年第3期。

235. 田正平《论民国时期的中外人士教育考察——以1912年至1937年为中心》,《社会科学战线》2004年第3期。

236. 李兵《书院大师朱熹的科举生涯与科举观评析》,《湖南大学学报》(社科版)2004年第3期。

237. 田正平《教会大学与中国现代高等教育——以19世纪末20世纪初为中心》,《高等教育研究》2004年第3期。

238. 宋成剑《张伯苓及其南开精神论析》,《天津市教科院学报》2004年第4期。

239. 周谷平《晚清外国人眼中的中国教育》,《徐州师范大学学报》(哲社版)2004年第4期。

240. 李巨澜《略论20世纪上半期的苏北农村教育问题》,《淮阴师范学院学报》(哲社版)2004年第4期。

241. 桑东华《五四平民教育思潮的演变、分化和发展》,《党史研究与教学》2004年第4期。

242. 周谷平、陶炳增《20世纪初乡村教育思想形成的历史回顾与思考》,《河北师范大学学报》(教科版)2004年第5期。

243. 郭瑞敏《抗战前女性从教发展原因分析》,《四川教育学院学报》2004年第5期。

244. 杨晓梅《梁启超的教育思想研究》,《学术交流》

2004年第5期。

245. 陈桂生《"训育"辨析——兼论我国20世纪上半期实施"德育"的历史经验》,《杭州师范学院学报》(社科版) 2004年第5期。

246. 胡青、简虎《论宋元之际江南书院对社会的教化》,《江西社会科学》2004年第6期。

247. 王炳照、周慧梅《关于颜元教育思想研究的几点思考》,《河北师范大学学报》(教科版) 2004年第6期。

248. 凌兴珍《民国时期的学生免费公费制》,《四川师范大学学报》(社科版) 2004年第6期。

249. 田正平、吴民祥《近代中国大学教师的资格检定与聘任》,《教育研究》2004年第10期。

250. 郝锦花、王先明《论20世纪初叶中国乡间私塾的文化地位》,《浙江大学学报》(人文社科版) 2005年第1期。

251. 于建福《孟子的中道教育观及其价值》,《山东大学学报》(哲社版) 2005年第1期。

252. 田正平、杨云兰《中国近代的私塾改良》,《浙江大学学报》(人文社科版) 2005年第1期。

253. 姜国钧、杜成宪《试论中国古代教育发展周期》,《华东师范大学学报》(教科版) 2005年第1期。

254. 王建军《教育与政治:元朝国子监创办之争》,《河北学刊》2005年第1期。

255. 毕苑《从〈修身〉到〈公民〉:近代教科书中的国民塑形》,《教育学报》2005年第1期。

256. 肖永明《家族力量对书院发展的推动及其动机》,《求索》2005年第2期。

257. 戴庞海《略论中国古代冠礼的教育功能》,《郑州大学学报》(哲社版) 2005 年第 2 期。

258. 沈岚《抗战时期国民政府争夺沦陷区教育权的斗争——以南京及周边地区为研究中心》,《民国档案》2005 年第 2 期。

259. 严奇岩《民国时期的助学制度及其特点》,《教育与经济》2005 年第 2 期。

260. 郑若玲《废科举的教育影响》,《复旦教育论坛》2005 年第 2 期。

261. 李春萍《西学教育与中国现代大学的起步》,《华东师范大学学报》(教科版) 2005 年第 3 期。

262. 杜祖贻《儒家学说的文教力量》,《北京大学教育评论》2005 年第 3 期。

263. 张学强《清代官学教师捐纳制度研究》,《西北师范大学学报》(社科版) 2005 年第 3 期。

264. 于述胜《民国时期社会教育问题论纲——以制度变迁为中心的多维分析》,《北京大学教育评论》2005 年第 3 期。

265. 李兵《19 世纪中后期汉学书院与科举关系论略》,《湖南大学学报》(社科版) 2005 年第 3 期。

266. 王毓珣《孔子教学形式寻绎与点评》,《课程·教材·教法》2005 年第 4 期。

267. 王炳照《中国近代高等教育发展中的几次论争》,《国家教育行政学院学报》2005 年第 4 期。

268. 刘海峰《科举制百年祭》,《北京大学教育评论》2005 年第 4 期。

269. 熊贤君《废止科举制度的大智慧》,《教育研究与实验》2005年第4期。

270. 王凯旋《论明代社学与学校教育》,《广西师范学院学报》(哲社版)2005年第4期。

271. 吴洪成、杨欣改《日本侵略者在中国沦陷区的殖民教育》,《河北师范大学学报》(教科版)2005年第4期。

272. 李兵《章程：清代书院科举化的重要保证》,《云梦学刊》2005年第4期。

273. 曲铁华、李娟《论中国近代科学观对科学教育的影响》,《教育科学》2005年第4期。

274. 徐梓、王炳照《科举制度的公平追求及其对自身的戕害》,《教育学报》2005年第4期。

275. 孙邦华《试论北京辅仁大学的国学教育》,《北京社会科学》2005年第4期。

276. 李兵《清末科举革废对书院改革的影响探析》,《教育研究》2005年第6期。

277. 刘保刚《清末公民教育思想探析》,《中州学刊》2005年第6期。

278. 李兵《"科举学"："书院学"研究的重要基础》,《华南师范大学学报》(社科版)2005年第6期。

279. 黄书光《论中国传统教化的近代解构》,《浙江大学学报》(人文社科版)2005年第6期。

280. 陈庆璠《近代新学体制与城乡分离的加剧——20世纪前期教育现代化进程中的乡村问题》,《福建论坛》(人文社科版)2005年第8期。

281. 李永贤、王敬红《中国近代女子教育思想及实践》,《国家教育行政学院学报》2005年第11期。

282. 罗志田《科举制废除在乡村中的社会后果》,《中国社会科学》2006年第1期。

283. 崔玉婷《异源同流 和而不同——梁漱溟、陶行知乡村教育思想比较研究》,《河北师范大学学报》(教科版) 2006年第1期。

284. 莫志斌、郭伏强《20世纪20年代中国平民教育之重心转移》,《湖南城市学院学报》2006年第1期。

285. 宋秋蓉《私立大学与近代中国萌芽中的市民社会》,《现代大学教育》2006年第1期。

286. 李弘祺《中国科举考试及其近代解释五论》,《厦门大学学报》(哲社版) 2006年第2期。

287. 段治文、陈天培《1927—1929年大学院建制的设立与中国科学研究理念的凸显及其影响》,《重庆文理学院学报》(社科版) 2006年第2期。

288. 牛凤蕊、周作宇《蔡元培教师聘任思想探析》,《现代大学教育》2006年第2期。

289. 谢丹芳《抗战时期根据地教育的特点及其影响》,《河北理工大学学报》(社科版) 2006年第2期。

290. 李刚《1950年代对"活教育"理论的批判——以陈鹤琴为中心的历史考察》,《南京晓庄学院学报》2006年第3期。

291. 聂好春《中国近代教育督导发源探析》,《华北电力大学学报》(社科版) 2006年第3期。

292. 金保华《挑战与应对：近代教会大学的教育改革》,《青岛科技大学学报》(社科版) 2006年第3期。

293. 毛文君《民国时期民众教育馆的发展及活动述论》,《西南交通大学学报》(社科版) 2006年第4期。

294. 赵俊杰等《先秦儒家师道观研究》,《河北师范大学学报》（教科版）2006年第4期。

295. 戚少枫、郝延军《清末教育改革与社会公共领域的扩张》，《陕西师范大学学报》（哲社版）2006年第4期。

296. 张劲松、蔡慧琴《家族书院与家族发展的互动解读——以唐至五代时期的家族书院为例》，《船山学刊》2006年第4期。

297. 田正平、刘保兄《消极应对与主动调适——圣约翰大学与燕京大学发展方针之比较》，《高等教育研究》2006年第4期。

298. 纪宝成、李立国《近代大学校长和教育家对中国教育传统的认识》，《清华大学教育研究》2006年第4期。

299. 储朝晖《中国近代教会大学精神生态及其启示》，《江汉大学学报》（社科版）2006年第4期。

300. 杨天宏《民族主义与中国教会教育的危机——北洋时期收回教育权运动之背景分析》，《社会科学研究》2006年第5期。

301. 田正平、张建中《中英庚款与民国时期的边疆教育》，《河北师范大学学报》（教科版）2006年第6期。

302. 曲铁华、袁媛《试论苏区社会教育的特点及现代价值》，《河北师范大学学报》（教科版）2006年第6期。

303. 赵叶珠《试论中日教育交流对近代中国女子教育的影响》，《大学教育科学》2006年第6期。

304. 李良品、尹维《论中国近代义务教育的缘起、特点与实绩》，《重庆社会科学》2006年第7期。

305. 杨卫明、黄仁贤《中国教育管理体制改革的非凡尝试——民国时期的"大学院"与"大学区"制》，《国家教育行政学院学报》2006年第10期。

306. 闫广芬《中国女子学校教育的发展：认识、视野、使命》，《教育研究》2006年第11期。

307. 刘虹《试析中国近代课程从"西文"到"西艺"的历史跨越》，《课程·教材·教法》2006年第12期。

308. 田正平、章小谦《中国教育者概念从传统到现代的演变——从"教官"到"教师"称谓变化的历史考察》，《社会科学战线》）2007年第1期。

309. 黄书光《论清末民初新旧德育观的博弈》，《河北师范大学学报》（教科版）2007年第1期。

310. 杨建华《晏阳初的平民教学思想及对"新农民"教育的启示》，《宁波大学学报》（教科版）2007年第1期。

311. 施扣柱《民国时期上海对私立学校的管理模式》，《社会科学》2007年第2期。

312. 邓小林《近代国立大学教师聘任中"本土派"与"海归派"略论》，《现代大学教育》2007年第3期。

313. 朱汉民《书院历史变迁与士大夫价值取向》，《湖南大学学报》（社科版）2007年第3期。

314. 梁柱《蔡元培教育思想的渊源与特点》，《高校理论战线》2007年第4期。

315. 田正平、陈桃兰《中国近代私立大学创建考辨》，《现代大学教育》2007年第4期。

316. 周慧梅《民国时期社会教育师资的培养方式及其特征》，《教师教育研究》2007年第4期。

317. 田正平《清末毁学风潮与乡村教育早期现代化的受挫》，《教育研究》2007年第5期。

318. 张学强、张建伟《明清"冒籍跨考"现象探析——兼论对解决当代"高考移民"问题的启示》，《高等教育研究》2007年第5期。

319. 王颖《论书院精神的现代传承——兼谈新亚书院的办学启示》,《河南师范大学学报》(哲社版)2007年第5期。

320. 周棉、李冲《论庚款留学》,《江海学刊》2007年第5期。

321. 娄岙菲《蔡元培"兼容并包"之再诠释》,《教育学报》2007年第5期。

322. 马丽、张首先《晚清民间教育改革的原因、措施及其影响》,《铜仁学院学报》2007年第5期。

323. 卜然然《汉代地方官学的教师设置》,《教育学报》2007年第5期。

324. 胡艳《清末、民国时期的免费师范生制度》,《中国教师》2007年第6期。

325. 黄启兵、毛亚庆《民国前期高师设置问题研究》,《教师教育研究》2007年第6期。

326. 于建福《儒家文化教育对欧洲近代文明的影响与启示》,《教育研究》2007年第11期。

327. 周棉《西南联大的校园氛围与闻一多精神之养成》,《北京大学学报》(哲社版)2008年第1期。

328. 王炳照《书院精神的传承与创新》,《华东师范大学学报》(教科版)2008年第1期。

329. 汤广全、金林祥《试论蔡元培大学理念的哲学基础》,《华东师范大学学报》(教科版)2008年第1期。

330. 周慧梅《民国时期民众教育馆变迁的制度分析》,《教育学报》2008年第2期。

331. 李承先、韩淑娟《近代中国私立大学的融资渠道与模式研究》,《清华大学教育研究》2008年第2期。

332. 周楠、李永芳《民国时期私立高等学校述论》,《安徽大学学报》(哲社版) 2008年第3期。

333. 刘继青《近代中国社会转型中的师生关系畸变》,《华东师范大学学报》(教科版) 2008年第3期。

334. 刘克辉《南京国民政府时期的乡村师范学校》,《天中学刊》2008年第3期。

335. 刘继青《近代中国社会转型中的师生关系畸变》,《华东师范大学学报》(教科版) 2008年第3期。

336. 田正平、陈桃兰《近代外人对华投资高等教育的概况及作用》,《高等教育研究》2008年第4期。

337. 常国良、张健稳《从沪江大学看近代上海高等商业教育的办学路向——兼论教会大学中国化》,《山西师范大学学报》(社科版) 2008年第4期。

338. 张书丰《论陶行知的教育改革观》,《当代教育科学》2008年第5期。

339. 曲铁华、袁媛《论近代中国乡村教育实验的现代价值》,《教育理论与实践》2008年第5期。

340. 肖永明、于祥成《书院的发展对地区文化地理格局的影响》,《湖南大学学报》(社科版) 2008年第5期。

341. 郭炳洁《论汉代私学教育对社会的影响》,《东南文化》2008年第6期。

342. 刘超《中国大学的去向——基于民国大学史的观察》,《开放时代》2009年第1期。

343. 李长春《"道问学"处多了些子?——朱熹教育思想新论》,《北京大学教育评论》2009年第1期。

344. 马和民、何芳《"认同危机"、"新民"与"国民性改造"——辛亥革命前后中国人教育思想的演进》,《浙江大学学报》(人文社科版)2009年第1期。

345. 陈育红《战前中国大学教师薪俸制度及其实际状况的考察》,《民国档案》2009年第1期。

346. 肖朗《明清之际西方大学学科体系的传入及其影响》,《浙江大学学报》(人文社科版)2009年第1期。

347. 孙德玉《先秦儒家人格教育思想的基本特征探析》,《华东师范大学学报》(教科版)2009年第1期。

348. 蒋映洪、李江源《论清末"新政"期间中国高等教育制度的变革》,《高教探索》2009年第3期。

349. 黄国庭《民国时期教育学者出任大学校长考论(1920—1949)》,《教育学报》2009年第3期。

350. 张洪萍《教育改革与政治制约——张百熙与京师大学堂的重建》,《北京大学教育评论》2009年第3期。

351. 宋玉霞《民国前期教育考试变革之争——基于民国教育期刊的分析》,《中国考试》2009年第4期。

352. 曲铁华、苏刚《民国时期职业教育立法特色及其启示》,《沈阳师范大学学报》(社科版)2009年第4期。

353. 梁秋英、孙刚成《孔子因材施教的理论基础及启示》,《教育研究》2009年第11期。

354. 王建军《试论孔子的教育性格》,《河北师范大学学报》(教科版)2009年第11期。

355. 刘献君、房保俊《近代中国高等教育理念的变迁及启示》,《中国高教研究》2009年第12期。

356. 林辉锋《五四运动后至北伐战争前夕的教育界风潮——以马叙伦的经历为视角的考察》,《中山大学学报》(社科版)2010年第1期。

357. 叶隽《现代中国大学制度之肇创、流变与得失——以北大早期建设及其影响为中心》,《教育学报》2010年第1期。

358. 陈桂生《孔门师生问对透视》,《南通大学学报》(社科版)2010年第2期。

359. 俞启定《中国近代职业教育形成的探讨》,《中国职业技术教育》2010年第3期。

360. 万琼华《国权与女权之间：近代中国关于女子教育宗旨的四次论争》,《现代大学教育》2010年第3期。

361. 吴科达《清末教科书审定》,《井冈山大学学报》(社科版)2010年第3期。

362. 张蕊、俞启定《<诗经>教育价值考论》,《孔子研究》2010年第3期。

363. 万琼华《在国权与女权之间：近代中国关于女子教育宗旨的四次论争》,《现代大学教育》2010年第3期。

364. 洪港《中国近代大学教材建设述论》,《现代大学教育》2010年第3期。

365. 吴民祥《蔡元培的"悖论"——中国近代大学的学术诉求及其困境》,《清华大学教育研究》2010年第3期。

366. 叶隽《严复、蔡元培在北大精神初构中的影响评析》,《高等教育研究》2010年第4期。

367. 文正东《经学变迁与两汉教育发展》,《集美大学学报》(教科版)2010年第4期。

368. 郑若玲《科举至公之道及其现实启思》,《厦门大学学报》(哲社版)2010年第5期。

369. 黄俊伟《中国近代教会大学的教育理念述评——以华人校长为例》《现代大学教育》2010年第5期。

370. 陈亚玲《民国时期学术职业化与大学教师资格的检定》,《高教探索》2010年第6期。

371. 江渝《"通才教育":西南联大成功经验探析》,《西南民族大学学报》(人文社科版)2010年第8期。

372. 柯任达《外来和尚会念经?——基于民国西式教育本土化的考量》,《社会科学战线》2010年第10期。

373. 冯文全、冯碧瑛《论孔子对老子德育思想的借鉴——基于《论语》与《道德经》的解读》,《教育研究》2010年第12期。

374. 柯任达《科举制度与地方学校的等级制度》,《考试研究》2011年第1期。

375. 刘超《抗战前清华之成长与民国大学变革》,《清华大学学报》(哲社版)2011年第1期。

376. 黄书光《"义利之辩"再兴与宋代人才教育观的理论争锋》,《高等教育研究》2011年第1期。

377. 李海萍、上官剑《教授治校制与董事会制:民国初期大学内部职权体系之比较》,《自然辩证法研究》2011年第1期。

378. 陈胜《尴尬的转变——清末民初乡村教育变革的困境》,《华南师范大学学报》(社科版)2011年第2期。

379. 姜殿坤、王凌皓《孔子原创性美育思想理论及实践探析》,《社会科学战线》2011年第3期。

后 记

中国教育源远流长。中国教育史就是关于中国教育发生、发展和演变的历史。虽然历史的教育史实本身是客观不变的,但"教育史"作为对教育史实的"表征和解释",总会随着时代的变化而改变。撰写《中国教育史专题稿》,必须把握国内外有关研究的新进展和新成果,吸收新观点,运用新方法,拓展新维度,尽可能清晰地展现中国教育从古代到近现代变革的轨迹,尽可能客观、平实和公正,尽可能适合教育工作者和师范生学习和参考。

鉴于此,本书的编写具有以下特色:一是按文教政策、官学教育、私学教育、书院教育、选才制度、教育思想来展现中国教育史上的重大事件和主要教育家的教育思想,使学生对这些事件和人物有一个整体、连贯的把握。二是对一些重要的事件和人物等配上插图,图文并茂地再现当时的场景,使学生乐学易懂。

三是只对中国教育史上的重大事件和重要人物的主要情况作介绍，且力求概其精要，即使评论，也点到为止，恐失公正。四是关于历史事件和人物的背景等共同性素材，只在书中最适合的章节出现，其余章节不再赘述，从而避免其交叉、重复。

当然，上述目的是否达到，特色是否体现，还待读者评说。